Das Tolle neben dem Schönen

Jean Paul

Rolf Vollmann

Das Tolle neben dem Schönen
Jean Paul

Ein biographischer Essay

Eichborn.

Die Deutsche Bibliothek – CIP-Einheitaufnahme

Vollmann, Rolf:
Das Tolle neben dem Schönen – Jean Paul /
Rolf Vollmann. – Frankfurt am Main :
Eichborn, 1996
ISBN 3-8218-0387-8

Umschlaggestaltung: Rüdiger Morgenweck
Gesamtherstellung: Wiener Verlag, Himberg
ISBN 3-8218-0387-8

Verlagsverzeichnis schickt gern:
Eichborn Verlag, Kaiserstraße 66, D-60329 Frankfurt am Main

Einen Dank habe ich abzustatten, nämlich dem verstorbenen Jean-Paul-Forscher Eduard Berend, der mich die Druckmanuskripte der *Gedanken-Hefte* und des *Vita-Buchs* hat einsehen und benutzen lassen. Bei allen andern Werkzitaten folge ich der Hanser-Ausgabe, bei den Briefen der Historisch-Kritischen Ausgabe von Eduard Berend. Die Stellenangaben bei den Werken beziehen sich jeweils auf die kleinste von Jean Paul selbst numerierte Texteinheit, beim *Titan* also etwa nicht auf die Jobelperiode, sondern auf den Zykel. Die Zeittafel ist mit freundlicher Genehmigung des Verlags der erwähnten sechsbändigen Dünndruckausgabe der Werke Jean Pauls (3. Auflage 1970ff.) im Carl Hanser Verlag, München, entnommen.

Den Leser bitte ich, alle Angst vor Fußnoten abzulegen; in ihnen steht hier keine Wissenschaft, sondern eher Scherz und Unterhaltung und vieles Schöne von Jean Paul.

Rolf Vollmann

Schröder del.
Jean Paul

INHALT

VOGTLÄNDISCHES ARKADIEN

Sogar mein äußeres Leben zu beschreiben ist wichtig, weil niemand außer mir es geben könnte, da niemand es gemerkt oder bemerkt hat VITA-BUCH

GENEIGTESTE FREUNDE UND FREUNDINNEN! *Es war im Jahr 1763, wo der Hubertsburger Friede zur Welt kam und gegenwärtiger Professor der Geschichte von sich; – und zwar in dem Monate, wo mit ihm noch die gelbe und graue Bachstelze, das Rotkehlchen, der Kranich, der Rohrammer und mehre Schnepfen und Sumpfvögel anlangten, nämlich im März; – und zwar an dem Monattage, wo, falls Blüten auf seine Wiege zu streuen waren, gerade dazu das Scharbock- oder Löffelkraut und die Zitterpappel in Blüte traten, desgleichen der Ackerehrenpreis oder Hühnerbißdarm, nämlich am 21ten März; – und zwar in der frühesten frischesten Tagzeit, nämlich am Morgen um 1 ½ Uhr; was aber alles krönt, war, daß der Anfang seines Lebens zugleich der des damaligen Lenzes war …*

– Ich kehre aber zu unserer Geschichte zurück und begebe mich unter die Toten; denn alles ist aus der Welt, was mich auf sie kommen sah. Mein Vater hieß Johann Christian Christoph Richter und war Tertius und Organist in Wunsiedel; meine Mutter, die Tochter des Tuchmachers Johann Paul Kuhn in Hof, hieß Sophia Rosina. Am Tage nach der Geburt wurd' ich vom Senior Apel getauft. Der eine Taufpate war gedachter Johann Paul; der andere*

* ein Tertius ist ein dritter Lehrer; entsprechend muß man beim Quintus in der Erzählung vom *Quintus Fixlein* an die Berufsbezeichnung für einen anfangenden mittellosen Dorfschullehrer denken.

Johann Friedrich Thieme, ein Buchbinder, der damals nicht wußte, welchem Mäzen seines Handwerks er seinen Namen verlieh; daher denn der von beiden zusammengeschoßne Name Johann Paul Friedrich entstand, dessen großväterliche Hälfte ich ins Französische übertragen und dadurch zum ganzen Namen Jean Paul erhoben…

Sie finden jetzo den Professor der Selbergeschichte im Pfarrdorfe Joditz, wo er in einer Weiberhaube und einem Mädchenröckchen mit seinen Eltern eingezogen; die Saale, gleich mir am Fichtelgebirge entsprungen, war mir bis dahin nachgelaufen, so wie sie, als ich später in Hof wohnte, vorher vor dieser Stadt unterwegs vorbeiging. Der Fluß ist das Schönste, wenigstens das Längste von Joditz, und läuft um dasselbe an einer Berghöhe vorüber, das Örtchen selber aber durchschneidet ein kleiner Bach mit seinem Stege kreuzweise. Ein gewöhnliches Schloß und Pfarrhaus möchten das Bedeutendste von Gebäuden da sein. Die Umgegend ist nicht über zweimal größer als das Dörfchen, wenn man nicht steigt…

Denk' ich vollends an das Wichtigste für den Dichter, an das Lieben: so muß er in der Stadt um den warmen Erdgürtel seiner elterlichen Freunde und Bekanntschaften die größern kalten Wende- und Eiszonen der ungeliebten Menschen ziehen, welche ihm unbekannt begegnen und für die er sich so wenig liebend entflammen oder erwärmen kann als ein Schiffvolk, das vor einem andern fremden Schiffvolk begegnend vorübersegelt. Aber im Dorfe liebt man das ganze Dorf und kein Säugling wird da begraben, ohne daß jeder dessen Namen und Krankheit und Trauer weiß…

Nur in Dörfern – nicht in der Stadt, wo es eigentlich mehr Nacht- als Tagarbeiten und Freuden gibt – hat das Abendläuten Sinn und Wert und ist der Schwanengesang des Tags; die Abendglocke ist gleichsam der Dämpfer des überlauten Herzens und ruft wie der Kuhreigen der Ebene die Menschen von ihren Läufen und Mühen in das Land der Stille und des Traums. – Nach dem süßen

Warten auf den Mondaufgang des Talglichts unter der Türe des Gesindestübchens, wurde die weite Wohnstube zu gleicher Zeit erleuchtet und verschanzt; nämlich die Fensterladen wurden zugeschlossen und eingeriegelt und das Kind fühlte nun hinter diesen Fensterbasteien und Brustwehren sich traulich eingehegt und hinlänglich gedeckt gegen die verdammten Spitzbuben, und auch gegen den Knecht Ruprecht, der draußen nicht hereinkann sondern nur vergeblich brummt …

Wir Kinder mußten uns nämlich um 9 Uhr in die Gaststube des zweiten Stocks zu Bett begeben, meine Brüder in ein gemeinschaftliches in der Kammer und ich in eines in der Stube, das ich mit meinem Vater teilte. Bis er nun unten sein zweistündiges Nachtlesen vollendet hatte: lag ich oben mit dem Kopfe unter dem Deckbette im Schweiße der Gespensterfurcht, und sah im Finstern das Wetterleuchten des bewölkten Geisterhimmels und mir war als würde der Mensch selber eingesponnen von Geisterraupen. So litt ich nächtlich hülflos zwei Stunden lang, bis endlich mein Vater heraufkam und gleich einer Morgensonne Gespenster wie Träume verjagte. Am andern Morgen waren die geisterhaften Ängste rein vergessen wie träumerische; obgleich beide abends wieder erschienen …*

Sogar am Tage befiel mich bei einer besondern Gelegenheit zuweilen die Gespensterscheu. Wenn nämlich bei einem Begräbnis der Leichenzug mit Pfarrer, Schulmeister und Kindern und Kreuz und mir von der Pfarrwohnung an bei der Kirche vorüber zu dem Kirchhof neben dem Dorfe sich mit seinem Singgeschrei hinausbewegte,

** der Geisterfurchtsame erstarret nicht vor Schmerz oder Tod, sondern vor der bloßen Gegenwart eines ganz fremdartigen Wesens; er würde einen Mond-Insassen, einen Fixstern-Residenten so leicht wie ein neues Tier erblicken können aber in den Menschen wohnt ein Schauer gleichsam vor Übeln, die die Erde nicht kennt, vor einer ganz andern Welt, als um irgendeine Sonne hängt, vor Dingen, die an unser Ich näher grenzen … (Loge)*

so hatt' ich die Bibel meines Vaters durch die Kirche in die Sakristei zu tragen. Erträglich und herzhaft genug ging es im Galopp durch die düstere stumme Kirche bis in die enge Sakristei hinein; aber wer von uns schildert sich die bebenden grausenden Fluchtsprünge vor der nachstürzenden Geisterwelt auf dem Nacken und das grausige Herausschißen aus dem Kirchentore? Und wenn einer sichs schildert, wer lacht nicht? – Indes übernahm ich jedesmal das Trägeramt ohne Widerrede und behielt mein Entsetzen still bei mir ...

Jetzo fing das Leben in dem, nämlich unter dem Himmel an. Die Morgen glänzen mir noch mit unvertrocknetem Tau, an welchen ich dem Vater den Kaffee in den außer dem Dorfe liegenden Pfarrgarten trug, wo er im kleinen nach allen Seiten geöffneten Lusthäuschen seine Predigt lernte, so wie wir Kinder den Lange später im Grase. Der Abend brachte uns zum zweiten Male mit der Salat brechenden Mutter in den Garten vor die Johannis- und die Himbeeren. Es gehört unter die unbekannten Landfreuden**, daß man abends essen kann ohne Licht anzuzünden. Nachdem wir diese genossen hatten, setzte sich der Vater mit der Pfeife ins Freie, d.h. hinaus in den ummauerten Pfarrhof, und ich samt den Brüdern sprang im Hemdtalare in der frischen Abendluft herum und wir taten als seien wir die noch kreuzenden Schwalben über uns und wir flogen behend hin und her und trugen etwas zu Nest ...*

An einen Kuß wollen wir gar nicht denken. Zuweilen flog er einem gewöhnlichen Dienstmädchen seiner Eltern, das er nicht ein-

* eine lateinische Grammatik; das Lernen ist ganz wörtlich zu nehmen, ein Stückchen vorher in dieser Selberlebensbeschreibung heißt es: *Vier Stunden vor- und drei nachmittags gab unser Vater uns Unterricht, welcher darin bestand, daß er uns bloß auswendig lernen ließ, Sprüche, Katechismus, lateinische Wörter und Langens Grammatik.*

** *Einer, der aufs Land kommt, kann sagen, er sieht Land (Gedanken, 1799, 430)*

*mal liebte, verschämt und heftig an den Mund und schon in dem Kusse brauseten Seele und Körper unbewußt und schuldlos miteinander auf; aber vollends den Mund einer Geliebten, welche gerade in der Sonnenferne auf die geistigste innigste Liebe am wärmsten herabschien, hätte ihn in heißen Himmeln eingetaucht und ihn in einen glühenden Äther zerlassen und verflüchtigt. Und doch wollte ich, er wäre schon in Joditz ein oder ein paar Male verflüchtigt geworden** . . .

Ja, wagte er sich nicht einmal an etwas noch Kühneres? Nahm er nicht an einem Nachmittage, wo sein Vater nicht zu Hause war, ein Gesangbuch und ging damit zu einer steinalten Frau, die jahrelang gichtbrüchig darniederlag und stellte sich vor ihr Bette als sei er ein erwachsener Pfarrer und mache seinen Krankenbesuch und hob an, ihr aus den Liedern Sachdienliches vorzulesen? Aber er wurde bald unterbrochen von dem Weinen und Schluchzen, mit welchem nicht etwan die alte Frau das Gesangbuch anhörte – diese ließ sich kalt auf nichts ein – sondern er selber . . .

Noch erinnert er sich eines Sommertages, wo ihn, da er auf der Rückkehr gegen zwei Uhr die sonnigen beglänzten Anhöhen und die ziehenden Wolken auf den Ährenfeldern und die Laufschatten der Wolken überblickte, ein noch unerlebtes gegenstandsloses Sehnen überfiel, das fast aus lauter Pein und wenig Lust gemischt und ein Wünschen ohne Erinnern war. Ach es war der ganze Mensch, der sich nach den himmlischen Gütern des Lebens sehnte, die noch unbezeichnet und farbelos im tiefen weiten Dunkel des Herzens lagen und welche sich unter den einfallenden Sonnenstreifen flüchtig er-

* im *Vita-Buch* (266) heißt es: *. . . was half mir nachher alles Wirkliche, als ich schon etwas Besseres in mir geschaffen hatte? – Was hilft mirs jetzt? Ach ich war immer zu spät glücklich, nie zur rechten Zeit.* – Das ist der Schmerz, der in diesen Idyllen wohnt; gleichwohl lügen die Idyllen nicht.

leuchteten. Es gibt eine Zeit der Sehnsucht, wo ihr Gegenstand noch keinen Namen trägt und sie nur sich selber zu nennen vermag. Auch noch später hat weniger der Mondschein, dessen Silberseen das Herz nur sanft in sich zerlassen und so aufgelöset ins Unendliche treiben und führen, als auf einer weiten Gegend der Nachmittagschein der Sonne diese Macht einer peinlich sich ausdehnenden Sehnsucht behauptet ...

*Aber ein phantastischer Mensch wie Paul genießt im Herbste außer diesen selber noch voraus den Winter mit seiner Häuslichkeit und den Frühling mit seinen poetischen Fernmalereien, indes der angekommene Frühling schon in den Sommer zerfließt, der Sommer aber gar ein Stille- und Mittelstand der Phantasie, zu verwandt dem Herbste und zu fern verwandt dem Frühling ist. Noch jetzo sieht er im Nachsommer durch die halbdurchsichtigen Bäume fern im andern Jahre Blütenschneegebirge stehen und begeht sie wie eine Biene honigtrunken, die in der Nähe unter den Händen zerrinnen, und die weitaussehendsten Plane der Lenzreisen und Lenzernten werden entworfen und durchgenossen und im Frühling selber ist die hauptsache schon vorbei ...**

Wenn Paul nämlich am Weihnachtmorgen vor dem Lichterbaum und Lichtertische stand und nun die neue Welt voll Gold und Glanz und Gaben aufgedeckt vor ihm lag und er Neues und Neues und Reiches fand und bekam: so war das erste, was in ihm aufstieg, nicht eine Träne – nämlich der Freude –, sondern ein Seufzer – nämlich über das Leben –; mit einem Wort schon dem Knaben bezeichnete der Übertritt oder Übersprung oder Überflug aus dem wogenden spielenden unabsehlichen Meere der Phantasie an die begrenzte und begrenzende feste Küste sich mit dem Seufzer nach einem größern schönern Lande ...

* über die Jahreszeiten, *alle sind ihm die liebsten, weil er immer schon die nächste ahnt (Vita-Buch 383).*

So weit gehen die Joditzer Idyllen, welche für Eltern und Kinder lange genug gedauert, nämlich so lange wie der trojanische Krieg. Die Schulden und die Ausgaben für vier Söhne wuchsen und diesen wurde die versprochene bessere Schule immer nötiger. Auch den Vater faßte zuweilen ein Unmut an, daß er schöne Jahre und schöne Kräfte in einer so engen Dorfkirche abmatte und verzehre. Endlich starb der Pfarrer Barnickel in Schwarzenbach an der Saale, einem kleinen Städtchen oder großen Marktflecken. Der Tod ist der eigentliche Schauspieldirektor und Maschinenmeister der Erde ...*

Nie vergeß' ich die noch keinem Menschen erzählte Erscheinung in mir, wo ich bei der Geburt meines Selbbewußtseins stand, von der ich Ort und Zeit anzugeben weiß. An einem Vormittag stand ich als ein sehr junges Kind unter der Haustüre und sah links nach der Holzlege, als auf einmal das innere Gesicht »ich bin ein Ich« wie ein Blitzstrahl vom Himmel vor mich fuhr und seitdem leuchtend stehen blieb: da hatte mein Ich zum ersten Male sich selber gesehen und auf ewig.

* auch der Gebildetste soll nicht nachschlagen müssen: zehn Jahre. Übrigens sind die ganzen Seiten bisher stückweise der schon genannten *Selberlebensbeschreibung* entnommen. Sie liegt in keiner endgültigen Fassung vor, die Unebenheiten namentlich der Interpunktion sind nicht typisch für Jean Paul. 1818 schreibt er einem Freund über diese dann steckengebliebene Beschreibung des eignen Lebens: *Ich bin aber durch die Romane so sehr ans Lügen gewöhnt, daß ich zehnmal lieber jedes andere beschriebe.*

Als wir in Marktleuthen eintrafen, wußt' ich im Finstern, daß die Brücke, worüber wir gingen, auf sechs Bogen liegen mußte – nach Büsching; es freuet aber ungemein, gedruckte Sachen nachher als wirkliche vor sich zu sehen FÄLBEL

Ich wollte nun aber selber* doch auch einmal in das Ar-

* ich selber, sic. Denn ich will jetzt nicht weitermachen, ohne dem Leser gestanden zu haben, daß dieses Buch sehr viel Subjektives an sich hat. Die Subjektivität ist Absicht, und sie hat drei Gründe und Hinsichten. Erstens werfe ich einen ganz bestimmten Blick auf Jean Paul, ich betrachte ihn, sein Leben, seine Werke, nur unter zwei drei Aspekten; darin liegt, hoffe ich, keine Willkür, zweifellos aber doch eine gewisse Beschränkung und sogar Einseitigkeit. Zweitens gehört Jean Paul zu diesen wunderbaren Autoren, in denen man plötzlich Gott und die Welt und am Ende sich selber so deutlich wiederfindet, wie man alle drei nie hätte suchen können, und man findet sie, ohne sie nun geradezu gesucht zu haben, unversehens. Das scheint davon abzuhängen, wie man Gott und die Welt am liebsten sieht, und wer man ist oder gern wäre; aber das scheint bloß so, denn beim Lesen selber, und das Lesen ist ja die Wahrheit der Literatur, liegt alles allein beim Autor. Da soll die Befangenheit und Selbstverstrickung sich ruhig nachsagen lassen, Subjektivität zu sein – sie weiß es besser und will zumindest nicht anders. Drittens ist Subjektivität das, was man Jean Paul am meisten vorgeworfen hat, teils moralisierend, als verderbe Jean Paul die lesende Jugend, teils formal, als ruiniere er durch Willkür die klassische Literatur. Gegen eben diesen Vorwurf will ich angehen, nicht, indem ich ihn entkräfte, sondern indem ich zu zeigen versuche, daß er in der Sache alles andere als klug, und richtig begriffen alles andere als ein Vorwurf ist. Gegen nichts geht sichs aber schöner an als gegen das, was man auf sich selber lenkt, zumal wo man liebt und bewundert; man versteht dann auch mehr. Das ist sicher wieder subjektiv, aber ich will es nicht anders. – In seinen *Gedanken-Heften (Band 7, 247)* notiert Jean Paul einmal als einen Traum fast: *Ein Buch, worin unter der ersten Seite eine Note ist, die das ganze Buch ausfüllt und ausmacht* – und schon begreife ich ihn, und der Leser sicher auch.

kadien seiner Jugend gehen, nach Wunsiedel, nach Joditz und Töpen, nach Auenthal, nach Maienthal. Als ich erzählte, ich wolle dorthin, und als ich vom Fichtelgebirge, namentlich aber, als ich von der Saale redete, sagten vier von sechs Leuten, denen ich das erzählte, ob ich denn überhaupt dorthin fahren dürfe: das liege doch Drüben. Es lag nicht Drüben, wenn es auch von dort nicht weit nach Drüben war. Das hat aber offenbar bloß das Hinterwäldlerische an diesem Arkadien (jenseits der Alleghanies wohnen die backwoodsmen) noch schlimmer, denn man wagt ja nicht noch schöner zu sagen gemacht.

Nürnberg kennen noch die meisten, Pegnitz nur noch wenige. Wer aber kennt Kirchenlaibach, wer Riglasreuth? Da geht das Fichtelgebirge los. Die Eisenbahn fährt auf Viertelshöhe am Berg, man sieht in gewellte Flachländer und auf Berge dahinter. An sanften Hängen finden sich überall Teiche, fünf oder sechs jeweils untereinander*. Tatsächlich schien auch die Sonne, und die Teiche glitzerten. Man züchtet Schleien darin, gleichsam die Forellen des Vogtlands. Dann kommt Marktredwitz, und von dort gelangt man fast mühelos nach Wunsiedel.

Wunsiedel ist ein kleiner Kurort in grünen kleinen Bergen. Im Dialekt heißt es Wunschl; das könnte man auch für hübsch und liebevoll halten, es ist aber nicht so gemeint. In Wunsiedel gibt es ein Jean-Paul-Denkmal, gegenüber eine Jean-Paul-Drogerie, und dann noch eine Wirtschaft, die Jean-Paul-Stuben; das muß aber ins Auge gegangen sein, denn es gibt nichts zu trinken, nichts zu essen, man kommt gar nicht erst hinein. Jean Pauls Geburtshaus ist von außen sehr schön, das Innere ist vor vierzig Jahren in

* *sie traten vor die fünf Taschenspiegel der Sonne, vor die Teiche (Hesperus)*

Gemeindesäle umgewandelt worden. In Wunsiedel ist übrigens noch der Student Sand geboren worden, den dann sein Unstern trieb, den Dramenschreiber Kotzebue zu erstechen. Nicht genug damit, berief er sich vor Gericht auf einen sehr schönen Aufsatz Jean Pauls über Charlotte Corday, die den Marat erdolcht hatte. Das Leben ist wirr. Es kommt aber noch wirrer. Eines der wenigen dem Gedächtnis der Nachwelt erhaltenen Stücke Kotzebues heißt *Die deutschen Kleinstädter* von 1803; aus diesem Stück wieder hat sich fast nur der Ortsname Krähwinkel erhalten. Krehwinkel aber heißt der Ort, in dem *Das heimliche Klaglied der jetzigen Männer, eine Stadtgeschichte* spielt, die Jean Paul 1801 hatte drucken lassen. Kotzebue kannte die Geschichte natürlich. Aber das hatte er nun davon*.

In Alexandersbad bei Wunsiedel bin ich abgestiegen. Das Bad muß früher schön gewesen sein, irgendeines der preußischen Herrscherpaare war einmal da, Jean Paul auch, und zur selben Zeit, und nicht von ungefähr. Jetzt stehen auf der Höhe abscheuliche Badehotels, frisch geweißte Monumente architektonischer Dummheit. In einem Café daneben, mit Aussicht auf die noch ungeebneten Erdmassen vor einem noch neueren Erholungsbau, saß ich mit Teermann am Tisch, einem schönen Mann, und wir spielten Karten

* eine schöne Geschichte, dies *Heimliche Klaglied:* der Konsistorialrat Perefixe hat eine gute stille Frau, die kecke Frau Traupel einen Holzkopf von Mann und keine Kinder. Perefixe verführt die Traupel; er hat einen Sohn, sie danach eine Tochter. Der Sohn, ein trigonometrischer Kopf, geht kämpfen, kommt mit nur noch einem Arm nach Krehwinkel zurück, und während er, zu Kräften kommend, müßig geht, verliebt er sich in jene Tochter. Perefixe muß alles gestehn. So ist denn das Klaglied der jetzigen Männer, daß man keine Frau mehr mit Liebe ansehen kann, ohne besorgen zu müssen, man sei im Begriff, des eignen Vaters Kind aufs Kreuz legen zu wollen.

mit Rubin. Da war aber eine Frau, die irgendwie mit dem Café zu tun hatte, eine Reiterin, es wird in dieser sanfthügeligen Landschaft überhaupt mächtig geritten, von den Einheimischen, aber vor allem von den Fremden, und es dauerte kaum eine Stunde, und sie, die Reiterin, hatte Teermann aufs heftigste mit Beschlag belegt. Sie war im Dorf gefürchtet deswegen, erfuhren wir später, als wir die erste Unschuld der Ortsunkundigen verloren hatten. Er aber, Teermann, wollte partout nicht, und ich muß sagen, ich hab ihn verstanden. Das will aber wenig heißen, ich war schließlich nicht an seiner Stelle. Sie hatte es halt auf seine Schönheit abgesehen, aber Teermann war ein Mann, das hatte sie nicht bedacht, und auch ich hab es erst später gemerkt.

Mein Wirt war (und ist es wohl noch, aber ich erzähle nur, ich urteile nicht) ein Ekel, ein Engerling an Gestalt und Seele. Er prügelte seine Kinder, er hackte auf seiner Frau herum, und er haßte seinen Vater mit wahrer Leidenschaft, einfach, weil der noch lebte und einen heilen Fernseher hatte, seiner aber in der Wirtschaft tat nicht so recht. Den kriegen wir erst, wenn der Alte verratzt, sagte die Frau. Der Mann schrie unaufhörlich den gnomischen Alten an; der war aber ohnehin halb taub und stellte sich einfach ganz so. Wenn sein Sohn dann, um ihn zu versöhnen oder auch zu versuchen, ein Glas Schnaps neben ihn stellte, nahm er das Glas und schmiß es hinter den Thresen. Dann blinzelte er mich an und lachte dreimal dunkel-krächzend auf wie Alberich. Als der Sohn einmal weiterschrie, sprang der Alte auf, rannte zum Fernseher, der ihm in Kopfhöhe stand, griff ihn sich vom Gestell, daß es die Kabel aus der Wand riß, und wäre mit ihm auf der Schulter zusammengebrochen, hätte ihm nicht ein anderer (nicht der Sohn) schnell geholfen. Als der Fernseher auf dem Boden stand, packte der Alte ihn bei den Kabeln und zerrte ihn krachend über Kacheln und Schwellen in seinen Keller.

Abends kam nach seiner Arbeit der Kopfschlächter vom Ort auf ein paar der verheerend dünnen Biere dort vorbei. Er sprach das Vogtländische am besten, ich hatte gewaltige Mühe. Als ich ihn nach Jean Paul fragte, sagte er, er habe zu nichts Zeit und schon gar nicht zum Lesen, aber die Älteren könnten sich noch gut an Jean Paul erinnern. An diesem schönen Tag begann in Stuttgart gerade der Prozeß gegen die deutschen Terroristen, und der Kopfschlächter meinte, man sollte sie einfach alle an Fleischerhaken aufhängen. Als ich ihn später fragte, ob Strauß denn auch öfter in diese Gegend komme, sagte er: nein, sie kämen hier gut ohne ihn aus.

Am Anfang von Jean Pauls großen Romanen, im *Vorredner* zur *Unsichtbaren Loge,* gibt es eine Reisebeschreibung. Jean Paul fährt dort in einer Kutsche dem Ochsenkopf und dem Schneeberg entgegen. Tröstau, Bischofsgrün, Dürrnhier, Fröbershammer, Birnstengel, Schönlind und Goldmühl sind Ortsnamen der Gegend. Die Namen sind gar nicht viel anders als die seiner eigenen Städte und Dörfer in seinem Kleindeutschland. Die Gegend ist heiter wie eine Sommerfrische. Kleine Fabrikchen stehen manchmal an den Straßen, Autos surren die baumbestandenen Chausseen entlang, man sieht Kühe, Kirchen, Ausflügler und neue kleine Häuser. Wenn aus dem Autoradio dann noch Schlager kommen, stellt sich ein Gefühl des Friedens ein. Auf den Ochsenkopf, der etwas über einen Kilometer hoch ist, führen zwei Gondelbahnen, eine von Süden und eine von Norden. Oben steht, im Dienste der Funktechnik, wie eine furchtbare Insektenfestung in sonnenfeindlichem Schwarz ein riesiger Turm. Etwas daneben steht eine dieser kleinen Aussichtsfestungen, in denen man im Erdgeschoß und draußen Preßkopf essen und Bier trinken kann (wieder dies dünne). Im düsteren Turmeingang kann man lesen, daß Jean Paul auch hier oben geweilt hat. Jean Paul erzählt, daß er sich dann in einer Sänfte zum Fichtelsee hinunter und durch dessen Moor hindurch habe tragen lassen. Der Fichtelsee ist schön. Man hört viel Lachen von Kindern und jungen Leuten am Ufer und auf Ruderbooten, der Wirtshund springt am Bootsverleih herum, und der Wirt weist auf ein großes Loch, das er in den Waldhang hat baggern lassen und dann auszementiert hat: hier wolle er nächstes Jahr größer bauen. Weiter hinten, am Rand der schön eingefaßten Moorstelle, die ein kleiner Deich vom See trennt – hinter dem kleinen Deich und seinen Bäumchen sieht man jetzt die Boote wie Silhouettenbarken mit Figuren langsam wie gezogen gleiten –, ist ein Jean Paul geweihter kleiner Brunnen, gleich hinter einem kleinen Bach. Am Brunnen kann man wieder lesen, wenn auch in einer Schrift, so fremd, daß man sie für vogtländisch halten möchte, daß Jean Paul auch hier geweilt hat, und zwar gern. Ich hätte auch gern geweilt, aber Biographen müssen immer weiter.

Jetzt hätte ich gern, wie Jean Paul im *Vorredner*, auf den Schneeberg gewollt, den höchsten der Gegend, aber sie ließen mich nicht hinauf, weil die Verteidiger Deutschlands da oben ihre Geheimnisse hüteten, denn es war nicht bloß nicht weit bis nach Drüben, sondern auch die Tschechen wohnten nah. Auf dem Schneeberg steht ein Monstrum von Betonturm, so scheußlich und gewaltsam, als könnte es für Menschendinge nicht mehr dienen und sei auch deshalb von

Menschen gebaut. Als Jean Paul dort oben angelangt war, war der Tag beinahe zu Ende. Er saß noch in der Sänfte und sah mit dem Geist, was er gleich mit den Augen würde sehen können: *Nun tritt auch die Erdensonne auf die Erdengebirge und von diesen Felsenstufen in ihr heiliges Grab; die unendliche Erde rückt ihre großen Glieder zum Schlafe zurecht und schließet ein Tausend ihrer Augen um das andre zu. Ach welche Lichter und Schatten, Höhen und Tiefen, Farben und Wolken werden draußen kämpfen und spielen und den Himmel mit der Erde verknüpfen – sobald ich hinaustrete (noch* e i n *Augenblick steht zwischen mir und dem Elysium), so stehen alle Berge von der zerschmolzenen Goldstufe, der Sonne, überflossen da – Goldadern schwimmen auf den schwarzen Nacht-Schlacken, unter denen Städte und Täler übergossen liegen – Gebirge schauen mit ihren Gipfeln gen Himmel, legen ihre festen Meilen-Arme um die blühende Erde, und Ströme tropfen von ihnen, seitdem sie sich aufgerichtet aus dem uferlosen Meer – Ländern schlafen an Ländern, und unbewegliche Wälder an Wäldern, und über der Schlafstätte der ruhenden Riesen spielet ein gaukelnder Nachtschmetterling und ein hüpfendes Licht, und rund um die große Sonne zieht sich wie um unser Leben ein hoher Nebel. – Ich gehe jetzo hinaus und sink' an die sterbende Sonne und an die entschlafende Erde.*

Das können jetzt nur noch die Soldaten tun.

An Hof bin ich vorbeigefahren, die Stadt soll nach sämtlichen alten Reisenden, die ich darüber vernommen habe, noch niemals irgendwie schön gewesen sein. Jetzt war ich aber an der Saale, der Sächsischen Saale, und ich bin nach Joditz gefahren. Man kommt auf der Höhe an, sieht unten rechts die Saale schön fließen und sieht dann Joditz liegen und muß nur noch hinunter. Von hier oben sieht Walt in den *Flegeljahren* das alles vor sich liegen: *Als eine zweite*

Straße seine zu einem Kreuzwege, diesem Andreaskreuze der Zauberinnen, durchschnitt: so wehten ihn tiefe Sagen schauerlich aus der Kindheit an; im Brennpunkte der vier Welt-Ecken stand er, das fernste Treiben der Erde, das Durcheinanderlaufen des Lebens umspannt' er auf der wehenden Stelle. Da erblickt' er Joditz, wo er Vults Traume nach essen sollte. Es kam ihm aber vor, er hab' es schon längst gesehen, der Strom um das Dorf, der Bach durch dasselbe, der am Flusse steil auffahrende Wald-Berg, die Birkeneinfassung und alles war ihm eine Heimat alter Bilder. Vielleicht hatte einmal der Traumgott vor ihm ein ähnliches Dörfchen aus Luft auf den Schlaf hingebauet und es ihn durchschweben lassen ... Im Joditzer Wirtshaus wurd' er wieder überrascht durch Mangel an allem Überraschenden. Nur die Wirtin war zu Hause und er der erste Gast (46).

So ging es mir auch. Die Wirtin, wenn es die Wirtin war, war wieder taub. Nach zehn Minuten hatte ich ihr ein Bier abgerungen, nach weiteren fünfzehn Minuten ein Paar Würstchen. Man beneidet die Bayern oft um die Vielfalt ihrer Würstchen; dies war Bayern, aber die Würstchen waren furchtbar, und es gab nur diese. Danach war ich in der Kirche, worin dem kleinen Jean Paul die Geisterheere so sehr im Nacken saßen. Die Kirche ist klein und zum Frommwerden anheimelnd. Jemand spielte auf der Orgel. Nachher kam er herunter: wie Handke als Knabe, damals, als er der Welt die Leviten las. Ganz hoch oben auf dem Dach der Kanzel steht ein Jesus mit erhobenen Händen. Dies, sagte der Pfarrer später, sei für Jean Paul das Vorbild für jenen Christus gewesen, der als Toter vom Weltgebäude herab die Rede hält, daß kein Gott sei*.

* Wahr ist das nicht. In der ersten Fassung heißt das schaurige Stück: *Des todten Shakespear's Klage unter todten Zuhörern in der Kirche,*

Die Kirche steht am Dorfplatz, auf dem sich Kinder prügelten. Auf einer Tafel mit einem Schaubild der Umgebung steht unter dem Ortsnamen in Klammern: Auenthal. Hinter der Kirche fließt das kleine Bächlein, auch hinter dem Pfarrhaus daneben. Bäume blühten, ein leichter Sommerwind ging, die Sonne schien. Eine wunderbar plastische junge Schöne fuhr auf einem Klapprad vorbei. Sie sei die Maria im Krippenspiel, sagte der Pfarrer später. Dann kam ein Pferdefuhrwerk, sonst war alles summend still bis auf gelegentliche Menschenstimmen und die Orgel. Es war wirklich fast ein Idyll.

Ein alter Mann kam auf den Platz, und ich fragte ihn nach dem Friedhof, fünfmal. Plötzlich begriff er, zeigte mit dem Stock eine Gasse hinauf und sagte: Do, do, do, do, do. Er hatte sich wohl abgefunden mit der landesüblichen Taubheit. Der Friedhof liegt am Hang. Auf fast allen Grabsteinen steht: geliebt und unvergessen – als wären das die Namen der Steinmetze. Kaum ein Grab ist älter als fünfzig Jahre. Da hat der Mensch sich dann vergessen. Der Pfarrer erklärte mir das sehr plausibel, wenn auch etwas kalt damit, daß man eben den Platz immer wieder brauche. Die Pfarrer bleiben immer so schön auf dem Boden der Wirklichkeit. Sie haben aber ja auch den Himmel im Rücken.

Ich bin dann zu ihm hinunter ins Dorf gegangen, ins Pfarrhaus. Der kleine ummauerte Garten, in dem Jean Pauls Vater seine Abendpfeife zu rauchen pflegte, sieht ganz so friedvoll und kinderlieb aus, wie der Leser ihn sich jetzt vorstellen wird. Der Pfarrer kam heraus, unvermutet weit vom Alter entfernt, und begrüßte mich, indem er mir sagte,

daß kein Got sei. Rührend ist, wie die toten Dichter so in die einst von ihren Kinderfüßen getretene Heimaterde wieder gewurzelt werden.

mein Name sage ihm nichts. Als ich sagte, es sei wegen Jean Paul, ging sein Geist ganz in ihn selber zurück, und er sagte versonnen: Jean Paul – ja – viel getrunken hat er – zwanzig Liter am Tag – und ist gestorben an qualvoller Wassersucht*. Er gestand aber, daß er Jean Paul für den bedeutendsten der oberfränkischen Schriftsteller halte. Dann bin ich ins adrett-moderne Haus gegangen und habe oben aus einem Fenster geguckt, schräg über die Straße hinüber auf die Fenster eines andern Hauses: dort soll die Jugendliebe gewohnt haben, und abends, sagen die älteren Frauen im Ort, habe der kleine Jean Paul von Fenster zu Fenster über den Weg hinüber ein Schwätzchen mit ihr gehalten. Des Kopfschlächters Wort über die Erinnerung der Älteren scheint sich zu bewahrheiten**. Schließlich zeigte der Pfarrer mir seine Frau und einige seiner Kinder und entließ mich freundlich, wenn auch gedankenvoll.

Ich trank noch ein Bier und machte mich auf nach Töpen, ins Nachbardorf. Dort hatte der engste Jugendfreund Jean Pauls gewohnt. Es geht steil bergauf, Joditz entschwindet den Blicken, rechts taucht das Dörfchen Isaar auf, die Straße führt vorbei, dann ist man auf der Höhe. Felder gibt es hier und vereinzelte Bäume. Keine Autos, die Gegend ist wie aus der Welt. Überall steigen ungestörte Lerchen

* als Jean Paul tot war, hielt Ludwig Börne in Frankfurt eine Rede auf ihn und sagte: *Wir wollen trauern um ihn, den wir verloren, und um die andern, die ihn nicht verloren. Nicht allen hat er gelebt. Aber eine Zeit wird kommen, da wird er allen geboren, und alle werden ihn beweinen. Er aber steht geduldig an der Pforte des zwanzigsten Jahrhunderts und wartet lächelnd, bis sein schleichend Volk ihm nachkomme.*

** die Sache ist die, daß vor zwanzig oder dreißig oder noch mehr Jahren in Hof ein Volksstück aufgeführt worden ist, worin Jean Paul die Hauptfigur war. Da er wenig wissen konnte, hatte der Dichter wohl einiges hübsch im Gedächtnis Haftende erfunden.

hoch und fallen wieder herab. Man sieht Wege, aber man sieht nicht, wohin sie führen*. Wenn man über die Höhe ist, sieht man Töpen. In einer Winternacht haben sich kurz vor dem Dorf Siebenkäs und Leibgeber getrennt und sehen sich nun doch noch einmal: *Im nächsten, in ein Tal versenkten Dorfe – Töpen – wartete er die Ankunft des nachfolgenden unkenntlichen Wesens im breiten Schatten einer blinkenden Kirche ab. Firmian eilte über die weiße, breite Straße, trunken vom Schmerz, blinder im Mond, und erstarrete nahe vor dem Abgetrennten. Sie waren einander gegenüber, wie zwei Geister über ihren Leichen, und hielten sich, wie der Aberglaube das Getöse der lebendig Begrabnen, für Erscheinungen ... Und als die sprachlose, qualenvolle, wonnevolle Minute vorüber war: so riß sie eine eiserne, kalte auseinander, und das Schicksal ergriff sie mit zwei allmächtigen Armen und schleuderte das eine blutige Herz nach Süden, und das andere nach Norden – und die gebückten, stillen Leichname gingen langsam und allein den wachsenden Scheideweg weiter in der Nacht... (Siebenkäs, 22).*

In Töpen ist der Schatten des Todes endgültig auf das Arkadien gefallen: hier liegt Oerthel begraben, der Jugendfreund. Aber auch hier wieder sagt kein Grabstein: hier liegt Oerthel. Wenn aber kein Grabstein mehr etwas sagt, kann man dann wirklich sagen: hier liegt Oerthel begraben? Nein, Oerthel, du bist hier nicht begraben. Du warst hier begraben, sagt Jean Paul. Jetzt bist du hier nur noch begraben gewesen**.

* *Die Wege und Flüsse sind in Landschaften so schön wegen ihrer Unendlichkeit – man weiß nicht, woher wohin – Seen nicht, aber das Meer (Bemerkungen Bd. 4, 319)*

** *... und nichts ist mehr da als das Dagewesensein* – aber selbst das ist fast zu viel gesagt. Einen Satz später in der *Selina (Merkur, 3)* heißt es: *Gott sieht seit Ewigkeiten nur unaufhörliche Anfänge hinter unaufhörlichen*

Ich bin dann die Straße weitergegangen nach Norden. Es ging bergab. Nichts bewegte sich mehr auf der Straße, sie schien nicht einmal ins Unbekannte, sie schien überhaupt nirgendwohin zu führen*. Am Ende dieser Straße, die zu nichts führte, standen verrostete Schilder: hier ist Bayern zu Ende, hier ist die Zonengrenze, und wenn man trotzdem weitergeht, könnte es gut sein, daß geschossen wird. Man sieht niemanden, der schießen könnte, aber das ist ja meistens so. Man wüßte aber auch nicht, wie man weitergehen sollte: es ist zwar eine Brücke da über einen Bach, aber die Brücke ist eine solche einzige Barrikade, daß sie ebenso gut gar nicht da zu sein brauchte. Es ist eigentlich närrisch, und ich bringe sofort eine Note dazu, die letzte dieses ersten Kapitels**. Die Gegend ging weiter, aber bloß an und für sich, und nicht für mich. Sie war entzweigehauen, und unten im Riß floß der Bach. Wahrscheinlich freuten sich die Fische, weil keiner sie fangen wollte. Vielleicht wurde manchmal einer totgeschossen, aus Langeweile.

Ich bin also umgekehrt, was sollte ich anderes tun, und bin zurückgegangen zu meinem Wirt nach Alexandersbad. Als ich ankam, räsonierten er und der Kopfschlächter gerade über Gott und das Vogtland.

Enden; und seine Sonne wirft ein ewiges falbes welkes Abendrot, das nie untergeht, auf den unabsehlichen Gottesacker, den Leichen nach Leichen ausdehnen. Gott ist einsam; er lebt nur unter Sterbenden.

* *Was wollt' ich denn haben, wenn ich in meiner Kindheit auf dem Stein meines Torwegs saß und sehnend dem Zug der langen Straße nachsah und dachte, wie sie fortliefe, über Berge schösse, immer immerfort ...? und endlich? ... Ach alle Straßen führen zu nichts, und wo sie abreißen, steht wieder einer, der sich rückwärts herübersehnt (Loge, 25)*

** *Alles überhaupt in der Welt ist sehr närrisch; besonders die Hauptsache derselben, und ich habe oft Gedanken darüber, die zu nichts führen (Komet, 2. Kap.)*

MENSCHEN SIND MASCHINEN DER ENGEL

Ich ertrage das Leben und die Armut lustig, finde beide aber darum nicht schön
GEDANKEN I, 155

Wenn ich einen solchen Menschen gesehen hätte wie ich war in Hof, mit der Lust, Ertragung, Uneigennützigkeit, ich hätte ihn sehr geliebt VITA-BUCH 447

ÜBER DIE JUGEND JEAN PAULS wissen wir außer dem, was er selber aufgeschrieben hat und dem, was wir heute noch sehen können, tatsächlich fast nichts. Wenn er sagt, es habe sein Leben ja keiner gemerkt und bemerkt, so ist das, in Hinblick auf eine Lebensbeschreibung, eine schlichte Feststellung, ohne alles Selbstmitleid und ohne alle Larmoyanz, so gern und so viel er immer geweint haben mag*. Seine Familie gehörte nicht zu denen, über die man etwas hätte aufschreiben wollen, und die Dörfer, in denen er lebte, waren nicht solche, worin man viel schrieb. Es kann ja auch eigentlich an solchen Orten keiner Genies vermuten. Man schreibt in diesen Ständen auch wenig Briefe, und wenn man welche schreibt, bewahrt man sie wohl kaum auf. Bilder machte man von den Leuten auch nicht. Wir wissen nicht, wie Jean Pauls Eltern aussahen, und auch ihn selber kennen wir aus Bildern (die er fast sämtlich für schlecht gehalten hat) erst, seit er berühmt wurde.

Abgesehen von der Sturheit seiner Unterrichtsmethoden soll der Vater ein geselliger, witziger, beinahe weltgewand-

* *Tränen sind überhaupt mein stärkster, aber schwächendster Rausch (Vita-Buch 315)*

ter Mann gewesen sein, dazu ein in seinen Kreisen bewunderter Musiker und Kirchenkomponist, ein mitreißender Kanzelredner und ein gütiger, weit über seine Pflichten hinaus für seine Gemeinde sorgender Pfarrer. Seiner Frömmigkeit freilich muß etwas leicht Düsteres angehaftet haben, und die Welt schien ihm sehr von Geistern durchzogen. Sein Bild bleibt im Ganzen ein wenig dunkel, und in dem, was Jean Paul über ihn schreibt, haben bedrohliche Züge die Oberhand. Jean Paul betont zwar, daß sein Vater bei allem, was er in der Erziehung tat, von Liebe geleitet gewesen sei; immerhin ist er sich aber bewußt, diesen Punkt eigens betonen zu müssen*.

Die Mutter soll schön, aber sehr zart und fast kränklich gewesen sein. Ihr Vater, der Tuchmacher in Hof, galt als wohlhabend; gleichwohl tut man gut daran, sich beim Begriff eines Tuchmachers nicht allzu weit von dem zu entfernen, was im Namen eines Schuhmachers mitschwingt. Spätere Briefe legen die Vermutung nahe, daß die Mutter nicht sehr gebildet war.

Zwei Schwestern Jean Pauls, Rosina Barbara Sophia und Sophia Jacobina Ottilia, starben als sehr kleine Kinder. Von den vier Brüdern verschwindet Adam (1765 geboren) im Nebel der außerbayreuthischen Welt als Soldat und umherwandernder Niemand; Gottlieb (1768 geboren) brachte es zu einem Rendanten, sieben Kindern und hundert Gulden Gehalt in Bayreuth; Heinrich (1770 geboren), ein offenbar

* In der *Unsichtbaren Loge* spricht Jean Paul einmal davon, daß Kinder nur durch Beispiele, erzählte oder wirkliche, erzogen werden können; danach redet er seinen Helden, der in einem Kellergemach von einem jungen Mann, dem Genius, behütet wird, so an: *O tausendmal glücklicher als ich neben meinem Tertius und Konrektor lagst du, Gustav, auf dem Schoße, in den Armen und unter den Lippen deines teuern Genius... (3)*

begabter, sehr sensibler Mensch, wollte Kaufmann werden, stürzte sich aber angesichts des Elends der Familie vorzeitig in die Saale; Samuel schließlich (1776 geboren) wurde, nachdem er in Leipzig einige Zeit studiert hatte, zum Spieler, stahl dem berühmten Bruder Geld, landete für einige Zeit in Schwarzenbach und starb dann fernab in einem Militärlazarett. Nichts berechtigt zu der Annahme, daß diese Lebensläufe sehr ungewöhnlich waren; wir wissen nur zu wenig, weil wir fast immer nur von denen hören, die überleben konnten und schreiben durften*.

Anfang 1776 war die Familie, so weit hatte uns die Selberlebensbeschreibung ja geführt, nach Schwarzenbach an der Saale gegangen. Jean Paul verliebte sich sogleich (er verliebte sich sein Leben lang sogleich), und zwar in Katharina Bärin (ich nenne sie nur, weil alle sie nennen, sonst denkt ein Leser, der mir nicht wohlwill, ich kennte sie nicht); er hat sie sogar geküßt, auf der Treppe im Finstern. Hier begannen auch Schul- und Klavierunterricht. Ein Kaplan Völkel unterwies ihn außerdem in Geographie und Philosophie, und ich bringe jetzt, indem ich aus der Biographie Nerrlichs von 1889 zitiere, eine Anekdote: *Leider trug Fritz selbst* (Nerrlich meint hier Jean Paul) *infolge allzugroßer Empfindlichkeit die Schuld, daß dieser Unterricht eingestellt wurde. Zuweilen nämlich forderte ihn der Kaplan nach Beendigung des Unterrichtes zum Schachspielen auf; es war dies das Lieblingsspiel*

* in einem Anflug unheiliger Verbitterung (er hatte solcher Anflüge später sehr viele) schreibt Jean Paul 1812: *Man sollte überhaupt die meisten todtschießen in der schönen Jugend, ausgenommen die wenigen Männer, die genial wären, und die wenigen Frauen, die sanft wären (Gedanken 8, 79 (262))*. Ein Genie reicht aber auch; Gott verschone uns mit diesen Dichter-Familien, wo Jahrzehnte streiten müssen, wer größer war und wer kleiner.

des Knaben und ist es auch später, obgleich er hierin ebensowenig wie in irgend einem andern Spiele besondere Virtuosität erreichte, geblieben. So erschien er denn auch eines Tages trotz heftiger Kopfschmerzen lediglich deswegen zum Unterrichte, weil ihm am Tage vorher eine Partie in Aussicht gestellt worden war. Der Kaplan hielt jedoch, weil er es vergessen, sein Wort nicht; unser kleiner Trotzkopf war zu stolz, ihn zu bitten, er blieb vielmehr, trotzdem er dem Kaplan in unveränderter Liebe anhing, von diesem Tage an vom Unterricht fern. Unser kleiner Trotzkopf Fritz: der Leser sieht, was ich ihm alles erspare*.

Wichtiger als der vergeßliche Völkel wurde für Jean Paul (der übrigens tatsächlich, in diesen Dingen ist Nerrlich ein grundzuverlässiger Biograph, Fritz oder Fritzchen gerufen wurde) der Pfarrer Vogel in Rehau (*voll Entzücken ergriff daher der wissensdurstige*** *Knabe die Hand dessen, welcher ihn aus öden Steppen in lachende, blumengeschmückte Gärten geleitete:*

* im Ernst ist es aber so, daß keiner der großen Dichter so sehr wie Jean Paul die Biographen dazu verleitet hat, so familiär mit ihrem Gegenstand zu werden. Das liegt einmal sicher daran, daß Jean Paul beinahe bis heute – von Ausnahmen abgesehen – geradezu bestürzend unterschätzt wurde, so daß die wenigen Verehrer, und besonders jene unter ihnen, die ihn als sogenannten Humoristen schätzten, ihn ganz als einen der ihren vereinnahmten. Dann aber auch hat dies aus der Armut und Enge kommende Leben und hat vor allem diese zunächst so lieb aussehende Provinzfigur Jean Pauls die sonderbare Gewalt, daß fast jeder, der sich diesem Leben und dieser Figur nähert, allzu nahe an sie herangerät. Es scheint so gar nichts Unnahbares in diesen Anfängen zu liegen, es sieht alles so greifbar und begreiflich aus, so, als ob man nur nah genug zu sein braucht, um Größe entstehen zu sehen. Die Folge ist aber nur, daß man die Größe nicht mehr sieht, und dies nicht einmal merkt. Im Hinblick auf die Größe ist nämlich an den einfachen Umständen nichts zu begreifen.

** es ist sonderbar, aber man sagt Wissensdurst und Bildungshunger (weder Nerrlich noch Jean Paul)

noch einmal Nerrlich). Erhard Friedrich Vogel, 1750 geboren, ein reitender und billardspielender Pfarrer, vermutlich eine etwas exzentrische Gestalt in dieser Umgebung, besaß eine sehr umfangreiche Bibliothek, die er dem jungen Jean Paul, der unter der Beschränktheit und Ahnungslosigkeit seiner Lehrer viel zu leiden hatte, fast ohne Einschränkung zur Verfügung stellte. Die ersten erhaltenen Briefe Jean Pauls gehen meist an Vogel und enthalten Bücherwünsche sowie Bemerkungen zu gelesenen Büchern. Wir finden alle berühmten Schriftsteller der Aufklärung und des Rationalismus, von Helvetius bis Lessing, Sachliteratur aller Art, verhältnismäßig wenig Dichtung; das bedeutet nicht, daß Jean Paul nicht die Dichter der Zeit gelesen hätte, sondern das bedeutet lediglich, daß er im Grund wohl unablässig las. Es ist erstaunlich, was der humorvolle Vogel ihm alles zugemutet hat.

Hier in Schwarzenbach regt sich in Jean Paul der große, so oft verspottete Systematiker des eigenen Wissens. Jean Paul exzerpiert alles, was er liest, macht sich auch Abschriften von wichtigen Stellen, sammelt das alles in starken Quartheften, verfertigt Register zu diesen Heften und zu diesen Registern noch einmal Register, die alles Aufgeschriebene unter bestimmten Gesichtspunkten aufschlüsseln. Nerrlich schreibt, in der Sache vollkommen richtig, Jean Paul habe diese Gewohnheit sein Leben lang beibehalten. Die Wahrheit ist, daß er eben im Alter von sechzehn Jahren etwas angefangen hat, was ihm dann sein Leben lang vernünftig vorgekommen ist; vernünftig heißt dabei: sinnvoll für seinen Beruf, den des Schriftstellers nämlich. Das heißt aber: Jean Paul hat sich von diesem Alter an mit äußerster Zielstrebigkeit darauf vorbereitet, Schriftsteller zu werden. Das ist schwer zu begreifen und mag manchem, jetzt und zunächst wenigstens, nicht ganz glaublich erscheinen. Es werden aber bald stärkere Beweise dafür kommen, und vor allem wird sich zeigen, welche ungeheure Bedeutung diese Selbstfixierung dafür hatte, wie Jean Paul fortan lebte*.

Ostern 1779 bezog Jean Paul, den der Vater Theologie studieren lassen wollte, das Gymnasium in Hof, und zwar die mittlere Stufe der Prima. Sein Schulfreund Christian Otto beschreibt später sein Auftreten: ... *seine dem Stoff und der Form nach dorfmäßige, ganz neue und doch vernachlässigte Kleidung, seinen treuherzig unbefangenen Anstand, sein gleichsam alte Bekanntschaft voraussetzendes Entgegenkommen, das fast für Zudringlichkeit galt. Den städtischen Mitschülern*** *diente dies alles, besonders aber sein in sich gekehrter, auf die äußere Erscheinung unaufmerksamer Sinn, ja sogar sein begeisterter Blick, der ihnen schielend vorkam, zum Spott****.

Drei junge Leute sind von diesen spottenden Mitschü-

* eine der ersten Bemerkungen in seinen *Gedanken-Heften (1799, 8)* lautet: *Man braucht eigentlich 4 Leben. Eines für die Freude oder das ruhige Bewußtsein, 2. für das tugendhafte Handeln, 3. für Lesen, 4. für Schreiben.* Die Frage ist, was man nun tut, wenn man unbedingt fürs Schreiben da sein will und gleichwohl nur dies eine Leben hat.

** vierzig Jahre später, vor dem großen Brand, hatte Hof 4600 Einwohner, 600 Häuser und 100 Straßenlaternen. Jean Paul wohnte in einem Zimmer bei seinen Großeltern.

*** dieses Zeugnis ist, wie andere, die noch folgen, dem Band *Jean Pauls Persönlichkeit in Berichten der Zeitgenossen* entnommen. Der Band ist von Eduard Berend zusammengestellt, dem Herausgeber der historisch-kritischen Werkausgabe. Das angeführte Zeugnis ist das zweite, das erste stammt von 1886: *Noch jetzt erzählt man sich in Joditz, daß die Bauern vor dem lebhaften Pfarrsohn öfters die Türe geschlossen hätten, um seinem allzu reichen Redestrom zu entgehen.* – Ich vermute, daß es schon damals einmal ein Theaterstück gegeben hatte.

lern sicherlich auszunehmen, nämlich Christian Otto selber, sodann Johann Bernhard Hermann, dem Jean Paul philosophische Aufsätze, die jetzt zahlreich entstanden, zu lesen gab, schließlich Adam Lorenz von Oerthel, sein engster Freund, ein Sohn des reichen Gutsbesitzers in Töpen; diesem Gutsbesitzer werden wir noch begegnen, er war ein Ekel. Hermann soll ein harter Realist gewesen sein, ein halber Schoppe oder Leibgeber, Oerthel dagegen beinahe ein Schwärmer, ein halber Siebenkäs oder Walt*. Oerthel wohnte romantisch in einem Gartenhaus am Wasser; die beiden Freunde sollen da, namentlich abends, viel zusammen geweint haben. An Oerthel ist auch der erste erhaltene Brief gerichtet, aus Leipzig. Es heißt dort, 1780: *Doch noch was. – Lauter Sterbegedanken umgeben mich iezt – vielleicht dich auch; und dies ist beste Zubereitung. – – Nun schimmerst ruhiger Mond! senkest Ruhe in gequälte Seelen – Schauerlich ist's, unter Mondsblinkern, al die harmlosen, nachbarlichen Hügel – bei'n Gräbern wandelnd – zu spähn! Schauerlich wenn's so todenleise um dich her ist, und's dich ergreift das grosse alumspannende Gefühl – edel ist's, nächtlich die Gräber der süsschlummernden Freunde zu besuchen – und ach! den betrauern, den nun der Wurm zernagt. – Lese in Yorik's Reisen im 1ten Theil das, wo er beim Grabe des Mönchs war. – –*

Vom Hofer Gymnasium ist erwähnenswert, daß Jean

* ich muß den Leser an dieser Stelle ernstlich bitten, ab jetzt nicht bloß immer mich, sondern auch Jean Paul zu lesen, so sehr ich ihn auch immer zitiere. Wolfgang Harich in seinem Buch sagt zwar, er könne dergleichen nicht voraussetzen und wolle daher Jean Paul ordentlich nacherzählen; ich bin aber nicht Harich, und vor allem kann ich dem Leser nicht das unendlich größere Vergnügen rauben wollen, eben nicht mich bloß, sondern Jean Paul zu lesen; deswegen zitiere ich ihn ja schon immer.

Paul während einer Disputation über einen Glaubensartikel den Präses so in die Enge getrieben haben soll, daß dieser die Diskussion abbrach. Die Hofer sollen Jean Paul seither für einen Atheisten gehalten haben. Das klingt sehr glaubwürdig; denn zwei aus dieser Zeit erhaltene Aufsätze zeigen, daß Jean Paul sehr eigene Gedanken über Gott hatte. Daß die Hofer ihn nicht gemocht haben, ist genug bezeugt; er hat sie auch nicht geschätzt. Drei Jahre später schreibt er an Oerthel (17. Juni 1783): *Bedenke überdies meinen Aufenthalt im abscheulichen Hof, wo das Gehirn mit der Zunge in Plumpheit weteifert und wo das Tier, das mir in Rücksicht der Gleichnisse zum Pegasus dienet, mit seiner Kele den höfischen Dialekt und mit seinen Oren den höfischen Verstand abbildet.*

Im Oktober 1781 verließ Jean Paul das Gymnasium und ging für die Monate bis zum Studienbeginn nach Schwarzenbach zu seiner Mutter. Der Vater war wenige Wochen nach Jean Pauls Eintritt ins Gymnasium gestorben. Er hatte natürlich nichts hinterlassen. Zunächst halfen die Großeltern aus, die aber bald danach beide auch starben. Um das Wenige, das sie hinterlassen hatten, gab es unter der Verwandtschaft einen Streit, schließlich einen Prozeß. Als Jean Paul dann nach Leipzig gehen wollte, war fast alles dahin. Rektor Kirsch schrieb ihm für die Professoren in Leipzig ein *testimonium paupertatis: Da Armut niemandem zur Unehre gereicht, der nach Reichtum an Tugend trachtet, braucht der wahrlich nicht zu erröten, der um dies Zeugnis gebeten hat, der vortreffliche Jüngling J.P.Fr.Richter, ein Sohn des ehemaligen Schwarzenbacher Pastors, ein armer, ja ärmster Mensch. Vor einigen Jahren hat ihm der Tod den Vater geraubt, und wenn es nicht sündhaft wäre, Gottes Ratschlüsse zu tadeln, so dürfte man es beklagen, daß gerade dieser und nicht lieber ein anderer den Vater verlieren mußte, dem, wenn er länger gelebt hätte, der Sohn gewiß alle Hoffnungen erfüllt haben würde. Denn dieser Jüngling brennt dermaßen vor Lernbegierde, daß wir dafür bürgen können, jeder, der Richters Kenntnisse prüfen will, werde sich mit Vergnügen davon überzeugen, daß derselbe nicht nur in Sprachen, sondern vornehmlich in der Philosophie für sein Alter sehr fortgeschritten ist.*

Das testimonium nützte wenig. Jean Paul verließ die Orte der Kindheit und Jugend, die Armut war vorbei, und der Hunger begann.

Am 27. August 1781 an die Mutter: *Ich wünsche mir keinen solchen Brief mehr von Ihnen, wie der letzte war; mit Furcht erbrech' ich ieden, und immer komt eine unangenehme Post mit der andern. Der lezte Brief ist fast ganz vol.*

Am 3. November an die Mutter: *Sie glauben nicht, was mir für das Waschen meiner Kleidungsstükke drauf geht; für iedes gute Hembd 1 gr. sächs., für ein paar Strümpfe 2 Dreier. Wenn ich es nur allemal durch einen Fuhrmann hin zu Ihnen bringen könte. Ferner: meine Wäsche zerreist auch; wenn sie nur von Ihnen könte geflikt werden.*

Am 1. Dezember an die Mutter: *Sie lassen mich zwischen Furcht und Hofnung. Ich hab' Ihnen schon neulich um Geld geschrieben; und da hab' ich schon viel geborgt gehabt; iezt hab' ich noch keines, ich borg' also immer fort. Aber auf was sol ich denn endlich warten? Sein Sie so gütig und verschaffen Sie mir Rat. Ich mus doch essen, und kan nicht unaufhörlich beim Trakteur borgen – Ich mus einheizen; wo sol ich aber Holz bekommen, ohne Geld? Ich kan ja nicht erfrieren. Für meine Gesundheit kan ich überhaupt nicht sorgen; ich habe weder Morgends noch Abends etwas Warmes.*

Mitte 1782 an die Mutter: *Was den Kaffee anbetrift, so wolt' ich Ihnen ihn gern schikken; aber – nicht daß ich ihn nicht heraus-*

zubringen wüste, wie Sie schreiben – sondern ich kan ihn nicht kaufen. Mein Geldmangel ist so gros wie der Ihrige. Ich borg' halt darauf los. Und kan nicht anders.

Am 21. August an die Mutter: *Sie glauben, ich lege Kleidung ab; ia wie wil ich dies können, da ich mir keine neue anschaffen kan – ich habe wohl zerrissene Kleidung aber keine abgelegte ... Ich wil nicht von Ihnen Geld um meinen Speiswirt zu bezalen, dem ich 24 rtl. schuldig bin, oder meinem Hauswirt, dem ich 10 rtl., oder andre Schulden, die über 6 rtl. ausmachen – zu allen diesen Posten verlang' ich von Ihnen kein Geld; ich wil sie stehenlassen bis zu Michael, wo ich diese Schulden und die noch künftig zu machende, unfehlbar zu bezalen in Stand gesezt sein werde – Also zu dieser grossen Summe verlange ich von Ihnen keine Beihülfe – aber zu folgenden müssen Sie mir Ihre Hülfe nicht abschlagen. Ich mus alle Wochen die Wäscherin bezalen, die nicht borgt, ich mus zu früh Milch trinken; ich mus meine Stiefel vom Schuster besolen lassen, der ebenfals nicht borgt, mus meinen zerrissenen Biber ausbessern lassen vom Schneider, der gar nicht borgt – mus der Aufwärterin ihren Lohn geben, die natürlich auch nicht borgt – und dies mus ich nur iezt alles bezalen, und bis auf Michael noch weit mehr ... Denn das dürfen Sie nicht glauben, daß mein Mittel, Geld zu erwerben, nichts tauge; weil es etwan noch nicht angeschlagen hat. O nein! durch eben dieses getraue ich mich zu erhalten, und es komt nur auf den Anfang an ... Übrigens verlass' ich mich darauf, daß Sie mich nicht länger in der Not stekken lassen, und mir mit dem nächsten Posttag schreiben. Acht Taler, wie gesagt, verlang' ich blos, und diese werden Sie doch auftreiben können.*

Am 27. Januar 1783 an die Mutter: *Ich hörte neulich, daß schon das ganze liebe Hof wüste, daß ich ein Buch geschrieben ...*

Besonders an der eben zitierten längeren Briefstelle fällt der ungehaltene, bisweilen harte Ton auf. Jean Paul redet fast nirgends über seine Mutter, es scheint, daß sie ihm nicht viel bedeutet hat. Offenbar gab es für die beiden keine Ebene, auf der sie sich wirklich miteinander hätten verständigen können. Jean Paul nimmt Anteil an ihren Sorgen (sie gehörte sicher zu denen, die immerfort Sorgen haben), aber er tut es beinahe wegwerfend. Nach einer Krankheit seiner Mutter schreibt er ihr: *Sie dürfen sich also wegen meiner nicht sorgen; ob ich wol mich um Sie sorge, und Ihnen zugleich anrate, daß Sie sich in Acht nemen und Weinessig alle Morgen entweder trinken oder räuchern.* Zur Begründung dieses Rates fügt er dann ziemlich lapidar an: *Denn nach dieser Krankheit folgt gemeiniglich das Faulfieber, und dies tödet.* Als sie ihn einmal fragt, was für Bücher er denn schreibe, antwortet er grob: *Es sind weder teologische noch iuristische; und wenn ich Ihnen auch den Namen herseze, so ists Ihnen damit doch nicht deutlich: Satiren oder spashafte Bücher sind es.* Dann fährt er auf einen offenbar ungebetenen Rat seiner Mutter hin fort: *Fast muste ich lachen, da Sie mir den erbaulichen Antrag thun, mich in Hof in der Spitalkirche z.B. vor alten Weibern und armen Schülern mit einer erbaulichen Predigt hören zu lassen. Denken Sie denn, es ist soviel Ehre, zu predigen? Diese Ehre kan ieder miserable Student erhalten, und eine Predigt kan einer im Traume machen. Ein Buch zu machen ist doch wohl zehnmal schwerer* (3. April 1783). Als die Mutter immer noch keine Ruhe gibt, schreibt er ihr am 14. April: *Sie haben mir eine Strafpredigt gehalten, damit ich in Hof eine Buspredigt halten sol. Sie glauben, es ist so leicht ein satirisches Buch zu schreiben. Denken Sie denn daß alle Geistliche in Hof eine Zeile von meinem Buche verstehen geschweige machen können?... Wenn ich nun Theologie studirt hätte, von was wolt' ich mich denn nären? ... Ich verachte die Geistlichen nicht – allein ich verachte auch die Leinweber nicht, und mag doch keiner werden. – Ihnen hab' ich deswegen kein Buch geschikt, weil es Ihnen zu nichts helfen würde.*

Eine beträchtliche Rolle spielt hier natürlich der Stolz des Neunzehnjährigen, der ein Buch veröffentlicht hat und nun – ganz zu Unrecht – glaubt, die Welt werde ihn verstehen und so die Dummheit der Hofer zugleich beweisen und bestrafen; und er sah seine Mutter wohl allzu sehr von den Meinungen umgarnt, die in Hof über ihn umgingen. So hatte der geizige alte Oerthel seinem Sohn, der in Leipzig Tür an Tür mit Jean Paul wohnte, 1781 geschrieben: *Verborge keinen Heller ... Auch Deinem besten Freund borge nichts und laß überhaupt Dein Geld nicht von jedem sehen. Sollte Dir der Richter zur Last sein, so wirst Du schon wissen, wie Du es zu machen hast, daß er Dir nicht übern Hals liegen soll, denn er ist öfters unausstehend, wenn er anders nicht zeither manierlicher und ordentlicher worden.* Ein Vierteljahr später schreibt er: *Nur kannst Du mir nicht verdenken, daß, weil mir Leipzig an und vor sich in seinem verführerischen Glanz sowohl als Dein Richter bekannt, der mir auch schon verschiedene widersprechende, dumme, ja unanständige Verblendungen gemacht, daß ich als ein wohlmeinender Vater auf guter Obhut bin, daß Du nicht zu Seel und Leib verderblichen Verführungen hingerissen werdest.* 1783 heißt es bei ihm lakonisch: *Richter wird in Hof schlecht ästimiert.* Ein ähnlich böswilliger Mensch wie Oerthel, nämlich jener Heinrich Doering, der gleich nach Jean Pauls Tod ein sehr hämisches Buch über ihn veröffentlichte, berichtet dort mit Vergnügen: *Ein Jugendfreund Jean Pauls erinnert sich, daß er in Leipzig ziemlich allgemein als ein Sonderling gegolten habe. Dazu mochte, außer seiner Neigung, alles zu studieren, auch der Umstand beitragen, daß er, den damaligen Sitten durchaus zuwider, mit unbedecktem Halse einherging und sich den Bart wachsen ließ.* Dergleichen fanden die Hofer natürlich besonders schlimm, und eben dies, daß sie es schlimm fanden, wird seine wenig selbständige Mutter besonders gekränkt haben, und so wird sie ihm denn heimgezahlt haben, daß er sie so leiden ließ. Und unser kleiner Trotzkopf wehrt sich, indem er ganz den kalten Verstandesmenschen hervorkehrt, der er ja tatsächlich auch ist. In dieser Schärfe des Tons korrespondiert Jean Paul aber sonst mit keinem.

Er redet auch mit keinem sonst so unverblümt über seine äußerlichen Probleme. Jean Paul ist, fast von Anfang an, ein Briefschreiber, der alle, an die er schreibt, erheitern möchte. Oder anders gesagt: er schreibt immer so, als spräche er zu einem aus dem Vielkopf Publikum*. Ganz in diesem Sinne führt er Buch über seine Korrespondenz: in seinem sogenannten Briefkopierbuch schreibt er die Konzepte zu seinen Briefen nieder und kopiert die Briefe stellenweise wörtlich – alles dies wieder, wie im Falle der Exzerpte, seit seinem siebzehnten Jahr. Die Stellen, die er aus den Briefen kopiert, sind immer solche, die er für besonders gelungen

* der Ausdruck Vielkopf für Publikum stammt von dem in Sprachforschung dilettierenden Christian Heinrich Wolke (1741 bis 1825), den Jean Paul im Falle Vielkopf leicht satirisch zitiert (im *Kometen*), sonst aber sehr schätzt. Der aufmerksame Leser wird gemerkt haben, daß in den Zitaten aus der *Selberlebensbeschreibung* viele zusammengesetzte Wörter ohne das gewohnte S in der Mitte erscheinen: Monattag, Geburttag, Selbbewußtsein. Diese Idee ist von Wolke, der sie sprachgeschichtlich zu beweisen glaubt. Der Beweis ist sicher nicht gelungen, und man hat es Jean Paul nun stets als eine Altersmarotte ankreiden wollen, daß er die Idee gleichwohl übernommen hat. Erstens ist Jean Paul aber als Artist zu groß für bloße Marotten, und zweitens soll der Leser sich ruhig einmal in diese Wörter einhören: er wird finden, daß sie der Prosa Jean Pauls einen eigentümlichen Klang geben, den man dann gar nicht mehr missen mag. Die Wörter stehen gekräftigter da, ohne doch aus der Rolle gefallen zu sein.

ansieht, und die er ganz eindeutig für sich aufschreibt, um sie irgendwann, wieder in einem Brief oder in einem Buch, weiterzuverwenden. Auch im Briefschreiben also ist sich Jean Paul von Anfang an völlig über seinen wirklichen Beruf im klaren, und von Anfang an stellt er alles auf beispiellose Weise in den Dienst der erkannten Aufgabe. Mochte das in den Exzerpten sozusagen seine Sache sein, so kommt bei den Briefen doch ein bedenklicher Zug ins Spiel. Ich meine das nicht moralisierend, etwa, als gäbe er seinen Korrespondenten statt seiner seine Literatur. Nur macht er hier – für uns zum ersten Male deutlich – aus einem Bereich, der gerade bei Dichtern gemeinhin eher zum Leben als zur Literatur gerechnet wird, eben Literatur. Er vernachlässigt gleichsam eine Möglichkeit des Eigenlebens, er beraubt sich ihrer geradezu. Statt eines Stücks Leben neben der Literatur will er ein Stück Leben mehr für die Literatur. Er ist so ausschließlich Literat, daß er's auch in seinen Briefen sein muß. Man muß das aber richtig verstehen: Jean Paul mißbraucht seine Adressaten niemals als Leser unvermuteter Manuskripte, dazu ist er zu höflich, zu liebenswürdig, zu urban; er hält bloß sein privates Ich oder Leben so sehr aus den Briefen heraus, daß das große ernsthafte Spiel mit den Wörtern und Sätzen nicht gestört wird. Es ist fast so, als hätte er gar kein Leben außer dem der Literatur. Seine Korrespondenz ist gewaltig, aber der biographische Voyeur kommt überhaupt nicht, selbst der gewissenhafte Biograph kommt kaum auf seine Kosten.

Wir waren bei der Armut, bei der Mutter und in Leipzig, bei den Hofer Bürgern, den miserablen Studenten und einem Buch stehengeblieben, das Jean Paul offenbar geschrieben und sogar gedruckt liegen hat.

Leipzig gefiel dem Kleinstädter nicht sehr, und die Studenten gefielen ihm gar nicht. An den Pfarrer Vogel schreibt er am 17. September 1781: *Die Mode ist hier der Tyran, unter dem sich alles beugt; ob er wol niemals sich selbst gleich ist. Die Stuzzer bedekken die Strasse, bei schönen Tagen flattern sie herum wie die Schmetterlinge. Einer gleicht dem andern; sie sind wie Puppen im Marionettenspiele, und keiner hat das Herz, Er selbst zu sein. Das Hergen* gaukelt hier von Toilette zu Toilette, von Assemblee zu Assemblee, stielt überal ein paar Torheiten mit weg, lacht und weint, wie's dem andern beliebt, närt die Geselschaft von den Unverdaulichkeiten, die er in einer andern eingesamlet hat, und beschäftigt seinen Körper mit Essen und seine Sele mit Nichtstun, bis er ermüdet einschläft. Wen nicht seine Armut zwingt, klug zu sein, der wird in Leipzig der Nar, den ich iezt geschildert habe. Die meisten reichen Studenten sind dieses.*

Über die Professoren, außer über den Philosophen Platner, den er schätzt, der übrigens auch heute noch mit Vergnügen zu lesen ist, zieht er in ähnlichem Satirenton her. Im selben Brief an Vogel schreibt er: *Man hat ihn mit soviel Titel belegt, daß er Mühe hat zu wissen, was er ist; ihm soviel Ämter gegeben, daß er die Macht hat, keines recht zu verwalten, und soviel Verdienste in Gestalt des Stern etc. von außen angehangen, daß er inwendig keine zu haben braucht. Eine wahre Schöpfung aus – Nichts! Ortodox? das versteht sich von selbst, daß er's ist: man hätt' ihn nicht belohnt, wenn er grössern Verstand hätte. – Das Professorenvolk ist überhaupt das burleskeste Volk: sie haben Originaltorheiten, und man hat Unrecht getan, immer den*

* Herrchen; die Orthographie Jean Pauls scheint sehr willkürlich, ist in sich aber immer sehr streng und von Jean Paul genau durchdacht und in Briefen zuweilen begründet. Während der Jahre ist sie aber steten Veränderungen unterworfen.

Landgeistlichen in ieder Satyre zu züchtigen. Einen Professor nach dem Leben zu malen! – gewis das wäre der zweite Don Quichot, und sein Famulus sein Sancho Pansa.

Wir haben von dem Gewährsmann Doerings, jenem ominösen Jugendfreund, schon gehört, daß Jean Paul alles studierte, und von außen mußte das wohl auch so aussehen. Jean Paul studierte, wie er immer schon gelesen hatte, zudem war ihm an der Theologie ja offenkundig die Lust vergangen (wenn er sich nicht überhaupt nur aus Pflicht für sie eingeschrieben hatte), die Philosophie fesselte ihn, wir werden es gleich sehen, auch immer weniger, und bedeutende Leute, die ihn an ein bestimmtes Fach hätten binden können, fand er nicht; es ist aber auch sehr zweifelhaft, ob er sich hätte binden lassen. Er schien vor sich und für sich so hinzustudieren.

Für Jean Paul selber sah das vollkommen anders aus. Am 1. Mai 1783 schrieb er an den Pfarrer Vogel: *Den Plan meines Lebens wollen Sie wissen? das Schiksal wird ihn erst entwerfen; mit meinen Aussichten verträgt sich keiner, und ich schwimme auf dem Zufalle one Steuerruder herum, wiewol darum nicht one Segel. Ich bin kein Theolog mer; ich treibe keine einzige Wissenschaft ex professo, und alle nur insofern als sie mich ergözen oder in meine Schriftstellerei einschlagen; und selbst die Philosophie ist mir gleichgültig* ... Schon anderthalb Jahre früher, bald nach Aufnahme seiner Studien, hatte er an den Schulrektor in Schwarzenbach geschrieben (15. September 1781): *Aber wissen Sie was mich eigentlich zum Fleis antreibt? – Gerade das, was Sie in Ihrem Briefe gesagt – meine Mama. Ich bin Ihr's schuldig, einen Teil ihres Lebens zu versüssen, da sie den andern so elend hingebracht hat; und ihr den Verlust, den sie durch den Tod meines Vaters erlitten, durch meine Hülfe zu mindern; es ist meine Pflicht, etwas zum Glük meiner Brüder beizutragen – Wäre dies nicht, so würden meine Studien anders sein, ich würde nur das bearbeiten, was mir gefiele, für was ich Kräfte fülte; wäre dies nicht, so würd' ich nie in meinem Leben ein – öffentliches Amt annemen. Das komt Ihnen vielleicht wunderbar vor ...*

Mit achtzehn Jahren hält ihn also bloß die Idee einer familiären Verpflichtung davon ab, sein Studium genau so zu betreiben, wie er es mit zwanzig dann tut. Mit achtzehn sagt er dem Rektor nicht, daß es ihm allein um die Schriftstellerei geht, mit zwanzig gesteht er es dem Freund Vogel ein. Mit achtzehn redet er davon, daß er von sich aus niemals ein öffentliches Amt annehmen wolle, mit zwanzig spricht er schon gar nicht mehr davon. Das Erstaunlichste an dem allen ist, in gewisser Hinsicht auch das Erschrekkendste, daß nichts, was er schreibt, so klingt, als habe er sich da in etwas verrannt, als schwärme er, oder als jage er Träumen nach oder baue sich Luftschlösser. Er redet ganz nüchtern und sachlich, wie ein Erwachsener, oder eigentlich wie einer, der aus der Kindheit aufwacht und mit einem Mal wie vom Himmel gefallen fertig dasteht und weiß, was er soll*.

Dieser Nüchternheit und diesem ruhigen und selbstgewissen Reden über sich muß noch etwas anderes zugrunde gelegen haben, etwas beinahe noch Schockierenderes: nämlich ein vollkommenes Durchdrungensein von seiner Begabung, bei richtiger Selbstausbildung ein großer

* ich verarge es dem Leser nicht, wenn er hier stutzt: er soll stutzen. Ich will natürlich nicht dabei stehenbleiben, daß ich sage: er ist vom Himmel gefallen. Wir werden uns das, was hier gemeint ist, noch sehr viel deutlicher machen. Aber an der plötzlichen Gegebenheit dessen, was sich deutlicher machen läßt, haftet etwas entschieden Unbegreifliches.

Schriftsteller werden zu können. Es gibt nicht das mindeste Anzeichen dafür, daß Jean Paul in diesem Punkt jemals an sich gezweifelt hätte.

Es ist rätselhaft, woher er dies Selbstbewußtsein hat; keine Frage ist aber, daß er es hat.

Es scheint ihn zu ehren, daß er mit achtzehn zwar weiß, wie wenig er für öffentliche Ämter gemacht ist, daß er aber immerhin die Verpflichtung fühlt, seiner Mutter und seiner Brüder wegen Lasten auf sich zu nehmen. Berend kommentiert die Stelle sehr hübsch: *Dieser Vorsatz hielt nicht lange Stich*. Das ist auf der einen Seite natürlich richtig. Was den Schriftsteller als Bürger angeht, als Sohn auch, und zumal einen Schriftsteller, der ja noch gar keiner ist, insofern er ja bürgerlich erst einer ist, wenn er sich ausgewiesen hat, und auch dann kaum, so läßt sich, wenn er einen solchen Vorsatz bald wieder fahren läßt und nur auf seinen eigenen Weg zu sehen scheint, sicher von Egoismus reden. Hier, und später öfter, namentlich bei Frauen, die ihn fast zu haben glaubten, ist Jean Paul zweifellos vor einer Verpflichtung einfach davongelaufen*. Wenn auf der andern Seite einer dagegen auf so viel an Leben verzichtet, weil er schreiben zu müssen glaubt, dann ist ihm nicht bloß schwer das Recht abzustreiten, das zu tun, was er für wichtiger hält, sondern es fragt sich überhaupt, ob irgendeiner von uns das Recht zum Moralisieren hat. Wir sind seine Leser, mehr doch nicht; aber eben das sind wir, und wir können schlechterdings nicht, wenn wir uns richtig verstehen, die Werke wollen und im Verfasser einen Menschen wie uns, der abends ein bißchen liest und sonst schön arbeitet. Jean Paul war im Recht, seine Mutter und seine Brüder gehen uns

* das Davonlaufen ist die selbstloseste Art des Mutes

nichts an, wir sind sonst bloß sentimental und spielen eitel mit der Menschenliebe herum*.

Die Stelle in dem Brief an Pfarrer Vogel, die in unserem Zitat endete: *und selbst die Philosophie ist mir gleichgültig ...,* geht so weiter: *... seitdem ich an allem zweifle. Aber mein Herz ist mir hier so vol! so vol! daß ich schweige. In künftigen Briefen, auf die ich merere Zeit wenden kan, wil ich Ihnen viel vom Skeptizismus und von meinem Ekel an der tollen Maskerade und Harlekinade, die man Leben nent, schreiben. Ich lache iezt soviel, daß ich zu denken kaum Zeit habe, ich übe mein Zwergfel auf Kosten meines Gehirns und meine Zäne verlernen über das Beissen das Käuen.*

Wir sind jetzt bei dem Buch, von dem Jean Paul die ganze Zeit in seinen Briefen redet, wir sind bei seinen Satiren. Ende 1782 hatte Jean Paul an den Buchhändler Voß in Berlin, einen angesehenen Verleger, der Berühmtheiten wie Hippel in seinem Programm führte, ein ziemlich umfangreiches Manuskript abgeschickt. Voß schrieb ihm, er wolle das Buch drucken, und bot ihm fünfzehn Louisd'or als Honorar; in der Antwort darauf verlangte Jean Paul, eher scherzend, sechzehn, und er bekam sie. Umgerechnet waren das 96 Taler, der Leser erinnert sich, daß Jean Paul im August des Jahres seiner Mutter gegenüber von 40 Talern Schulden in Leipzig gesprochen hatte. Das Buch erschien 1783, es hieß *Grönländische Prozesse.* Jean Paul versprach, innerhalb von sechs Monaten den zweiten Band des Werks zu liefern. Als diese Frist abgelaufen war, rechnete er seinem Verleger vor, daß er nun wieder Geld brauche, und

* *Mir ist jetzt Ver- und Über-Kennung gleichgültig, da ich doch in die weite Zeit hineingehe; die Sache, worauf ich arbeitete, ist vollendet – der Name vergessen – er hat Sachen gethan – und was vollendet noch übrig bleibt, ist Schöpfung der späteren Menschheit eben so gut als Erhaltung (Vita-Buch 131)*

erbat einen Vorschuß von 70 Talern. Voß zahlte, der zweite Band erschien noch im gleichen Jahr, und Jean Paul erhielt dafür insgesamt 126 Taler. Das Werk wurde ein krasser Mißerfolg, soweit wir wissen, erschien eine einzige ganz gleichgültige Rezension, ein Jahr später eine letzte.

Am 20. Dezember 1783 schreibt Jean Paul an seine Mutter: *Neulich schon hab' ich meinen gänzlichen Mangel an Geld Ihnen bekant gemacht. Schlechterdings nichts hab' ich, womit ich Ihnen helfen könte und ich habe noch Mühe, für mich selbst soviel geborgt zu bekommen, als ich brauche. Also wie wolt' ich auch für Sie gelehnet erhalten? Zumal da ich hier keine Bekanten habe, bei denen ich so etwas suchen könte; und der einzige Örthel hat mir onehin schon mer als zuviel, oft so, daß er selbst darüber sich in Not stekte, borgen müssen. Ich bitte Sie also, verlassen Sie sich ia niemals auf mich. Wenn ich etwas habe, das ich geben kan: so thue ich es von selbst, one daß Sie es vorher zu verlangen brauchen.*

Einen Monat vorher war eine allzu rasche Verlobung in die Brüche gegangen. 1784 konnte Jean Paul sich vor lauter Schulden in Leipzig nicht mehr halten und ging ins gehaßte Hof zu seiner Mutter zurück, die inzwischen das elterliche Haus hatte verkaufen müssen. Beide wohnten zusammen in einem Zimmer und lebten beinahe von nichts. Jean Paul, von den Hofern als gescheiterter Student verlacht und verspottet, ein freier Schriftsteller in einer Kleinstadt, der sich selber dazu verdammt hatte, vom Schreiben zu leben, arbeitet weiter, mit einer Unbeirrbarkeit, die eigentlich nicht zu verstehen ist. Kein Mensch will weitere Sachen von ihm drucken, alles, was er abschickt, kommt zurück. 1786 setzt er für seine Mutter Bettelbriefe an die Stadtverwaltung auf, ihr wird dann ein Gnadengeld gewährt. Pfarrer Vogel leiht ihm weiterhin Bücher, Jean Paul wechselt heitere Briefe mit

Oerthel, der eigentlichen Liebe dieser Jahre. Im Oktober 1786 stirbt Oerthel, man sagt, in Jean Pauls Armen, und wird in Töpen begraben. Ein Vierteljahr lang gibt es jetzt keine Lebensäußerung von Jean Paul mehr.

DER LEHRER

Ich habe mit dem Tode geredet, und er hat mich versichert, es gebe weiter nichts als ihn
LOGE

Und meine Trauer ist edel und tief, denn sie hat keine Hoffnung KAMPANER TAL

DU BRAUCHST MEINETWEGEN NICHT AUFZUGEHEN, SO begehrt Jean Paul in der *Unsichtbaren Loge* einmal gegen den Mond auf, gegen den Mond, von dem es im *Hesperus* heißt: *dieser Leuchtturm am Ufer der zweiten Welt.* –

Ich wollte wirklich, ich könnte dem Leser versprechen, daß ich ihn nicht auch am Schluß dieses Kapitels wieder mit einem Toten allein dasitzen lasse. Aber ich muß die Menschen hier umfallen lassen wie die Fliegen, und es ist ein reines Wunder, daß mir Jean Paul selbst nicht unter der schreibenden Hand wegstirbt. Es ist kaum Scherz dabei. Denn wenn man um einen Mann herum so viele andere sterben sieht (denn es ist, auch ohne Krieg, zu Jean Pauls Zeiten so viel gestorben worden, daß wir uns gar keinen Begriff davon machen können), dann muß es wundernehmen, daß ausgerechnet dieser eine Mann am Leben geblieben ist. Den Tod kümmert es ja wirklich nicht, ob einer groß ist oder nicht, oder jedenfalls kümmert ihn das im Vogtland nicht, wo man von Größe oder kommender Größe gar nichts weiß und wo man, selbst wenn man davon wüßte, sich gar nicht in acht nehmen könnte vor ihm, durch besseres Essen, wärmere Kleider, saubere Wohnungen, Bedienstete, die unter die Leute gehen, die krank sind, Kutschen, die einen wegfahren in Gegenden, wo es gesünder ist, teure Ärzte und so weiter. Es ist freilich wahr, daß wir uns um einen Großen so kümmern, jetzt, im Lesen und Schreiben, weil er's nun einmal geschafft hat. Das scheint sogar banal; es ist im Grund aber ein blinder Zufall, daß gerade er es geschafft hat und nicht statt seiner einer der andern, der Toten. Natürlich, wir verehren nicht des bloßen Überlebthabens wegen; dennoch sähen wir die Toten ungeheuerlich leichthin in ihre Gräber geworfen, wenn wir das längere Dasein dessen, den wir da verehren, einfach hinnähmen wie etwas Selbstverständliches, ja, gerade auch ihm täten wir damit dasselbe Unrecht an wie jenen Toten. Bei so vielen Toten ringsherum läßt es sich begreifen, daß einer dem Himmel dafür dankt, daß er lebt; es leuchtet aber daneben ein, daß er, bei dieser Wahllosigkeit des Todes, das Leben jetzt verachtet. Das Schlimme am Tod ist ja nicht, daß er die Davongekommenen trostbedürftig hinterläßt, sondern daß er die andern um ihr Leben gebracht hat. Wen der Tod bloß dankbar für das Leben macht, der hat ihn nicht verstanden; wer ihn versteht, den muß er zornig machen über dies Leben, gerade weil die andern es nicht mehr haben. Der Zorn und die Verachtung sind die wirkliche Liebe gegen die Toten. Sie bringen keinen wieder zurück, aber das tun Trost und Hoffnung auch nicht.

Ich habe mich hinreißen lassen, denn ich wollte ja bloß sagen, wie das mit den Toten an den Kapitelabschlüssen ist. Natürlich könnte ich die Toten sehr gut mitten in den Kapiteln verstecken und dann mit einem Scherz enden, das ist ganz in mein Ermessen gestellt. Auf der andern Seite werde ich aber immer weniger das Gefühl los, daß gerade die Toten es sind, die das Leben Jean Pauls skandieren (die unseres Dichters Lebenslied skandieren, hätte Nerrlich sicher gesagt). Daß ich also Kapitel mache, ist meine Sache; danach bin ich aber nicht mehr ganz frei, der Leser wird das verstehen*.

Wir haben Jean Paul an Oerthels Grab verlassen, er war dreiundzwanzig Jahre alt. In seinem dreißigsten Jahr schreibt er an seine Freundin Renate Wirth: *Sehen Sie, so sieht man, ehe man 30 Jahre alt ist, die Lieblinge unsers Innern einsinken – so steht vor dem verarmenden Mensch ein Grab ums andre auf und der Greis sieht die Sonne blos hinter Todtenhügeln auf und untergehen. O was schadet es, daß im Alter der Mensch mit seinen zertrümmerten Ohren und Augen*** *wenig mehr empfindet: er hört und sieht doch die eingegrabnen Vertrauten seiner Jugendtage nimmer.* Und als er dreißig ist, schreibt er seinem Verleger (16. Juli 1793, der vorige Brief war vom 5. September 1792): *Ich, der ich in wenigen Jahren 3 Freunde verlor, bin jetzt so sehr an den bittersten Kummer gewöhnt, daß ich jeden, den ich liebe, nur für einen aufgerichteten Toten halte – Menschen in Todtenkleidern stehen neben uns – der Tod mäht alle Blumen, die neben uns spielen, aus der Wüste weg und ein Mensch, der alt wird, findet sein Grab von lauter fremden Gräbern umlagert, in denen seine schöneren Tage und seine Geliebten schlafen.*

* im *Hesperus* (40) steht: *Ich wollte dieses Kapitel erstlich mit der Nachricht schließen, daß die Kapitel in immer weiterm Zeitraume und in immer kleinerem Format einlaufen – welches das Ende der Historie bezeichnet –, und nachher mit der Bitte, es nicht übelzunehmen, daß die Leute darin immer romantischer spielen und spekulieren; das Unglück macht romantisch, nicht der Biograph.* – Sollte ein sehr kritischer Leser meinen, ich lehnte mich in diesem Buch manchmal allzu eng an Jean Paul an, so verweise ich ihn auf die *Bemerkungen, VI, 198: Man kann eines Genius Werke nur verstehen ganz, wenn man es halb nachahmt oder übersetzt.*

** er selber war am Ende blind

War es schon schlimm genug, daß der verkrachte Student Jean Paul, der Kandidat Richter, vor aller Augen seiner Mutter auf der Tasche lag und nichts Vernünftiges tat: es sollte schlimmer kommen. Ausgerechnet der alte Oerthel nämlich, das Ekel, bot ihm eine Hauslehrerstelle auf seinem Gut in Töpen an; der kleine Bruder des verstorbenen Freundes sollte unterrichtet werden. Natürlich nahm Jean Paul das Angebot an, er brauchte das Geld. Anfang 1787 ging er nach Töpen und blieb dort bis zum Herbst 1789. Über diese Zeit wissen wir beinahe nichts. Frau Oerthel soll eine gute und liebevolle Frau gewesen sein. Vom alten Oerthel dagegen wird tatsächlich nur Böses berichtet. Vor allem muß er ein entsetzlicher Leuteschinder gewesen sein, einer, der seine Bauern für sich bluten ließ. Harich* hat sicher vollkommen recht, wenn er findet, daß Jean Paul hier in Töpen die allerunübersehbarsten Beweise für das Elend des Landvolks und für die verrotteten Herrschaftsverhältnisse in den deutschen Kleinstaaten sammeln mußte. Daß Jean Paul empört war über das, was er sah, und daß diese Empörung überall in seinen Büchern Brandspuren hinterlassen hat, steht ganz außer Frage. Sein Haß gegen die kleinen Fürsten ist ebenso offenkundig wie sein Haß gegen das Militär**. Daß Jean Paul, um gegen diese Verhältnisse

* mit Harich meine ich immer *Wolfgang Harich, Jean Pauls Revolutionsdichtung, Hamburg 1974.* Ich will dieses gelehrte und kluge Buch loben, wo ich nur kann, damit ich kein schlechtes Gewissen habe, wenn ich es am Ende womöglich als ein Meisterstück ideologischer Blendwerkerei verdammen muß.

** als Gustav, der Held der *Unsichtbaren Loge,* zum Militärdienst an den Hof gegangen ist, schreibt er an Jean Paul, der im Buch eine Figur ist, einen Brief, worin es heißt (21. Sektor): *aber wenn ein Flammenmorgen unter dem Geschrei aller Vögel, sogar der gefangenen, von den*

schreiben zu können, sich von einem Mann wie Oerthel bezahlen lassen mußte, scheint kein ganz unwesentlicher Grund für die Mentalität zu sein, die wir in seinen Satiren gespiegelt finden.

Es muß für ihn in Töpen wirklich nicht leicht gewesen sein, keine Satiren zu schreiben. So hat ihn der dortige Pfarrer, ein gewisser Morus, offenbar beschuldigt gehabt, ein Atheist zu sein oder noch mehr. Jean Paul antwortet ihm

Dächern in unsere Gassen niedersinkt, wenn der Postillon mich mit seinem Horn erinnert, daß er aus den eckigen, spitzigen, verwitternden, unorganisch zusammengeleimten Schutthaufen der getöteten Natur, die eine Stadt heißen, nun hinauskomme in das pulsierende, drängende, knospende Gewühl der nicht ermordeten Natur, wo eine Wurzel die andre umklammert, wo alles mit- und ineinander wächset und alle kleinere Leben sich zu einem großen unendlichen Leben ineinander schlingen: da tritt jeder Bluttropfen meines Herzens zurück vor den Pechkränzen, Trancheekatzen und vor den Wischkolben, womit die Artillerie unsere blauen Morgenstunden ausstopfet. – Dennoch vergess' ich die grünende Natur und die Kontraminen, womit wir sie in die Luft aufschleudern lernen, und sehe bloß die langen Flöre, die an den Stangen aus dem Hause eines Färbers gegenüber in die Höhe fliegen, schon wie Nächte über den Gesichtern armer Mütter hängen, damit der Tau des Jammers im Dunkeln hinter den Leichen falle, die wir am Morgen machen lernen.

Ich bitte den Leser, besonders den letzten Satz des Zitats mehrere Male vorzunehmen, ja eigentlich auswendig zu lernen. Zunächst diese zusammenfassende Anknüpfung: *Dennoch vergess' ich die grünende Natur und die Kontraminen, womit wir sie in die Luft aufschleudern lernen* – dann die beiden überlangen, zwischen sehe und hängen schwingenden Satzteile: *und sehe bloß die langen Flöre, die an den Stangen aus dem Hause eines Färbers gegenüber in die Höhe fliegen, schon wie Nächte über den Gesichtern armer Mütter hängen* – jetzt die dunkle Trauer, aber mit einem entsetzten Ton schon am Ende: *damit der Tau des Jammers im Dunkeln hinter den Leichen falle* – und dann der Blitz des Zorns über den Wehrdienst: *die wir am Morgen machen lernen.* Leichen machen lernen: genauer ist das auch heute nicht zu sagen, wir tun es nur nicht. Wir lügen zuviel: das ist die Moral der Kunst. – Die geschilderte Stadt ist natürlich wieder Hof.

am 3. September 1787 (die Briefkopie ist erhalten): *Ich hatte bisher bessere Dinge zu thun als daß ich schlechte zu widerlegen Zeit gehabt: blos dies verschob meine Antwort auf Ihre neulichen Beleidigungen auf dem Wege. Auch der Ehre des H. Kammeraths bin ichs schuldig, einen Vorwurf abzuweisen, der ihn am Ende auch antastet: denn bin ich ein Lehrer des Selbstmords und Atheismus, was ist denn ein Vater, der einen solchen Lehrer zum Lehrer seines Kindes macht? Aber ich frage vielmehr, was ist ein Man, der diesen giftigen Vorwurf ohne Beweise einem Nebenmenschen zu machen vermag, der ihn nie beleidigte? Ich weis recht wol, Sie werden Ihre damalige Feld- und Kontroverspredigt gänzlich auf die Wirkung schieben wollen, welche die Sonnenhize gerade auf Ihren Kopf gemacht: allein ich rede hier von Ihrem Herzen, das in eine noch schlimmere Hize gerieth ... Sie führten neulich den Spinoza zum Beweise, daß man einen Got glauben und läugnen könne, geschikterweise an: allein meinten Sie seine Theorie, so kan doch nur eines von beiden wahr sein; meinten Sie seinen Karakter (wovon wir aber gar nicht sprachen, weil Geistliche Sünden, die sie vergeben können, minder hassen als Irlehren, für die sie keine absolvirende Hände anhaben), so ist Ihnen unbekant, daß er ein guter mäßiger Man gewesen, der gewis nur den menschlichen Fehler hatte, daß er kein Bier trank ... Ja der Atheist mus, um konsequent zu sein, sich gegen die Selbstentleibung noch weit stärker als der Christ erklären. Dies beweisen die Bauern, die insgesamt als bekante Christen herumgehen und die dennoch den Selbstmord für gestattet halten, wenn man Sallat und Milch zusammenfrisset. Dadurch ›schlipt‹ offenbar (wie Sie auch selber auf der Kanzel in Ermangelung eines hebräischen Ausdruks sagten) die Milch im geplagten Magen (und das umso mehr, da die Milch auch schon ohne den Essig im Magen gerönne) und der Mensch bringt sich damit, er mag noch so starker Natur sein, in 80, 90 Jahren muthwillig ums Leben, wie Sie denn selber oft Bauern begraben müssen, die wenn sie bis in ihr spätes Alter geschlipte Milch frassen, endlich daran Todes verfuhren. Ich bitte Sie, mich wegen dieses Briefes mit einiger Stärke von der Kanzel zu werfen und überhaupt die grösten Freigeister, die in Paris wohnen, hier in Töpen mit dem Hammer des Gesezes halb todt zu schlagen. Den hiesigen Bauern hilft es zwar gar nichts: denn sie lieben nicht sowol das Freidenken als das Freileben; ia vor ihren Ohren gegen die Freigeisterei, von der nichts in ihrem Kopfe ist als der Name, lospredigen ist soviel als wenn sich ein Stadtarzt auf die Heilung der Seekrankheit legen wolte, die auf dem Lande noch seltner ist als ein Schif von Pappendekkel ... Lassen Sie mich meinen Weg fortziehen, auf dem ich die Wahrheit untersuche, liebe und vertheidige nicht weil sie Akzidenzien zuwirft sondern weils Pflicht ist; lassen Sie mich glauben, daß diese Welt mehr für die Nachahmung der Gotheit und Christi und eine künftige erst für ihre genauere Kentnis gemacht sei ...*

Ich habe so ausführlich zitiert, weil man in diesem Brief sehr viele Elemente von Jean Pauls damaliger Schriftstellerei beieinander hat: seinen schnellen mitleidlosen Witz, sein unpathetisches, in Satire gekleidetes Einstehen für die Armen, sein abweisendes Alleinbleibenwollen. Jean Paul schreibt in seinem Namen, er sagt ich, aber seine eigene Person bleibt unsichtbar; es ist möglich, daß Morus ihn wirklich gekränkt hatte, aber zu sehen sind nur noch die Waffen gegen einen böswilligen Dummkopf. Die Armen werden nicht bedauert, sondern aus dem Mitleiden mit ihrem Los werden genau gezielte Angriffe. Überhaupt macht die Satire ja auf gefühlvolle Menschen, besonders wenn sie an das Gute glauben und an die Besserung der Bösen durch Einsicht, oft einen zynischen, überheblichen Eindruck. Die Satire ist aber kein Feuilleton, sie will entschieden hart treffen, sie will vor den Kopf stoßen, und sie muß Menschen vor den Kopf stoßen, gerade weil sie Sachen meint: Sachen fühlen ja nichts, und sie ändern sich nicht selber, sondern können nur von Menschen geändert werden. Nicht die Satire denkt abstrakt, wenn sie davon absieht, daß Morus vielleicht ein armer empfindlicher Mensch ist, sondern abstrakt denkt der, der in Leuten wie Morus immer den Menschen sehen will. Gegen den, den sie treffen wollen, sind Satiren absolut lieblos, und sie müssen das sein, weil sonst der Getroffene doch bloß wieder sentimental wird. Satiren appellieren so wenig ans Herz, daß sie sogar voraussetzen, ihr Adressat habe gar keins.

Im Sinne der Kirchenlehre war Jean Paul wohl tatsächlich ebensowenig ein guter Christ, wie er im Sinne des kleinfürstlichen Staatsverständnisses ein guter Bürger war. Jean Paul haßte das Militär, er haßte die Fürsten, er haßte die Orthodoxen, er wollte nicht lernen, wie er sollte, er wollte kein Amt, er war faul im bürgerlichen Sinne, er kleidete sich, wie er wollte*, er schrieb über alles das Satiren – es

* 1789 wird er vernünftig und kauft sich andere Kleider. Am 13. Oktober schreibt er an Pfarrer Vogel, der ihm schon Jahre vorher gesagt hatte, es sei nicht weise, sich im Äußeren zu sehr von den andern Leuten zu unterscheiden: *Ich habe mich enthülset und meinen bisher brochirten Leib in Franzband eingebunden. Meinen Hals presset iezt das Zilizium und der Ringkragen einer Binde und meine Haare laufen in ein suffixum und einen accentus acutus aus, den man hie zu Lande einen Zopf nent. Ich merke aber sehr, daß andre Menschen, seit ich meinen alten Adam ausgezogen, gegen mich den neuen bessern angezogen und ich freue mich, die Rathgebungen von Ihnen iezt zu realisiren, die ich sonst widerlegt hatte. Seit der Übersetzung meines Leibes aus dem Englischen ins Vogtländische ...* Jean Paul wird in diesen Dingen selbst dann und gerade dann nicht ernsthaft, wenn er ernsthaft zu werden scheint, und das ist letzten Endes wohl die wahre Sünde gegen den bürgerlichen Geist.

ist ungemein platt, das zu sagen, aber ich will es tun: die Kultusministerien unsrer sämtlichen Bundesländer wären heute genauso gegen ihn wie ihre Vorgänger damals. Ich will das gesagt haben, für den Fall, daß sie ihn Ende dieses Jahres, wenn er hundertfünfzig Jahre tot ist, feiern wollen sollten, das heißt, wenn sie sich feiern wollen sollten dafür, daß sie ihn feiern.

An einen Bekannten schreibt Jean Paul im Mai 1788: *Das ist eben Ihr gröster Fehler, daß Sie Metaphysik können und wie Zeno alle Bewegung läugnen und mithin sich keine nach Töpen machen. Töpen ist ein wahres Paradies (ausgenommen daß es seine Schönheit nicht hat) ...* Als Jean Paul 1789 Töpen verließ, beschuldigte ihn der alte Oerthel auch noch, Bücher gestohlen zu haben.

Über die Bezahlung als Hauslehrer wissen wir nichts, gut kann sie keinesfalls gewesen sein, denn nach seinem Abgang aus Töpen schreibt Jean Paul an seinen gewesenen Brotherrn (19. Oktober 1789): *Da ich das Glük habe, mit einer Girlande und Garnitur von Gläubigern umzogen in der Welt herumzugehen: so kan ich Sie, da das Kreditorenkorps nicht soviel wie Sie allein besizt, nicht eher bezalen, bis ich die minder reichen bezalt habe. – Sie sehen aber, da ich soviel Schulden gemacht, wieviel ich Satiren machen mus, sie zu tilgen ...* Es sieht ganz so aus, als ob Jean Paul, jedenfalls gegenüber Leuten von Geld, auch im Punkte der Schulden von bürgerlichen Vorurteilen ziemlich frei war*. Jean Paul hatte aber im Grund keine Wahl, außer der, die er in einem Brief an den Postmeister

* Ich verstehe Jean Paul, das muß ich bekennen. Schriftsteller wie er sollen Geld leihen, wo sie können, aber nur unter der Bedingung, daß die Schulden nicht zu einer Last für ihre Seele werden. Wer an Schulden wie an Lasten trägt, schätzt das Geld zu hoch, und sei es das der andern, und wer sich damit rühmt, noch niemals etwas schuldig

Wirth in Hof nennt (24. November 1789): *Da ich die Wahl habe zu erfrieren oder zu schreiben: so thu' ich das leztere. Wir verschoben den Holzeinkauf bis heute und müssen ihn wieder 8 Tage verschieben, aber unter der Zeit können ich und meine Klavierspiel Finger ausgewintert sein. Es wäre für uns Höfer gut, wenn wir etwas von der Feuerung, die wir in der Hölle zu stark haben werden, in unsere Öfen bei Lebzeiten bekommen könten.*

Es ist mächtig gekalauert, jetzt, wo wir von Winterkälte und Höllenfeuer geredet haben, anzumerken, daß nach dem ersten Satirenband, der *Grönländische Prozesse* hieß, in diesem Jahre 1789 endlich, nach dreijährigem Gerangel mit dem Verleger (Beckmann in Gera), neue Satiren im Druck erschienen, mit dem Titel: *Auswahl aus des Teufels Papieren.* Die neuen Satiren gingen noch schlechter als die alten. Es blieb bei Kälte und Schulden.

Im April desselben Jahres war Jean Pauls Bruder verzweifelt in die Saale gesprungen, im Februar 1790 starb einer der engsten Freunde dieser Jahre, jener Johann Bernhard Hermann, dem wir als einem halben Leibgeber oder Schoppe schon begegnet sind. Hermann hatte in Leipzig studiert, Schulden gemacht, war dann nach Göttingen gegangen, wirklich gegangen, neun Tage lang; dort hatte er, ein von Armut und körperlichen Leiden gezeichneter Mensch, ein Leben geführt, das sicherlich nicht dazu angetan war, lange zu währen; und nun war er tot, er auch noch. Am 18. Februar 1790 schreibt Jean Paul in einem Brief: *Als mein Bruder starb, glaubt' ich nicht, daß noch ein Tag kommen könte, der das Herz mehr zerquetschte; aber der Tag kam, Hermann starb an seiner mit einem Stekflus beschließenden Hypochon-*

gewesen zu sein, der kann kein guter Mensch sein, nicht, weil er nichts schuldig war, sondern weil er sich rühmt.

drie, mein von der Natur geliebter, vom Glük gehaster Freund. Ruhe sanft aus von den Stössen des Glüks, von der Ungerechtigkeit der Höfer, für deren Stipendien du nicht reich und dum genug warst, und von den Foltern eines hypochondrischen verwitternden Körpers ... lernen Sie nie den Werth der Freunde durch ihren Verlust empfinden.*

Im März 1790 ging Jean Paul wieder nach Schwarzenbach, wiederum als Lehrer. Die Familien Vogel (ein Regierungsadvokat, Verwandter des Pfarrers, Hauswirt und Freund der Familie Richter in ihrer Schwarzenbacher Zeit), Völkel (ja, der Vergeßliche) und Cloeter (ein wohlhabender Eisenhammerwerkbesitzer**) hatten neun ihrer Kinder zusammengeworfen und sie Jean Paul zum Unterricht anvertraut. Er versah dieses Amt pünktlich und gewissenhaft vier Jahre lang. Die Eltern waren mit ihm und mit den Fortschritten der Kinder sehr zufrieden. Nach den Aussagen einer Tochter Cloeters war Jean Pauls Leben in Schwarzenbach ruhig und schön: *Denn sobald seine Lehrstunden, die er gewissenhaft abwartete, vorbei waren, eilte er ins Freie, am lieb-*

* nach Berend starb er wahrscheinlich an Lungenschwindsucht

** eine Aprilnacht im Fichtelgebirge *(Hesperus 31): Da war der Mond ungesehen gestiegen, und alle Quellen glommen, und die Maiblumen traten weißblühend aus dem Grün, und um die regen Wasserpflanzen hüpften Silberpunkte. Da hob sich sein wonneschwerer Blick, um zu Gott zu kommen, von der Erde auf und von den grünenden Rändern der Bäche und stieg auf die herumgebognen Wälder, aus denen die eisernen Funken- und Dampf-Säulen über die Gipfel sprangen, und zog auf die weißen Berge, wo der Winter in Wolken schläft ...* Bei *Dampf-Säulen* macht Jean Paul ein Fußnotenzeichen, in der Note schreibt er einfach: *Von den Eisen- und Kohlenhütten.* Eine halbe Seite weiter heißt es: *Der selige Sterbliche stand auf und wandelte im Gefühl der Unsterblichkeit durch das um ihn pulsierende Frühlingleben weiter ... Jetzo war seinen kräftigen strotzenden Gefühlen jedes Getöse willkommen, das Schlagen der Eisenhämmer in den Wäldern, das Rauschen der Lenzwasser und der Lenzwinde und das aufprasselnde Rebhuhn.*

sten in den Wald, legte sich hier unter den ersten besten Baum, starrte unverwandt Wald und Himmel an, zog dann und wann ein weißes Blatt Papier aus der Tasche, schrieb darauf einzelne Worte und eilte nicht selten gleich nach dem Schreiben fort, um zu Hause Gedanken und Bilder, die er sich dort nur angedeutet hatte, weiter auszuführen und auszumalen. Jedem, der ihm unterwegs begegnete, wich er von weitem schon aus; mußte er aber einem Bekannten oder Freunde stichhalten, blieb er so einsilbig und kalt, daß man ihn gern bald wieder sich selbst überließ. Überhaupt suchte er niemals Umgang, sondern floh ihn vielmehr und galt deshalb für den größten Sonderling, mit dem niemand gern verkehrte. Wer ihn aber näher kennen lernte, fand stets Gelegenheit, Geist und Witz an ihm zu bewundern.

Mit dem Wald und mit dem Liegen unter Bäumen, das ging natürlich nur im Sommer, man muß sich das klarmachen, sonst wird aus Jean Paul wieder eine Genrebildchenfigur. Der Kern der Schilderung ist das einsame Leben, ist die unendlich viele Zeit, die Jean Paul hatte*. Er las sehr viel, schrieb viel, aber von Lesen und Schreiben allein wird ja keiner eigentlich klug. Es gehört Faulheit dazu**, nicht Muße, dazu gehört Geld, sondern wirklich Faulheit, Tagträumerei***, dem lieben Gott die Zeit stehlen. Jean Paul,

* viel später, im *Vita-Buch* (*514*, das ist nach 1818), heißt es: *Am Tage bin ich in der Einsamkeit, Nachts geh ich in Gesellschaft, nämlich zu Bette unter die vielen Traumwesen.*

** Genie ist nämlich nicht Fleiß, oder jedenfalls ist der Satz falsch, Genie sei Fleiß. Auf diese Idee konnte nur einer kommen, und wäre er auch ein Genie gewesen, den der Erfolg korrupt gemacht hat. Denn bei diesem Wort können die andern endlich aufatmen und sagen: das haben wir uns doch gedacht, denn es gibt doch nur solche wie uns.

*** unlängst haben amerikanische Forscher tatsächlich herausgebracht, daß Menschen, die zu Tagträumen neigen, auf mehr Gedanken kommen als andere. Wenn sie so weitermachen, werden die Ame-

wir werden das noch sehen, hatte über fast nichts in der Welt eine Theorie; das theorielose Sichheranfühlen und -denken an die Wirklichkeit ist aber das, was so unendlich viel Zeit kostet. Es ist sehr ökonomisch, sich ein Gedankengitter zu bauen und die Gedanken daran entlangturnen zu lassen. Jean Paul, in allen Äußerlichkeiten seines Berufs, vom Exzerpieren angefangen, ein fast gerissen ökonomischer Mensch, versagt sich für seine Gedanken und Empfindungen jede Stütze. Er ist, gemessen an den vergleichsweise festgefügten Charakteren, die man für das bürgerliche Leben braucht, ein haltloser Mensch. Jede Theorie ist für ihn nur ein Vorurteil, ein Verlust an Freiheit*. Freiheit ist hier nicht Willkür – Willkür ist im Gegenteil das Vorurteil –, sondern Freiheit ist im Denken und auch im Schreiben ein Losgehen ohne Wissen, wohin man gelangen wird**. Man kann fast sagen, daß Jean Paul nicht einmal zwischen Gedanken und Gefühlen strikt unterscheidet: genau auf diesem Unterschied basiert aber jede Theorie; denn auch wenn sie zugibt, daß Gedanken ihren Grund in Gefühlen haben, muß sie doch, wenn sie Erkenntnis sein will, die Gedanken gewissermaßen von der Subjektivität der Gefühle reinigen. Die Theorie hat immer etwas Wolkenloses an sich. Jean Paul will aber auch die Wolken: denn es gibt sie ja. Oder wieder bilderlos geredet: er sieht, daß jede Theorie,

rikaner eines Tages noch alles herausbekommen, sogar das, was die, die zu Tagträumen neigen, schon wissen.

* *Der Philosoph verliert seine Freiheit, wenn er sein System erfunden hat; – der Dichter wird durch alle Erfindungen nur freier (Gedanken 12, 447).* Die Erfindungen des Dichters sind in diesem Zusammenhang etwa als untheoretische Versuche an Welterfahrung zu verstehen.

** *Gedanken 2, 111: Auch bei dem Schreiben muß man sich nirgendwo anzukommen vorsetzen*

dies Entlanggehen der Gedanken wieder an Gedanken, etwas Willkürliches ist. Diese Willkür will er nicht, und so läßt er sich auf das ungeheure Wagnis ein, jener von der Theorie behaupteten Subjektivität der nicht vollzogenen Reinigung der Gefühle mehr zu vertrauen als der Logik von Gedanken, die den schwankenden Boden der Empfindungen unter sich gelassen zu haben scheinen. Er bleibt bewußt in der Subjektivität, im empfindenden Ich, und macht, hier unten sozusagen, den Versuch, diese Subjektivität gleichwohl von Willkür oder von der Zufälligkeit seiner individuellen Person freizuhalten. Es geht also nicht darum, aus den Gefühlen herauszukommen zur Allgemeinheit theoretischer Gedanken, sondern das Ich so von allem durchdringen zu lassen*, daß es, wenn es dann spricht, nicht nur für sich spricht.

Man muß in diesem Zusammenhang auch die ungeheure Bildung sehen, die Jean Paul sich lesend aneignet. Nehmen wir da die im engeren Sinn literarische Bildung als Beispiel, so treffen anfangs ganz zweifellos ein in sich befangenes Ich und eine fremde Schöpfung aufeinander. Bei fortdauernder Lektüre ändert sich das Ich, es versteht mehr, es bildet sich. Der Ausdruck ›es bildet sich‹ ist tiefsinnig genug: das Ich verliert seine Selbstbefangenheit und wird dabei es selber, oder wie immer man das sagen will. Es selber wird es, indem es gerade das in sich aufnimmt, was es nicht in sich hatte. Bildung ist also der Vorgang, daß aus dem subjektiven Ich

* So kann man auch einen Satz aus der *Unsichtbaren Loge* verstehen (26): *Nicht bloß das Beste muß uns gefallen; auch das Gute und alles.* – Man kann die Beobachtung machen, daß kleineren Kindern alles schön vorkommt: zerbrochene Steine, halbe verfaulte Blätter von Bäumen, räudige Hunde und alles mögliche. Erst später setzt dann die Verkümmerung des Empfindens durch Theorie ein.

eine immer objektivere Instanz wird, beispielsweise in Fragen des Geschmacks und des Urteils. Gerade das Geschmacksurteil, das ja nicht von Theorie geleitet wird, sondern allenfalls auf eine Theorie hinausläuft, ist alles andere als subjektiv; es ist zwar nicht objektiv: aber die Pointe ist eben, daß die Begriffe objektiv und subjektiv theoretisch etwas auseinanderreißen wollen, was in Wahrheit ein einziges Ding ist. Hat ein Ich sich an dem, was es in sich aufgenommen hat, gebildet, dann ist es für sich die einzige ›objektive‹ Instanz; es redet von sich, wenn es von anderem redet, aber es redet immer von anderem, wenn es von sich redet.

Die Satirenschriftstellerei Jean Pauls ist formal der Versuch, die Festgelegtheit der äußeren Welt aufzubrechen. Die Welt und das Ich können nicht theorielos zusammenkommen, wenn die Welt sich nicht anders geben will als in den verhärteten und verknöcherten Formen ihrer nicht mehr von Leben durchpulsten Institutionen und Sitten. Diese Institutionen und Sitten, wenn ihnen die unmittelbare Einsichtigkeit des Lebendigen fehlt, können sich nur durch Macht erhalten oder durch Verstandes- oder historische Beweise empfehlen. Jean Paul geht in vielen seiner Satiren, vom ersten Lob der Dummheit angefangen, den Weg, daß er seinen Gegenständen auf ebenso scharfsinnige wie umständlich-aberwitzige und eben darin satirische Weise ihre vermeintliche Legitimation liefert. Witz und Scharfsinn sind seine Mittel, sein welterfahrendes Ich vom Zwang der Theorie, in den die Welt eingeschnürt ist, freizuhalten. Die Zerstörung der Welt durch die Satire will die Welt nicht noch einmal schaffen (das wäre der titanische Stolz des Idealismus), sie will sich auch nicht über die Welt erheben (das wäre so etwas wie romantische Ironie, die eben selber eine Theorie ist), sondern sie will die Welt erfahren können mit allen Sinnen des Ich. Es ist nicht im mindesten rätselhaft, daß der junge Jean Paul immerzu Satiren schreibt, gerade wenn man sieht, wie durchleuchtet und durchglüht die Welt dann in den ersten Romanen erscheint, und wie in dieser leuchtenden Welt die erstarrten Institutionen dastehen wie angetüncht und angeschminkt und darunter versengt vom Feuer der Satire und Ironie.

Vorhin habe ich von Jean Pauls Versuch gesprochen, das eigne Ich, die Subjektivität so zu organisieren, daß sie, wenn sie redet, nicht nur für sich redet, sondern gewissermaßen durchscheinend geworden ist für die Welt, gereinigt von den Zufälligkeiten der Individualität*. Jetzt will ich einen Schritt weitergehen, selbst wenn ich befürchte, von kühlköpfigen Rezensenten gescholten zu werden. Aber ich muß Jean Paul folgen, wohin immer er auch geht.

Das Allerindividuellste nämlich, das einer hat, ist das Leben. Es ist ja kein Widerspruch dazu, daß das Leben, weil alle es haben, das Allgemeinste ist. Jeder ist mit der Gebrechlichkeit, Stärke und dem Zufall des eignen Körpers geboren und aufgewachsen. Das Ablegen der letzten Individualität wäre der Tod, das Sterben. Es sieht nun aber alles danach aus, daß der, der lebt, in dieser Individualität gefangen bleiben muß. Denn der Tod ist ein Faktum, und dahin-

* *In frühern Zeiten sucht ich die biographischen Eigenheiten des Genies so eifrig auf als dessen Werke – die größte Eigenheit der Erde ist, ein neues Meisterstück gemacht zu haben – jede andere Eigenheit ist nur ein Merkmal der Schwäche und nicht immer eine Bedingung der Stärke (Vita-Buch 99).* In *Gedanken 11, 560 (383)* heißt es: *Untersuchung, soll man das Wunderbare an eines Autors Wesen zu Natürlichkeit erklären oder als solches bestehen lassen.*

ter ist kein irdischer Gedanke mehr. Den Tod kann man nicht erleben: das ist die Endlichkeit. Man weiß, oder man kann wenigstens wissen, daß man sterben wird. Aber das bleibt meist ein Bewußtsein, ein Gedanke, und wird kaum ein Erlebnis, das gleichsam einen Riß durch das ganze Dasein macht. Einen wirklichen Riß, nicht einen, in den man sich hinein oder den man in sich hinein denkt – die Endlichkeit, die einen den Tod nicht erleben läßt, ist dieselbe, die einem nicht freiwillig so das Leben zu zerreißen erlaubt. Man müßte wirklich zu sterben meinen, um empfinden zu können, was sterben vielleicht ist. Man müßte gepackt werden von einer Vision des eignen Todes.

Man kann von Wahnsinn reden, aber ich schiebe den Bericht einer Zeitgenossin ein: *Einst tritt seine Speisewirtin Christiane Stumpf zu ihm ins Zimmer und findet ihn bleich, mit verstörter Miene am Fenster stehen. Sie ruft ihn an, aber erst beim dritten Male erwacht er wie aus einem hypnotischen Schlaf und dankt der Frau mit aufgehobenen Händen, daß sie ihn durch ihr Dazwischentreten vor dem Ausbruch des Wahnsinns gerettet habe.*

Berend fragt sich in einer Anmerkung, ob es sich hier womöglich um die Todesvision vom 15. November 1790 handle. Man kann das nur fragen, wir wissen es nicht. Wir wissen aber von Jean Paul selber, daß er an diesem Tage die Vision des eignen Todes hatte, er spricht von diesem Tag als dem wichtigsten seines Lebens, wichtiger wohl noch als der Tag, an dem ihm sein Selbst geboren wurde, der Leser erinnert sich an die Selberlebensbeschreibung. In der *Unsichtbaren Loge,* den näheren Zusammenhang erkläre ich ein andermal, bekommt Gustav einen Brief von Ottomar. Bevor Jean Paul den Brief mitteilt, sagt er: *Nie hab' ich einen*

Sektor oder Sonntag so traurig angefangen als heute; mein vergehender Körper und der folgende Brief an Fenk hängen wie ein Hutflor an mir. Ich wollt', ich verstände den Brief nicht – ach es wäre dann eine unvergeßliche Novemberstunde nie in mein Leben getreten, die, nachdem so viele andre Stunden bei mir vorübergegangen, bei mir stehenbleibt und mich immerfort ansieht. – Dunkle Stunde! du streckest deinen Schatten über ganze Jahre aus, du stellest dich so vor mich, daß ich den phosphoreszierenden Nimbus der Erde hinter dir nicht flimmern und rauchen sehen kann, die 80 menschlichen Jahre sehen in deinem Schatten wie der Ruck des Sekundenweisers aus – ach nimm mir nicht so viel! ...

Im zweiten Satz des Briefes steht dann das Motto dieses meines Kapitels: *Ich habe mit dem Tode geredet, und er hat mich versichert, es gebe weiter nichts als ihn.* Dann ist von Blut die Rede, und es heißt: *Dieses Blut sprützte nachher an alle Phantasien meiner Fiebernächte; das eingetauchte All stieg blutrot daraus herauf, und alle Menschen schienen mir an einem langen Ufer einen Strom zusammenzubluten, der über die Erde hinaus in eine saufende Tiefe hinabsprang – Gedanken, häßliche Gedanken rückten vor mir grinsend vorüber, die kein Gesunder kennt, keiner nachschafft, keiner erträgt, und die bloß liegende Krankenseelen anbellen ... Ich schien mir unten im chaotischen Abgrund zu stehen, und oben weit über mir zog die Erde mit ihren Lebendigen. Mich ekelte Leben und Tod. Auf das, was neben mir lag, sogar auf meine Mutter sah ich starr und kalt wie das Auge des Todes, wenn er ein Leben zerblickt ... Ich setzte mich auf eine Altarstufe, um mich lag das Mondlicht mit trüben eilenden Wolkenschatten; mein Geist stand hoch: ich redete das Ich an, das ich noch war: ›Was bist du? was sitzt hier und erinnert sich und hat Qual? – Du, ich, etwas – wo ist denn das hin, das gefärbte Gewölk, das seit dreißig Jahren an diesem Ich vorüberzog und das ich Kindheit, Jugend, Leben hieß?*

– Mein Ich zog durch diesen bemalten Nebel hindurch – ich konnt' ihn aber nicht erfassen – weit von mir schien er etwas Festes, an mir versickernde Dufttropfen oder sogenannte Augenblicke – Leben heißet also von einem Augenblick (diesem Dunstkügelchen der Zeit) in den andern tropfen ..... Wenn ich nun wäre tot geblieben: so wär' also das, was ich jetzo bin, der Zweck gewesen, weswegen ich für diese lichtervolle Erde und sie für mich gebauet war? ... Ich werde auch zeitlebens den Trauer-Eindruck von dieser Gewißheit herumtragen, daß ich sterben muß. Denn das weiß ich erst seit acht Tagen; ob ich mir gleich vorher recht viel auf meine Empfindsamkeit an Sterbebetten, an Theatern und Leichenkanzeln einbildete. Das Kind begreift keinen Tod, jede Minute seines spielenden Daseins stellet sich mit ihrem Flimmern vor sein kleines Grab. Geschäft- und Freudenmenschen begreifen ihn ebensowenig, und es ist unbegreiflich, mit welcher Kälte tausend Menschen sagen können: das Leben ist kurz. Es ist unbegreiflich, daß man dem betäubten Haufen, dessen Reden artikuliertes Schnarchen ist, das dicke Augenlid nicht aufziehen kann, wenn man von ihm verlangt: sieh doch durch deine paar Lebenjahre hindurch bis ans Bett, worin du erliegst – sieh dich mit der hängenden plumpen Toten-Hand, mit dem bergigen Kranken-Gesicht, mit dem weißen Marmor-Auge, höre in deine jetzige Stunde die zankenden Phantasien der letzten Nacht herüber – diese große Nacht, die immer auf dich zuschreitet und die in jeder Stunde eine Stunde zurücklegt und dich Ephemere, du magst dich nun im Strahl der Abendsonne oder in dem der Abend-Dämmerung herumschwingen, gewiß niederschlägt. Aber die beiden Ewigkeiten türmen sich auf beiden Seiten unsrer Erde in die Höhe, und wir kriechen und graben in unserem tiefen Hohlweg fort, dumm, blind, taub, käuend, zappelnd, ohne einen größern Gang zu sehen, als den wir mit Käferköpfen in unsern Kot ackern ... Ich schauete gerade zum Sternenhimmel auf; aber er erhellet meine Seele nicht

mehr wie sonst: seine Sonnen und Erden verwittern ja ebenso wie die, worein ich zerfalle. Ob eine Minute den Maden-Zahn, ob ein Jahrtausend den Haifisch-Zahn an eine Welt setze: das ist einerlei, zermalmt wird sie doch. Nicht bloß diese Erde ist eitel, sondern alles, was neben ihr durch den Himmel flieht und das sich nur in der Größe von ihr trennt. Und du holde Sonne selbst, die du wie eine Mutter, wenn das Kind gute Nacht nimmt, uns so zärtlich ansiehest, wenn uns die Erde wegträgt und den Vorhang der Nacht um unsre Betten zieht, auch du fällest einmal in deine Nacht und in dein Bette und brauchst eine Sonne, um Strahlen zu haben ... O mein Geist begehrt etwas anders als eine aufgewärmte, neu aufgelegte Erde, eine andre Sättigung, als auf irgendeinem Kot- oder Feuer-Klumpen des Himmels wächset, ein längeres Leben, als ein zerbröckelnder Wandelstern trägt; aber ich begreife nichts davon .....

Am 20. November schreibt Jean Paul an Renate Wirth: *Denn der herliche Engel in der 1ten Herzenskammer räth mir, Ihnen nie schlimmer zu scheinen als ich bin und in dem Bisgen Zwergleben, mit dem man sobald niedersinket, den armen zerrinnenden Schatten, die man Menschen nent, nichts zu machen als Freude ...*

Und im *Hesperus (29)* heißt es einmal: *Der Anblick ist groß, wenn der Engel im Menschen geboren wird, wenn alsdann am Horizont der Erde die zweite Welt aufsteigt und wenn die ganze Sonnenwärme der Tugend auf das Herz nicht mehr durch Wolken fällt.*

Ich habe den Leser schon einmal zum Stutzigwerden aufgefordert, nämlich, als es um das Vomhimmelgefallensein Jean Pauls ging. Und jetzt mit einem Male sieht er, der Leser, sogar einen Engel geboren werden. Und ich sage schon voraus: als Schiller Jean Paul zum ersten Mal sehen wird, da wird er dem Olympier schreiben: der komme ihm vor,

Jean Paul nämlich, wie einer, der aus dem Monde gefallen ist. – Nun muß der Leser also doch nicht mit einem Toten allein bleiben, auch wenn mir Jean Paul fast gestorben wäre, am Feigenbaum, an Bächen, benachbart dem Skamandros.

DIE GEDANKEN DER MENSCHEN SIND WORTE DER GEISTER

Ich denke eigentlich jetzo nicht an den Tod, ich bin schon gestorben

VITA-BUCH 389

... denn auf der Erde ist ein erfüllter Traum ohnehin bloß ein wiederholter

HESPERUS

In der Selberlebensbeschreibung hatte Jean Paul sich als einen phantastischen Menschen bezeichnet, dem als Kind alles, was gegenwärtig war, beinahe nur zum Anlaß diente, das Zukünftige auszumalen. Wir hatten auch den Schmerz dahinter gestreift, daß nämlich die Gelegenheit zum wirklichen Erleben immer zu spät kam, und daß das Kind alles, was ihm die Wirklichkeit nicht gab, in der Phantasie vorlebte. Das hätten natürlich sehr gut Kinderspiele bleiben können, sie blieben es aber nicht*. Den Umstand,

* In den *Bemerkungen* (Seite 66) heißt es: *Ein gewöhnlicher Kopf wagt selten etwas Kindisches.* In den *Gedanken-Heften (6, 677 (357))* notiert er einmal, und ich verstehe das als eine sehr scharfe Ablehnung: *Unter allen jetzigen Autoren ist Göthe ein Mann vorzugsweise.* Ich glaube, Jean Paul meint, Goethe sei nicht mit jener Selbstlosigkeit bei der Sache, die für Jean Paul die erste Bedingung der Schriftstellerei ist. Goethe will für ihn auch noch leben, wie ein Staatsmann, wie ein Repräsentant seiner Epoche, will also genau das tun, worauf Jean Paul von Anfang an verzichtet. Goethes Tasso-Machtwort, es bilde ein Talent sich in der Stille und ein Charakter nur im Strom der Welt, dazu noch an einen jungen Dichter gerichtet, kann Jean Paul in seiner Schwarzenbacher Stille unmöglich richtig gefunden haben, oder eben er hat von Stund an darauf verzichtet, einen solchen Charakter haben zu

daß sie das nicht blieben, kann man unschwer so deuten, daß die Erfahrungen der Kindheit allzu mächtig weiterwirkten; mit nicht weniger Recht ließe sich aber verfechten, daß sich schon in den Kindheitserfahrungen, oder genauer wohl in der Bewältigung dieser Erfahrungen, eine lebensbestimmende Veranlagung Jean Pauls durchsetzte. Ja, man könnte sagen, daß Jean Paul schon allzu früh ein Erwachsener war, und ebensogut, daß er immer ein Kind geblieben ist. Natürlich führt das alles zu gar nichts.

In Schwarzenbach jedenfalls nahm Jean Paul das Leben immer noch vorweg: einen Besuch, den er erwartet, beschreibt er den Besuchern schon vorher, und am 22. Juni 1792, als er einen Besuch bei der Freundin Helene Köhler vorhatte (es gibt ein Bild von der jungen Dame, aber was kannte Jean Paul denn damals auch schon von der Welt?), schreibt er zunächst ein Tagebuch alles dessen, was auf unserer künftigen Reise vorgefallen und schickt ihr das mit den Worten: *Ich habe eine Reisebeschreibung zu machen, die noch eher fertig werden muß als die Reise selbst, damit ich sie Ihnen bei unsrer Ankunft überreichen kan.*

Heiter: denkt man. Ende des Jahrhunderts läßt er ein Werk in zwei Teilen erscheinen: Jean Pauls Briefe und bevorstehender Lebenslauf. Im bevorstehenden Lebenslauf oder der Konjektural-Biographie beschreibt er, und durchaus in keinem Tone, der sich über ihn lustig machte, nun tatsächlich sein noch ausstehendes Leben; er beschreibt seine Lebensumstände, seine Frau, seine Hochzeit, sein Eheleben, seinen letzten Tag. Das ist alles ziemlich realistisch, er wendet zum Beispiel seine Gedanken einmal zu-

wollen und überhaupt für einen Schriftsteller begehrenswert zu finden.

rück auf die Zeit, in der wir mit Jean Paul jetzt gerade stehen, und schreibt: *Aber in der kältesten Stunde des Daseins, in der letzten, ihr Menschen, die ihr mich so oft mißverstandet, kann ich meine Hand aufheben und schwören, daß ich vor meinem Schreibtisch nie etwas anderes suchte als das Gute und Schöne, so weit als meine Lagen und Kräfte mir etwas davon erreichen ließen, und daß ich vielleicht oft geirret, aber selten gesündigt habe. Habt ihr wie ich dem zehnjährigen Schmerz eines verarmten, verhüllten Daseins, eines ganz versagten Beifalls widerstanden, und seid ihr, bekriegt von der Vergessenheit und Hülflosigkeit, so wie ich der Schönheit, die ihr dafür erkanntet, treu geblieben?*

In den *Gedanken (3, 1260)* notiert er sich einmal: *Das größte Leben wäre, wenn ein Mensch eines sich aus der Zukunft – die er voraussetzt –, statt in die Vergangenheit zu führen entschlösse.* Im Heft davor *(385)* schreibt er: *Im rechten Leben muß man gar nicht wünschen, daß etwas vorbei sei – Die Menschen verbringen die Gegenwart in lauter Wunsch der Verwandlung in Vergangenheit.* Diese Äußerung ist nicht so dezidiert, sie ist gleich am Anfang entschärft durch den Hinweis auf das rechte Leben, von dem Jean Paul das eigne, das des Schriftstellers natürlich abhebt. Im ersten Heft taucht plötzlich eine scheinbar bloß skurrile Sprachübung auf *(663): Gestern werd' ich dich sehen. Übermorgen sah ich dich.*

Bekannt genug ist, daß Jean Paul fast alles beschreibt, ehe er es gesehen hat, etwa die Isola bella oder einen Park in Bayreuth. Es hat ihn offenbar nicht gestört, die Sachen später wirklich zu sehen. Mit dem Leben selber scheint das aber doch etwas anderes zu sein; denn dem Bayreuther Park ist es gleichgültig, wie er beschrieben wurde, die Isola bella ist ohnehin nur ein Traum und so weit weg, und wenn Jean Paul sich vor die Welt zu stellen getraut, nachdem er sie beschrieben hat, so mag das tapfer sein, aber es ist seine Sache*. Zwar ist auch das Leben seine Sache, wenn man so will; aber es ist doch in uns eine gewisse Ängstlichkeit und fast heilige Scheu, Dinge des Lebens zu bereden, die noch nicht sind, Dinge ja vor allem, die ganz anders sein können als wir hoffen oder fürchten. Erstens bleibt doch immer die Erwartung im Spiel, es könne das Glück oder etwas ganz Unerhörtes kommen**, und ich will gar nicht einmal davon sprechen, daß voreiliges Bereden es ja vielleicht vertreiben oder fernhalten könnte. Zweitens schwebt doch die Angst mit dabei, was wir denn dann tun mit unserm Leben, wie wir uns zu ihm verhalten oder was wir von uns selber denken sollen, wenn es so ganz anders kommt als gedacht, vor allem womöglich viel kleiner und geringer***.

* Simmel dagegen zum Beispiel muß vorher immer überall hin

** aus Leipzig ermahnt Jean Paul seine Mutter, die es offenbar nicht lassen konnte, in der gewohnt lehrhaften und lakonischen Weise, ja nicht in der Lotterie zu spielen; natürlich hat die arme Frau auch niemals gewonnen. – Eine sehr frühe in Geheimschrift gemachte Aufzeichnung Jean Pauls gibt als den Hauptantrieb seines Lebens den Ruhm an; der Ruhm ist hier aber kein Glück, sondern ist dasselbe wie der Vorsatz, ein großer Schriftsteller zu sein, und dazu die Idee, es werden zu können.

*** es könnte einem noch die moralisierende dritte Seite der Sache in den Sinn kommen, die nämlich, daß man doch der noch unbekannten zukünftigen Frau Unrecht tut, wenn man sie vorher ausmalt und sie sich dann später mit diesem Bilde vergleichen läßt, von dem sie doch annehmen muß, daß in ihm der Wunsch des Mannes dargestellt ist. Das soll aber nun eine Frau um Himmels willen nicht erwarten, daß ein Mann, wenn er ernstlich schreibt, ihretwegen schamhaft wird. Da müßte er sie ja über seine Schriftstellerei setzen, wenn auch nur in einem einzigen Punkte: aber der wäre eben sie. Vielleicht sollten also die großen und unmenschlichen Schriftsteller gar nicht erst heiraten? Dann setzten sie wieder, in der Rücksicht, das Leben zu hoch an; außerdem wollen sie essen und Kinder haben.

Von all dem scheint Jean Paul ganz frei zu sein, oder sich frei gemacht zu haben. Er erwartet nichts (außer den Ruhm, wie gesagt, aber der geht den Schriftsteller an), und er fürchtet sich nicht. Es ist, als ob Leben im Sinne des Kommenden, das dann gegenwärtig sein soll*, gar nicht da ist, als ob es aus seiner Existenz ausgehängt ist, oder seine Existenz aus diesem Leben. Er spielt niemals mit dem Schreiben, aber schreibend spielt er mit dem Leben, als hab er es längst weggeworfen, und da Schreiben sein Leben ist, lebt er das Leben auch so. Er braucht das Leben nicht, außer zum Schreiben.

Das Leben wäre aber nicht wie weggeworfen, stände an seinem Ende der Tod als ein Ding, das keiner kennt: als etwas also, das ängstlich oder neugierig machte, als gälte es da zum letzten Mal etwas Neues zu bestehen. Nimmt man den Tod in diesem Sinne als eine Erfahrung des Lebens, eine Erfahrung, vor der man sich fürchtet oder auf die man gespannt ist, dann ist man mit dem Leben nicht fertig und ängstigt sich darum und hat eben damit den Tod nicht wirklich ins Leben aufgenommen; denn ihn ins Leben aufnehmen heißt das Leben verachten und auch den Tod. So unbekannt ist uns der Tod nämlich gar nicht, daß wir bloß zitternd warten müßten, bis er kommt. Wenn Ottomar sagt, er habe mit dem Tode geredet, so mag das kühn sein; den Tod für ein Geheimnis zu halten ist jedoch abergläubisch.

Wenn Jean Paul in einer Vision seinen eignen Tod gewissermaßen vorwegnimmt, so kann, bei seinem ständigen leidenschaftlichen Antizipieren des Lebens, dem die Erden-

* *Vor und nach dem Feste davon reden ist das Fest (Bemerkungen IV, 41)*

schwere dadurch genommen wird*, auch dieses Antizipieren des Todes nur als eine absichtsvolle Handlung verstanden werden, soweit da eben von Absicht und Handlung die Rede sein kann. Es muß ein Hinwollen zu diesem letzten Punkt angenommen werden, ein Sichtreibenlassen in diesen Beinahe-Wahnsinn. Wenn Jean Paul jenen Tag der Todesvision den wichtigsten seines Lebens nennt, so ist das nicht bloß emphatisch oder aus dem Augenblick heraus pathetisch gemeint; der wichtigste ist dieser Tag, weil an ihm in einer Erfahrung zur Gewißheit wurde, was Jean Paul davor und dann danach am meisten bewegt hat: eben der Tod. Wenn er diese Erfahrung auch nicht geradezu hat suchen können (wo auch?), so muß er doch in der gewaltigen Einsamkeit dieser Jahre sich ständig dort aufzuhalten gesucht haben, wo er den Abgrund neben sich vermutete, in der Furcht und der Hoffnung zugleich, dieser Abgrund werde sich auftun für einen Blick hinunter in ihn. Hier liegt es: Furcht und Hoffnung begleiten die Erwartung (sonst wäre der Wahnsinn nicht nahe), die Erwartung, dem Tod zu begegnen, aber zum Reden mit ihm, und sie begleiten diese Erwartung, um aufhören zu können, alle beide, Furcht und Hoffnung, wenn die Begegnung vorüber ist.

Zwar läßt sich hier, wie beim meisten, was wichtig ist,

* *O mein Geliebter,* heißt es später im *Kampaner Tal (507), mußte dann nicht jeder entzückten Seele sein, als falle von der gedrückten Brust die irdische Last, als gebe uns die Erde aus ihrem Mutterarm reif in die Vaterarme des unendlichen Genius – als sei das leichte Leben verweht.* – Freilich hat das nun kaum mehr etwas von der Verachtung des Lebens und des Todes an sich, wie wir sie bisher kennen. Wir werden den Ton des *Kampaner Tals* aber begreifen lernen, wenn wir ein Stückchen weiter sind. Noch stehen wir beim Tod, das *Kampaner Tal* handelt von der Unsterblichkeit.

das wenigste beweisen; es läßt sich aber, geht man einmal so weit, manches einsehen. Für die Wichtigkeit des Todes nach 1790 will ich später noch manches anführen (ich schreibe geradezu ein Buch über den Tod); für die Zeit vor 1790 will ich jetzt auf die *Rede des toten Christus vom Weltgebäude herab* hinweisen. Diese Rede erscheint in Jean Pauls gedruckten Werken erst viel später im *Siebenkäs,* ist aber 1789 entstanden, damals, ich habe schon eine Note darüber gemacht und komme auch noch darauf zurück, statt Christus mit Shakespeare als Hauptfigur. In dieser Vision, ein Jahr also vor der des eignen Todes, sind jene Furcht und Hoffnung ganz auf den wirklichen Tod bezogen, und das heißt, sie sind darauf bezogen, ob der Tod das Letzte ist oder nicht; hier tritt also jener Tod auf, mit dem noch nicht geredet war, und der nicht hatte versichern können, es gebe nichts weiter außer ihm. Ich gebe die Textstücke nach der ersten Fassung (im 3. Band der zweiten Abteilung der Werke): *Die Gräber standen aufgeschlossen wie die eiserne Thüre des Gebeinhauses; an den Mauern flogen Schatten, die niemand machte und andre Schatten giengen aufrecht in der blossen Luft ... In aufgedekten Särgen lagen schlafende Todte mit einem Angesichte vol lebender Träume und lächelten zuweilen; aber die erwachten lächelten nicht. Viele wachende drehten sich nach mir und schlugen ziehend die Augenlieder auf; aber innen lag kein Auge und in der linken Brust war stat des Herzens ein Loch – eben diese mit geräderter Mine fiengen nach etwas in der Luft und ihr Arm verlängerte sich und ris ab und ran aus einander. An der Kirchdecke war das Zifferblatt der Ewigkeit, worauf keine Zahl und kein Zeiger war und das um sich selber kreisete; dennoch zeigte ein schwarzer Finger darauf und die Todten wolten die Zeit darauf sehen. Mich zogs der entsezlichen Stimme am Altar näher, die aus einer edlen Gestalt wie fast Shakespears seiner tönte; aber man sah es nicht, daß sie sprach. Sie sprach so: ›Tönet nur fort, ihr zwei Mistöne; kein Got und keine Zeit ist. Die Ewigkeit wiederkäuet sich und zernagt das Chaos. Der bunte Wesen-Regenbogen wölbt sich, ohne eine Sonne, über den Abgrund und tropfet hinunter – das stumme nächtliche Begräbnis der Selbstmörderin Natur sehen wir und wir werden selbst mit begraben. Wer schauet nach einem göttlichen Auge der Natur empor? Mit einer leeren schwarzen unermeslichen Augenhöle starret sie euch an. Ach! alle, alle Wesen stehen in diesem ewigen Sturm, den nichts regiert, als gekrümte Waisen da und so weit als das Sein seinen Schatten wirft, giebts keinen Vater ..... Wo ziehst du hin, Sonne mit deinen Erden? Auf deinem langen Wege findest du keinen Got und nur vielleicht auf Einer Erde einen eingebildeten ..... Wir unglüklichen Todten! wenn wir den wunden Rücken, vom schweren Leben entladen, in die Särge niederlegen und am LebensAbend in unsre Erde schläfrig und gebükt mit der Hofnung kriechen, am Morgen sehen wir Got und seinen Himmel – so reisset und prasselt uns um Mitternacht aus dem Todesschlaf und aus der Todtenasche das Stürmen und Kämpfen und Lodern der ungebaueten und es kömt kein Morgen ..... Ungestorbener dort! drücke keinem Todten mehr die Augen zu, denn die Augenlieder fallen ab und dan sieht er; und sieht keinen Got mehr ..... O ihr beglükten Lebendigen! vielleicht fallet ihr heute im Abendpurpur und im Blüthenatem nieder und sehet in den aufgeschlossenen Himmel hinein und über die Fixsterne hinüber und geht wie Kinder mit iedem Fund und ieder Wunde zum Vater und verstumt in ein Gebet – gebt uns eueren Got! So glüklich war ich auch in meinen verflatterten Tagen, da ich noch den schmerzenden Busen an dich legte, du unmöglicher Got!, da ich noch auf deinen Armen, unter deinem Auge, auf deiner Welt zu leben glaubte und hinter der Thräne der unendlichen Dankbarkeit zusammensank, du abgeschiedner und früher als die Thräne versiegter Vater! Daher lächeln die schlafenden Todten noch fort; ihre Traume spielen die Erde nach und ihr stäubendes Herz betet noch einmal – ach betet ihn recht an, diesen geliebten Got, eh' er mit euerem Traume und Körper zerflattert! – Ich hör' nur mich und hinter mir wird vernichtet. In dieser weiten Leichengruft der Natur ist alles allein wie das Nichts und von diesem Ur-Orkan, der auf dem Chaos kräuselt und redet, wird iedes Wesen einsam getragen oder einsam verschart. Aber warum werden wir noch getragen? warum ist noch etwas? Wer hält den Zufal ab – als wieder der Zufal –, daß er nicht den Sonnenfunken austrit und durch das Sternen-Schneegestöber schreitet und Sonne um Sonne auswehet, wie vor dem eilenden Wanderer Thautropfen um Thautropfen ausblinken? Und du, armer gaukelnder Mensch, dessen Leben der Seufzer der Natur oder das Echo dieses Seufzers ist – dessen Todtenasche die sichtbare abgekrazte Spiegelfolie ist, die einen Lebendigen vorlog und schuf – dessen Sein ein Holspiegel ist, der ein wackelndes eingewölktes Ding in die Luft hinstelte: schaue hinunter in den Abgrund, über welchem die Todesaschenwolken des Untergegangnen ziehen und denke noch in deinem Zerstieben: ich bin! Und träume noch von deinem entzweifallenden Herzen: es liebte! ..... Seht ihr denn nicht, ihr Todten, das stillestehende Aschenhäufgen auf dem Altar, ich meine das vom verfaulten Jesus Christus .....‹ Mit einem schreklichen Schlage schien der Glockenhammer, der sich unendlich über uns ausbreitete, die zwölfte Stunde zu schlagen und er zerquetschte die Kirche und die Todten: und ich erwachte und war froh, daß ich Got anbeten konte.*

Daß an die Stelle Shakespeares zehn Jahre später dann Christus tritt, ist nicht weniger blasphemisch als das Aschenhäufgen vom verfaulten Jesus; vielleicht hat es noch mehr rhetorische Gewalt, wenn Christus redet; in der

Hauptsache aber ist das Auftreten Christi ein hinreißend kluger Gedanke. Wenn nämlich irgendeiner weiß, was hinter dem Tode los ist, dann Christus – er war ja da, er muß es einfach wissen. Und man kann sich auf ihn verlassen, er hat keinen Grund zu falschem Trost; wenn er tröstete, könnte man zweifeln, nicht aber, wenn er, der die Wahrheit ist, sagt, daß es den Vater der Wahrheit nicht gebe. Es gibt dann auch keinen Sinn mehr, nirgendwo: der Sinn Christi selber und seines Todes ist verloren, der Tod selber hat keinen Sinn (Christus kann sagen: *ich habe mit dem Tode geredet*) und damit das Leben auch nicht, jedenfalls dann, wenn die Lebenden glaubten, den Sinn des Lebens aus dem Sinn des Todes und aus dem herleiten zu sollen, was nach dem Tode käme. Das Glück der Lebenden, die an Gott und an einen Sinn glauben, entlarvt sich, durch den Mund des Gottessohnes, als Illusion.

Christus redet hier als Wissender. Wen er verzweifelt zurückläßt, sind die, die wissen wollen, oder die eine Gewißheit über das Leben nach dem Tode brauchen, um im Leben vor dem Tode Sinn zu sehen. Was wir haben, sind aber allenfalls solche Träume, Christus ist ja nicht wirklich zurückgekommen und redet auch nicht in Kirchen. In einer Note, beim Abdruck der Neufassung der Rede im *Siebenkäs,* schreibt Jean Paul, sicherlich auch für die Zensur: *Wenn einmal mein Herz so unglücklich und ausgestorben wäre, daß in ihm alle Gefühle, die das Dasein Gottes bejahen, zerstöret wären: so würd' ich mich mit diesem meinen Aufsatz erschüttern und – er würde mich heilen und mir meine Gefühle wiedergeben.* In einer kleinen Einleitung über dieser Note steht: *Niemand ist im All so sehr allein als ein Gottesleugner – er trauert mit einem verwaiseten Herzen, das den größten Vater verloren, neben dem uner-*

meßlichen Leichnam der Natur, den kein Weltgeist regt und zusammenhält, und der im Grabe wächset; und er trauert so lange, bis er sich selber abbröckelt von der Leiche. Die ganze Welt ruht vor ihm wie die große, halb im Sande liegende ägyptische Sphynx aus Stein; und das All ist die kalte eiserne Maske der gestaltlosen Ewigkeit. Dem Gottesleugner wird da, ähnlich bis in einzelne Wendungen hinein, genau das in den Mund gelegt, was in der ersten Fassung der Rede Shakespeare sagt. Ein bißchen verschlüsselt sagt Jean Paul also: ein Christus, der zurückkäme, wäre ein Gottesleugner, oder anders: wer einen zurückkommenden Christus verlangt, der ihm Gewißheit gibt, leugnet Gott, nicht mit Worten zwar, aber mit seinem Verlangen. Wer Wissen verlangt, bleibt mit einer großen Illusion zurück, also mit nichts. Fällt die Gewißheit fort oder das Verlangen nach ihr, dann fällt auch die Illusion fort, jedenfalls als bloße Illusion. Es muß dann durchaus nicht gar nichts bleiben; aber wenn etwas bleibt, dann ist es weder Illusion noch Gewißheit, und eher wohl beides als nichts. Ottomar kann auch sagen, er habe mit dem Tode geredet, aber er selber ist, wie Gott für den toten Christus ein unmöglicher Gott, ein unmöglicher Sohn Gottes. Ihn ekelt wohl die Welt, so daß er sich nach einer anderen größeren sehnt; aber er kann sich sehnen.

Da stehen wir also 1790. Jean Paul ist mit dem Leben und dem Schrecken davongekommen und unterrichtet weiter. Er läßt seine kleinen Schüler sich im Denken üben (*Übungen im Denken* hatte er seine ersten Schreibversuche genannt), er findet, Denken ist für Kinder am besten, Denken und Schreiben. Er lehrt sie witzige Dinge, fast lehrt er sie, selber witzig zu sein. Nerrlich dagegen findet, daß Jean Paul seine Schüler zu altklugen witzigen Äffchen gemacht hat.

Aber hier sind Nerrlichs Grenzen*; Nerrlich ist sentimental, Kinder nicht. Kinder sind die scharfsinnigsten unter den Menschen, der Witz ist ihrer Seele nicht abträglich: sie haben beides, das ist das Schöne an ihnen. Sie können über den Tod weinen, wenn sie sich etwas davon vorstellen, und sie können gleich danach schreckliche Witze über ihn machen. In die *Unsichtbare Loge* hat Jean Paul, sicherlich seine Erfahrungen als Lehrer resümierend, einige *Erzieh-Vorlegblätter* eingebaut. Es heißt da *(Loge 16): Meine größte Bitte ist – die ich viele Jahre vorher drucken lassen –, daß Sie* (der Lehrer ist gemeint) *der spaßhafteste Mann in meinem Hause sind; Lustigkeit macht Kleinen alle wissenschaftliche Felder zu Zuckerfeldern. Meine müssen bei Ihnen durchaus nach ihrem Wohlgefallen scherzen, reden, sitzen dürfen. Wir Erwachsene ständen den abscheulichen Schulzwang unserer Abkommenschaft keine Woche aus, so vernünftig wir sind; gleichwohl muten wir es ihren mit Ameisen gefüllten Adern zu.*

Jean Paul hat Kinder schön gefunden und hat sie geliebt und sie mit großer Leidenschaft unterrichtet**. Wenn man in seiner *Levana oder Erziehlehre* liest, dann ist der nachhaltigste Eindruck der, daß Jean Paul keine pädagogische Theorie hat. Er weiß über die Kinder beinahe gar nichts anderes, als daß sie nicht weinen und nicht leiden sollen***,

* *das Fürstentum Scheerau stößet wie der menschliche Verstand überall auf Grenzen (Loge 22)*

** den Satz rückwärts entlang mit drei Bemerkungen: *Erziehen und Schreiben ist das Folgenreichste der menschlichen Thätigkeit (Gedanken 10, 260 (253)) – Ich komme am Ende dahin, daß mir nichts gefällt als die Todten und die Kinder (Gedanken 5, 805) – Kinder sind schön, wie viel mehr schöne! (Gedanken 3, 696)*

*** es bezeichnet eine der niedersten Stufen des Nachdenkens, wenn jemand dauernd die dialektische Volte macht: keiner hat keine Theo-

am Schluß der Levana heißt es, und das sind nicht bloß schöne Worte (wer das meint, soll nicht mein Leser sein, im Ernst): *Was sind denn eigentlich Kinder? Nur die Angewöhnung an sie und ihre uns oft bedrängenden Bedürfnisse verhüllen den Reiz dieser Seelengestalten, welche man nicht weiß schön genug zu benennen, Blüten, Tautropfen, Sternchen, Schmetterlinge. – Aber wenn ihr sie küßt und liebt, gebt und fühlt ihr alle Namen. – Ein erstes Kind auf der Erde würde uns als ein wunderbarer ausländischer Engel erscheinen, der, ungewohnt unserer fremden Sprache, Miene und Luft, uns sprachlos und scharf, aber himmlischrein anblickte, wie ein Raffaelisches Jesuskind; und daher können wir jedes neue Kind auf ewig an Kindes Statt erwählen, nicht aber jeden fremden Freund an Freundes Statt. So werden täglich aus der stummen unbekannten Welt diese reinen Wesen auf die wilde Erde geschickt, und sie landen bald auf Sklavenküsten, Schlachtfeldern, in Gefängnissen zur Hinrichtung, bald in Blütentälern und auf reinen Alpenhöhen an, bald im giftigsten, bald im heiligsten Jahrhundert; und suchen nach dem Verlust des einzigen Vaters den adoptierenden hier unten*.*

Überhaupt, heißt es nach der zitierten Stelle aus der *Unsichtbaren Loge, überhaupt: ist denn die Kindheit nur der mühselige Rüsttag zum genießenden Sonntag des spätern Alters, oder ist sie nicht vielmehr selber eine Vigilie dazu, die ihre eignen Freu-*

rie, keine Theorie ist auch eine Theorie, alles ist auch Theorie. Das ist blindes Gerede, und es ist fast kein wahres Wort daran. Daß Kinder nicht weinen und nicht leiden sollen, ist so wenig eine theoretische Einsicht, daß jede Pädagogik vielmehr genötigt ist und sich genötigt sieht, Verstöße gegen diese simple Einsicht mit irgendwelchen Zwekken und Zielen theoretisch zu begründen.

Pädagogische Theorien sind immer nur dort gut, wo sie Theorien abbauen.

* *Es gibt keine Stiefkinder, nur Stiefeltern (Gedanken 3, 757)*

den bringt? Ach wenn wir in diesem leeren niederregnenden Leben nicht jedes Mittel für den nähern Zweck (wie jeden Zweck für ein entferntes Mittel) ansehen: was finden wir denn hienieden?*

Als Jean Paul zwei Monate in Schwarzenbach unterrichtet hatte, starb der kleine Oerthel, sein Schüler in Töpen, siebzehnjährig an den Blattern. Bevor Amandus stirbt, in der *Unsichtbaren Loge,* und Amandus ist wohl ungefähr so alt wie der kleine Oerthel, da heißt es von ihm: *Er drückte dem schönen Leben noch einmal die Hand.* Dem schönen Leben.

Denn man kann wohl über die Lebenden sagen, daß sie alle sterben müssen, aber fast kein Toter bestätigt diesen Satz, so daß man sagen dürfte, er mußte sterben. Sollte der Satz, daß alle sterben müssen, ein Trost für mich sein, wenn Oerthel stirbt, dann könnte ich, wenn er mir die Hand drücken will, also zu ihm sagen, wenigstens in mir: stirb ruhig an den Blattern, du stirbst ja doch. Alle Menschen, die wir in diesem Buch bisher haben sterben sehen, mußten durchaus nicht sterben, sie könnten alle noch leben. Daß alle Menschen sterben müssen, ist ein vollkommen leerer Satz; seine einzige Wahrheit ist, daß ich sterben muß; in jeder andern Hinsicht verwandelt er sich, mit Bedeutung

* eine Vigilie ist ein Vorfest, etwa der Heilige Abend. Man darf Jean Paul hier nicht so verstehen, als wolle er in der Kindheit eine vollkommen eigne Stufe der Entwicklung ansetzen, eine Stufe, die etwa mit dem Erwachsensein gar nichts zu tun hat. Jean Paul sieht natürlich (also ohne Theorie), daß Kinder gern erwachsen sein wollen, jedenfalls in dem Sinne, wie sie das verstehen; sie wollen mehr können, als sie können, und ganz vieles von dem, was sie tun, können sie eben nicht: das heißt ja lernen. Deshalb kann Jean Paul, an der vorher angeführten Stelle aus den *Vorlegblättern,* zugleich von Spaß und von Wissenschaft reden. Hier hat Nerrlich ihn wohl so schlecht verstanden.

ausgesprochen, in eine Lüge, die über Leichen geht. Der Tod ist die Landplage der Welt, sagt Jean Paul einmal. Die Landplage und der Krieg, könnten sie reden – den Krieg meint man manchmal reden zu hören –, die beiden sagen: alle müssen sterben. Das ist aber jetzt ein entsetzliches Wort. Es ist nichts Großes an jemandem, der solche Worte nachbetet. Und wenn einer es dennoch tut, vielleicht weil er glaubt, es hätten alle, die das hören, sich abgefunden mit dem eignen Tod, so daß er also eigentlich nur meint: wir wissen es jetzt – dann hat er die Kinder und die halben Kinder vergessen, die sich mit nichts haben abfinden können und die nur jammern können, wenn der Tod nach ihnen greift*. Die Kinder lehren am meisten, was der Tod ist, und widerlegen unsre Lügen über ihn.

Im *Hesperus* sagt Emanuel einmal *(36): Wie alles hier schläft und ruht auf dem großen grünen Totenbette! Ich möchte darauf erliegen – Sprach jetzo nichts? – Die Gedanken der Menschen sind Worte der Geister. – Wir sind schleichende Nachtvögel im dämmernden Dunstkreis, wir sind stumme Nachtwandler, die in diese Höhlen fallen, wenn sie erwachen – Ihr Toten! verstäubet nicht so stumm, ihr Geister, die ihr aus euren begrebnen Herzen zieht, flattert nicht so durchsichtig um uns! – – O der Mensch wäre auf der Erde eitel und Asche und Spielwerk und Dunst, wenn er nicht fühlte, daß ers wäre – – o Gott, dieses Gefühl ist unsere Unsterblichkeit!*

* in den *Flegeljahren* geht Jean Paul einmal einen sehr kühnen Schritt weiter *(48): ›Wie kommts,‹ – sagt' er, spät heraustretend und den Strick-Faden wieder aufnehmend – ›daß nichts so rührend ist als die Kleidungsstücke der lieben Kinder, z.B. dieses hier – so ihre Hütchen, – Schühchen? – – Das heißet freilich am Ende: warum lieben wir sie selber so sehr?‹ – ›Es wird vielleicht auch darum sein,‹ – versetzte Wina und hob die ruhigen vollen Augen zum Notar empor, der vor ihr stand – ›weil sie unschuldige Engel*

Jean Paul fügt an: *Klotilde, um ihn von dieser verheerenden Begeisterung abzuziehen, nahm ihn bei der Hand* ... Daß so jetzt ihn das schöne Leben bei der Hand nimmt, widerlegt ihn. Der Mensch wäre ein Nichts, wenn er nicht fühlte, daß er's wäre – er ist also mehr.

Im Februar dieses Jahres war das Buch, das Jean Paul kurz nach der Todesvision angefangen hatte, fertig geworden: *Die unsichtbare Loge*. Im Mai desselben Jahres nennt er sich, in einem Brief an eine Freundin, zum erstenmal Jean Paul. Kaum ist das Buch heraus, im nächsten Jahr, unterschreibt er einen Brief so: der tolle kahle hagere fröhlige freundliche liebliche Jean Paul.

auf der Erde sind, und doch schon viele Schmerzen leiden.‹ ›Wahrhaftig, so ist es,‹ – (beteuerte Walt, indem Wina wie eine schöne stille Flamme glänzend vor ihm aufstand, um ihr Mädchen herzuklingeln) – ›Und wie dürfen Erwachsene klagen? – Ich will wahrlich das Sterben eines Kindes‹ (setzt' er hinzu und folgte ihr einige Schritte nach) ›ertragen, aber nicht sein Jammern; denn in jenem ist etwas so heilig-schauerliches.‹

SIMULTANLIEBHABEREIEN

... und sah ihr mit großen Tränen in das blöde kleine Gesicht, das ihn nicht verstand
TITAN

Er sagte oft: gebt mir zwei Tage oder eine Nacht, so will ich mich verlieben, in wen ihr vorschlagt
HESPERUS

DER TOLLE KAHLE HAGERE JEAN PAUL hat sich selber beschrieben, ganz spät, ehe das bißchen Leben, das er für sich wollte, vollends von Schmerz zerrissen wurde; nämlich im *Kometen,* diesem komischsten, tollsten, aberwitzigsten und hinreißendsten Roman, den der lachlustige, allen Späßen geneigte und für Ironie und besonders für Sarkasmus so aufgeschlossene deutsche Vielkopf nicht kennt. Das wird sich jetzt aber gründlich ändern, denke ich mir, wenigstens bei den zehntausend Leuten, die mich hier lesen. Eine Warnung will ich aber nicht unausgesprochen lassen: wer den *Kometen* liest, dem wird für mindestens ein halbes Jahr jeder Spaß an irgendeinem der gegenwärtigen deutschen Autoren vergangen sein, Arno Schmidt ausgenommen, der ein ähnlicher Unmensch ist wie Jean Paul*. Denn die deutschen Autoren haben Gelee in den Adern, und wenn sie anfangen komisch zu werden, nämlich frei-

* wenn er nicht noch ein schlimmerer ist, da er zum Beispiel nicht einmal nennenswert Briefe schreibt; die beharrliche Abkapselung ist aber sonst ganz mit der zu vergleichen, die wir Jean Paul haben betreiben sehen, und beide haben denn auch die zwei einzigen großen Prosadialekte erfunden, zu denen wir es im Deutschen nach Wieland gebracht haben.

willig, kommen einem die Tränen. Man mag gar nicht darüber reden. Beim *Kometen,* spätestens beim *Kometen,* ebnet sich einem die ganze literarische Umwelt zu einer Reihenhaussiedlung ein, und es wohnen Leute darin, deren Namen ich dem Leser gar nicht sagen darf, wenigstens eh er nicht den *Kometen* selber gelesen hat. Der Ledermensch, wird er dann aber sagen, soll unsern sämtlichen Poeten aufs Dach steigen und ihnen, schwarz unterm Kamin, so unsäglich in die Glieder fahren, daß sie sich ihre Papierhaare raufen und sich weinend in die deutschen Flüsse stürzen.

Also Jean Paul tritt auf: *Indem Worble auf einer Anhöhe vor dem Grenzwirthause hielt, damit alles davor frühstückte, sah er auf der entgegenstehenden Straße einen dürren Jüngling mit offner Brust und fliegendem Haare, und mit einer Schreibtafel in der Hand, singend im Trabe laufen. Der Mensch machte gleichfalls vor dem Wirthause oben halt und schauete unverrückt in das neue Erntefest der Armut hinab. Er sah immer erfreuter aus, und endlich weinte er gar darüber*. Dem Reisemarschall gefiel*

* aufs Weinen komme ich noch in diesem Kapitel, in dem ich ohnehin nur das Unsinnigste zusammentrage; die Frage ist aber: wie groß ist der Jüngling? Hier lassen uns die Quellen im Stich, und mit der offnen Brust und dem fliegenden Haar ist es, wie wenn man Leute, die man nur aus dem Fernsehen kennt, in Wirklichkeit sieht: sie sehen, shocking enough, ganz genau aus wie im Fernsehen, bloß eben, daß sie mit einemmal merkwürdig klein oder groß sind; woher soll denn auch der normale Fernsehzuschauer zum Beispiel wissen, daß Johannes Gross und Friedrich Nowottny immer auf kleinen angeleinten Ponies stehen, wenn sie zu uns sprechen? Die einen also sagen über Jean Paul, er sei nicht so groß, die andern, er sei bloß etwas größer als sie selber, einer, er sei ein bißchen größer als Beethoven; Jean Paul selber sagt, ebenfalls hier im Kometen, er sei fünf Fuß und zehn Zoll lang, und da er im selben Zusammenhang sagt, er sei jetzt 59 Jahre alt, in Wunsiedel geboren und so weiter, möchte man der Größenangabe sogleich Glauben schenken. Nun hat es zu der Zeit die aller-

der geistige Teilnehmer an den körperlichen Teilhabern, und er knüpfte ein Gespräch mit der Frage an: ›Bleibt wohl schön Wetter, mein Herr?‹ – ›So schön wie die Jahrzeit und der Auftritt unten‹, (versetzte der Mensch) – ›denn in fünf Minuten weht es.‹ Als Worble den Kopf schüttelte, bat ihn der Jüngling, versuchsweise von der Morgenwolke gegenüber den Kopf wegzudrehen, nur fünf Minuten lang, und ihn darauf wieder hinzuwenden, so werd' er sie sehr durchlöchert erblicken, zum Zeichen anfangender Auflösung; denn der Mond kulminiere dann eben über Amerika. Zu Worbles Erstaunen traf alles pünktlich ein; aber es war sehr natürlich, denn der junge Mensch war ein Wetterprophet, wie nachher noch mehr einleuchten wird, und wußte folglich so gut wie ich, daß der Mond täglich viermal mit einer kleinen Wetteränderung, und wär' es Verdünnung des Gewölks oder neuer anderer Wind, seine Bahn bezeichne, nämlich erstens bei seinem Aufgange, zweitens bei seinem Untergange, drittens bei seiner Vollhöhe (Kulmination) über uns und viertens bei der andern über Amerika. Worble sah als Reisemarschall auf der Stelle ein, daß ein echter Wetterprophet unter allen Stücken eines vollständigen Reisegepäcks das nötigste sei; und ohne sein schmeichelhaftes Erstaunen zu verbergen, befragte er den Propheten um den Namen. ›Wer soll ich anders sein‹ – versetzte der Prophet – ›als der Kandidat Richter aus Hof im Voigtlande?‹

Selbst in der *Selina,* seinem letzten Werk, einer Fortführung des *Kampaner Tals,* läßt Jean Paul nicht locker. Kurz vor einem großen Gewitter tritt er wieder als Prophet in Erscheinung und sagt: *Schon am Morgen kündigte der um den*

verschiedensten Füße gegeben; geht man nach dem gängigsten, nämlich dem preußischen, so wäre Jean Paul jedoch 1,83 groß gewesen, und das kann er einfach nicht gewesen sein, zumal Goethe, der große Männer nicht leiden konnte, ihn dann noch weniger geschätzt haben würde. Geht man nach dem Grad der Goethischen Ablehnung, dann taxiere ich Jean Paul auf gute 1,79.

westlichen Horizont gelagerte Dunst Gewitter an, bloß weil er sich nicht durch die Hitze in Wolken ausformte. Je früher eigentlich sonst der Himmel sich mit Nebel umsäumt, desto leichter wächset der Nebel durch die Vormittaghitze zu einer kühlen Laube gegen die Sonne auf und läßt sie an keinem Blitze brüten; hingegen weiße Eisgebirge, die des Mittags erscheinen, richten sich abends als schwarze Vulkane auf. Auch der Wind blies ohne Standwechsel, aus der nämlichen Kompaßecke fort; ein zweites gutes Gewitteranzeichen – – Man verzeihe diese Ausführlichkeit, durch die ich nichts bezwecke als bloß einem und dem andern Wetterlaien und Donnerscheuen einige wissenschaftliche Brosamen und Gerstenbrote zuzuwerfen, wovon mir noch immer Brotkörbe genug übrig bleiben.

Allen Ernstes war er unter die Wetterkundler gegangen. Ein selbstloser Schritt, wie sich gleich zeigen wird. Einer seiner Bewunderer berichtet: *Als Richter wieder nach Leipzig zurückgehen wollte, begleiteten Gleim und ich ihn bis zum nächsten Dorfe. Der Morgen war wunderherrlich; der Brocken aber braute; Gewölk umlagerte den westlichen Horizont, und Wolken zogen, mannigfaltig gestaltet, in Eil über uns hin. Da warnten wir Richter vor Regen und Wetter, zur Umkehr mit uns ernstlich ratend. Aber er versicherte, daß er mit dem Wolkenhimmel vertraut genug sei, um bestimmt zu wissen, daß der Tag schön bleiben werde. Wir schieden und sahen dem Leichtbekleideten, dessen Rocktaschen von Papieren und einiger Wäsche bauschten, besorgt nach, wie er rasch dem Fußsteige folgte; der Wind spielte mit seinen Rockschößen, wühlte sein Haar auf und umwirbelte ihn mit Staubwolken, so daß wir ihn bald aus dem Gesicht verloren. Wir waren noch nicht wieder in Halberstadt, als ein Landregen sich überall ergoß. Einige Tage darauf erhielt ich Nachricht, daß Jean Paul in meinem elterlichen Hause zwar völlig durchnäßt, aber heiter und wohlgemut eingetroffen sei.*

Wie aber auch immer – der Schritt auf die Wetterkunde hin war weise. Denn mag die Wissenschaft mittlerweile viele, ja die meisten Bereiche zu den ihren gemacht haben, so sind Wetter und Wolken doch bis heute eine Domäne der Dichter geblieben. Daß sie sich beide um das Wetter und um die Wolken gekümmert haben, ist denn auch sinnreicherweise so ziemlich das einzige, was Goethe und Jean Paul verbindet*.

Als Jean Paul später in Bayreuth wohnte, mochte er sich nicht mehr allein auf die Kraft des wetterdeutenden Auges verlassen, sondern hielt sich einen Wetterfrosch. Der Frosch wollte Fliegen, aber im Winter war es mit Fliegen nicht weit her. So sah sich Jean Paul genötigt, neben dem Frosch auch Fliegen zu halten, und zwar in einem Vogelbauer, das er ausgekleidet hatte, damit die Fliegen nicht flöhen. Er wollte die Fliegen nun aber nicht einfach so mutterseelenallein und todgeweiht da hocken lassen, erstens aus Mitleid mit ihnen, zweitens aber, weil er glaubte, sie würden, so unnatürlich ausgeruht gefressen, dem Frosch vielleicht erstens nicht schmecken und ihn zweitens womöglich beim Prophezeien verstören; so jagt der Mensch, der Frosch

* der Unterschied ist, daß Goethe, immer an warme Kleider und Equipagen gewöhnt, die Wetterkunde in rein theoretischer Absicht treibt, während Jean Paul eigentlich nur an der Praxis interessiert ist. Er stellt die Erkenntnis ganz in den Dienst des Handelns, und zwar eines Handelns, das dem Volk zugute kommt, da die Reichen ja ohnehin in Equipagen fahren. Insofern läßt sich sagen, daß Goethe am Wetter nur das Veränderliche, Jean Paul aber irgendwie auch das Veränderbare gesehen hat. Tatsächlich will ich aber bloß dem Harich einen kleinen Wink geben. Einmal sagt Jean Paul übrigens, er habe von Wesen gelesen, die niemals die Sonne aufgehen sehen, und er habe sogleich gedacht, es ginge da um die Fürsten; es sei aber bloß um die Eintagsfliegen gegangen.

des Wildes, ja auch die Hirsche zum Beispiel erst ein bißchen herum, ehe er sie ißt. Wenn also die Sonne schien, nahm Jean Paul Fliege für Fliege aus dem Bauer und setzte sie behutsam an die besonnte Fensterscheibe, damit sie alle sich in der hellen Wärme ein bißchen scheibenauf und -ab bewegten. Nun hatte Jean Paul (ich erzähle im alten Stil) die Angewohnheit, sich von Zeit zu Zeit, als Schreibhilfe, einen begabten, aber armen und also eifrigen Bayreuther Gymnasiasten empfehlen zu lassen. Dieser kommt nun zum ersten Mal ins Haus und muß im Vorzimmer etwas warten. Man hat sich einen sonnigen Wintertag vorzustellen, hell und warm in der Stube, und die Fliegen krabbeln fett auf dem Fenster. Der Mensch glaubt seine erste Aufgabe gefunden zu haben und fängt die Fliegen totzuschlagen an. Nach einiger Zeit erscheint Jean Paul, weniger des Jünglings wegen, als um die Fliegen wieder einzusammeln. Und als er unten, unter den saugend noch Lebenden, die Toten (von Verblichenen läßt sich bei Fliegen wohl doch nicht reden) gewahrt, soll er mit einem lauten Aufschrei ins Arbeitszimmer zurückgestürzt sein. Der junge Mann ist im Hause nicht wieder gesehen worden, von Jean Paul darf man annehmen, daß er sich für diesen Tag dem Trunk ergeben hat.

Das Wetterprophezeien im allgemeinen angehend, schreibt er 1792, noch nicht im Besitze verläßlicher Frösche, in schöner Einsicht an eine Freundin: *Unter allen Menschen, theuerste Freundin, lügt keiner so oft – er mag Papiere oder Wetter versprechen – als der, der die Ehre hat, es hier Ihnen zu bekennen.*

Die Freundinnen aber (ich mache einen zwanglosen Übergang) drängten ihn weiterzulügen und Wetter und

Papiere und alles zu versprechen, denn viel weiter wäre er doch nicht gegangen, oder er wäre ganz gegangen. In Hof hatte Jean Paul seine berüchtigte erotische Akademie errichtet, wo er sich mit seinen Freundinnen, zumal am Wochenende und bei schönem Wetter (!) der platonischen Buhlerei hingab. Renate Wirth, Amöne und Karoline Herold, Friederike Otto, Helene Köhler – das sind so Namen aus der Hofer Zeit. An die Wirth schreibt er einmal (9. Juli 1793): *Während den Unterbrechungen meines Briefs kam Ihrer. Die Seufzer eines schönen Herzens sind gleichsam der Athem und der Aether für das meinige. Ich athmete Ihre Gedanken ein – aber es sind ihrer so wenige ...*

Daß es bloß so wenige sind, meint er wohl nicht so, aber daß er sie atmet, ist ein sinnlich schönes Bild, wenn vermutlich auch in dem Bild viel mehr Sinnlichkeit steckt, als in der ganzen Akademie anzutreffen war. Er atmete Gedanken und küßte wahrscheinlich Gefühle, vielleicht eine Wange und hier und da ein Auge, aber mehr wohl nicht. Die Briefe, die er mit seinen Freundinnen wechselt, sind witzig, gefühlvoll, sehr literarisch; er kann am 1. Dezember der Renate die Liebe versprechen, die auf ewig, am 3. der Karoline und am 6. wieder der Renate, es sei denn, ihm wäre am 5. Amöne begegnet. Er verliebt sich tatsächlich *in wen ihr vorschlagt,* er verliebt sich mit Vorsatz, er verliebt sich spontan. Eigentlich ist er dauernd in alle verliebt: *Simultanliebe* nennt er das in der *Unsichtbaren Loge,* und er verspottet dort den Simultanliebhaber Oefel, durch den er aber zugleich sich selber durchblicken läßt; die Pointe ist, daß er an einer realen Figur (obgleich im Buch, aber das ist Realität) verspotten kann, was er für sich (bloß den Erfinder der Realität) gut finden kann. Die Simultanliebe ist sein Romanschreibtraining.

Dann erweitert sich sein Horizont, er kommt ab und zu nach Bayreuth und verliebt sich stehenden Fußes erst in Wilhelmine von Kropff, dann in Henriette von Schuckmann. Ab jetzt sind die Damen zum Teil schon verheiratet, aber das stört ihn nicht, und er kann auch nichts dafür. Denn es handelte sich um Verehrerinnen (Verehre- und Verunehre-Rinnen würde Arno Schmidt sicher sagen), Frauen, ab jetzt meist Adlige, die sich ihm zu Füßen warfen und sich ihm, besonders in Weimar, wer weiß wohin geworfen hätten, hätte er sie nur gelassen. Jede Neue wird für ihn zur Schönsten, er himmelt sie an, sie himmeln ihn an, er sie aber wie immer alle, sie aber ihn immer allein. Die Zeit ist geil, aber er nicht ganz. An den kleinen Höfen, wohin er kommt, spielen sie dauernd wie die Unsinnigen Blindekuh, bloß um sich anfassen zu können; wenn Jean Paul dabei ist, wird auf sein Betreiben die scharfe Variante eingeführt, daß man die Frauen küssen darf. Küssen ist für ihn der Himmel auf Erden, und unschuldig bleibt man obendrein.

Als Gustav in der *Unsichtbaren Loge* die Unschuld verliert, bricht fast die Welt zusammen. Die Residentin von Bouse, eine schöne, geistreiche, durchaus nicht übelwollende Frau, im Gegenteil, sitzt nachts mit dem Jüngling beisammen, beseligt irgendwie beide, also in Stimmung, und ganz dicht, auf einem Sofa womöglich. Sie, tief bewegt, in jeder Hinsicht, will gerade »zuhüllen ihr pochendes Herz«, das heißt sich bedecken, viel an hatten sie damals ja nicht, kann aber »nicht einmal sein Schlagen verstecken«, fällt, zitternd, überwältigt, irrend und laut seufzend, an ihn, er an sie, er verliert an ihrem Busen sein Gesicht, es ist also alles wieder aufgegangen, dann fangen »alle seine Sinne mit ihren ersten Kräften« zu stürmen an, nun ja, und dann sagt Jean Paul zu Gustavs Schutzgeist, der ja nun im Grund sein Bestes getan hat: *Ziehe, wie ich, den traurigen Vorhang um seinen Fall* ... Und dann läßt er Gustav tatsächlich seiner Beata brieflich mitteilen, er, Gustav, sei ihrer nicht würdig, und so weiter *(Loge 37)*.

Im *Hesperus* wird Jean Paul ein wenig deutlicher, zumal Viktor auch vernünftiger ist als Gustav. Viktor, als Arzt, kommt zur Fürstin Agnola, sie liegt im Bett, einen Verband um die Augen, er sitzt dabei. Schon zwei Seiten vorher stellt Jean Paul ein kleines Signal auf und sagt: *Aber da zwei Menschen sich mutiger und freier unterreden, wenn einer oder beide im Finstern sitzen – und Agnola saß da –: so war Viktor doch heute nicht ganz und gar so einfältig wie ein Schaf**. Nun ist die Sache so, daß hinter Agnolas Bett, und wiederum hinter einem Vorhang dort, ein Bild hängt, das Viktor aus irgendwelchen romanmechanistischen Beweggründen sehen muß: *Er erhielt sich, durch Anstemmung der Rechten an die Wand, über der schönen Blinden schwebend, weil ihn eine kleine Weltkugel bei der Zentripetalkraft anfaßte und ihn aus seinem Zurücklaufe brachte. – Denn weil die Kranke auf der rechten Seite ruhte: so war vom aufgerollten Haar eine Wolke nach der andern über das Herz und über den Lilienhügel, welchen Seufzer tragen, hinübergeflossen, und die zum andern Hügel sinkenden Locken hatten dort nicht so viel überdecken können, als sie hier entkleidet hatten. Den Locken sank langsam das Spitzengewebe nach, und die Herzblätter und die reifen Blüten blätterten sich ab von der aufdringenden Apfel-Frucht ..... Teurer ästhetischer Held dieser Posttage, wirst du ein moralischer bleiben, jetzt ungesehen hängend über diesem wahren globe de compression von Belidor – über dieser zunehmenden*

* daß die von Bouse von Bouse heißt und Viktor Viktor, das ist in solchen Szenen ja auch nicht ohne Reiz.

Mondkugel, wovon man nie die andere Hälfte sieht – neben dieser Anhöhe, die man wie andre Anhöhen um keine Festung dulden sollte – und noch dazu an einem Hofe, wo man sonst alles Erhabne durch die Kleiderordnung erdrückt? Sobald er aus dem Bette und Paulinum ist: will ich mich mit dem Leser weitläuftig über den ganzen Vorfall entzweien – jetzo muß er erst erzählt werden in einem fort und mit vielem Feuer. Er war gleichsam in die Luft geheftet – Aber endlich wars Zeit, aus dieser heißen Zone aller Gefühle und der Stellung zu weichen. Noch dazu erhöhte ein neuer Umstand Gefahr und Reiz zugleich. – Ein langer Seufzer schien ihren ganzen Busen zu überladen und wie ein Zephyr durch einen Lilienflor zu wogen, und der überbauende Schneehügel schien vom schwellenden Herzen, das unter ihm glühte, und vom schwellenden Seufzer zu zittern. – Die Hand der zugehüllten Göttin bewegte sich mechanisch nach dem eingekerkerten Auge, als wollte sie eine Träne hinter dem Bande wegdrücken. Viktor, in Sorge, sie verschiebe die Binde, zieht die Rechte ab von der Wand, und die Linke vom Bette, um, auf Zehen schwebend, ohne Bestreifen sich aus diesem Zauberhimmel herauszubeugen. – – Zu spät! – Das Band ist herab von ihren Augen – vielleicht war sein Seufzer zu nahe gewesen oder sein Schweigen zu lange. – Und die enthüllten Augen finden über sich einen begeisterten, in Liebe zerronnenen, im Anfange einer Umarmung schwebenden Jüngling ..... Erstarrt hing er in der versteinerten Lage – ihre von Schmerzen entbrannten Augen überquollen schnell vom milden Lichte der Liebe – sie sagte heiß und leise: ›comment?‹*

Sie sagte heiß und leise: das ist schon ganz schön. Er fällt dann tatsächlich auf sie runter, auf ihre heißen Lippen und ihren, wie es sonderbar genug heißt: *schlagenden Busen* – aber

* *Halbkugeln einer bessern Welt* nennt der junge Schiller einmal diese Gebilde für Menschenhand.

dann geht ein Nachtwächter unten vorbei und trifft die beiden ins moralische Zentrum, das heißt ihn bestimmt, sie merkt bloß, daß es so ist und gibt es wohl einfach auf, und nichts bleibt als, aber immerhin, eine blutige Hemdnadel *(Hesperus 27)*.

Irrwege sind das aber alles, sonst kommt es in den Romanen zu nichts und im Leben, wenn das Leben war, auch nicht. Charlotte von Kalb holt ihn, auf den *Hesperus* hin (auf Agnola hin?) nach Weimar, und jetzt bricht gleichsam der Damm der Verehrung: alle Frauen wollen sich für ihn am liebsten immer am selben Tag noch von Mann und Kindern scheiden und wollen zu ihm, wollen ihn heiraten, wollen ihn für sich. Emilie von Berlepsch, eine ganz beachtliche Schriftstellerin (erst waren's zuhörende Mädchen, dann gebildete Verehrerinnen, jetzt schreiben sie schon selber), will ihn, wenn sie ihn schon nicht für sich haben kann, verkuppeln, dem Pärchen Geld geben, bloß, um dann bei ihm, dem Pärchen, wohnen zu können. Diese Titanenweiber sind alle unglücklich verheiratet (das heißt, sie haben Männer, wie die Männer, die schreiben wie sie, sonst Frauen haben in der Zeit: das ist das Unglück der Emanzipierten), und nun stürzen sie sich in das noch größere Unglück, Jean Paul zu wollen. Eigentlich ist nichts daran zu verstehen, denn die Parenthese, die ich oben gemacht habe, Agnola betreffend, ist ganz und gar verkehrt: sie haben alle in Jean Paul den vom Himmel Gefallenen geliebt, nicht den Mann. Es ist etwas ganz Wahnsinniges an dieser englischen Vielweiberei. Jean Paul küßt, umarmt, geht nächtlich spazieren, spielt Blindekuh, diese Unschuld vom Fichtelgebirge, macht halbe Heiratsversprechen, ist aber, während die sich verlobt Wähnende ihm noch nachsetzt, schon wieder hinter der nächsten her, Karoline von Feuchtersleben heißt sie jetzt, aus Hildburghausen, das wäre auch um ein Haar was geworden, aber es wird alles nichts. Dann kommt Josephine von Sydow, dann eine Gräfin Schlabrendorf, nicht zu vergessen die mit dem vielleicht anmutigsten Geist, auch wenn er später verdorben war: Julie von Krüdener, ein bestrikkendes Wesen, denke ich mir, die ihm von Reisen erzählt, von Südfrankreich, vom Adourtal, vom Kampaner Tal: die will ihn wenigstens nicht heiraten.

In seinen Büchern gibt's, im *Titan,* noch eine wilde Szene, einen ziemlich gewalttätigen erschlichenen Beischlaf, Roquairol verübt ihn an Linda; als Linda das übrigens merkt, trennt sie sich sofort, so sehr sie ihn liebt, von Albano, mit der Begründung, jetzt vor Gott verheiratet zu sein, und man könnte leicht eine schöne Betrachtung darüber anstellen, von welcher geradezu abscheulichen moralischen Wichtigkeit für Jean Paul offenbar die Sexualität ist; ich kann mich für dieses Thema aber nicht sehr erwärmen.

Sonst gehen die Liebenden im Dunkeln spazieren, in windstillen Nächten klatschen tränennasse Wangen aneinander, Hände legen sich auf Herzen, als wäre von Brüsten nichts da, Wimpern und Lider senken sich, tränende Augen sinken ineinander, Lippen küssen Wangen, Stirnen, Zaghaftigkeiten schmelzen dahin, Seelen werden groß, Seelen, das Mädchen könnte der Mann sein, der Mann das Mädchen, alles ist sanft und gewaltlos, aber unwiderstehlich durchdrungen von samtdunkler Erotik.

Nur in Träumen regt sich der ungewollte, der ungeliebte Phallus jetzt: *Er lag (so träumte ihm) auf dem Krater des Hekla. Eine aufdringende Wassersäule hob ihn mit sich empor und hielt ihn auf heißen Wellen mitten im Himmel fest. Hoch in der*

Äthernacht über ihm streckte sich ein finsteres Gewitter, wie ein langer Drache, von verschlungnen Sternbildern aufgeschwollen, aus; nahe darunter hing ein helles Wölkchen, vom Gewitter gezogen – durch den lichten Nebel des Wölkchens quoll ein dunkles Rot entweder von zwei Rosenknospen oder von zwei Lippen und ein grüner Streif von einem Schleier oder von einem Ölzweige und ein Ring von milchblauen Perlen oder von Vergißmeinnicht – endlich zerfloß ein wenig Duft über dem Rot, und bloß ein offnes blaues Auge blickte unendlich mild und flehend auf Albano nieder; und er streckte die Hände aus nach der umwölkten Gestalt, aber die Wassersäule war zu niedrig. Da warf das schwarze Gewitter Hagelkörner, aber sie wurden im Fallen Schnee und dann Tautropfen und endlich im Wölkchen silbernes Licht, und der grüne Schleier wallte erleuchtet im Dunst. Da rief Albano: Ich will alle meine Tränen vergießen und die Säule aufschwellen, damit ich dich erreiche, schönes Auge! – Und das blaue Auge wurde feucht von Sehnen und sank vor Liebe zu. Die Säule wuchs brausend, das Gewitter senkte sich und drückte das Wölkchen voraus, aber er konnt' es nicht berühren. Da riß er seine Adern auf und rief: Ich habe keine Tränen mehr, Geliebte, aber all' mein Blut will ich für dich vergießen, damit ich dein Herz erreiche. Unter dem Bluten drang die Säule höher und schneller auf – der weite blaue Äther wehte und das Gewitter verstäubte und alle verschlungnen Sterne traten mit lebendigen Blicken heraus – das flatternde freie Wölkchen schwebte blitzend zur Säule nieder – das blaue Auge tat sich in der Nähe langsam auf und schneller zu und hüllte sich tiefer in sein Licht; aber ein leiser Seufzer sagte in der Wolke: Zieh mich in dein Herz! – O da schlang er die Arme durch die Blitze und schlug den Nebel weg und riß eine weiße Gestalt, wie aus Mondlicht gebildet, an die Brust voll Glut – Aber ach der zerrinnende Lichtschnee entwich den heißen Armen – die Geliebte verging und wurde eine Träne und die warme Träne drang durch seine Brust und sank in sein Herz und brannte darin und es rann auseinander und wollte vergehen ..... Da schlug er die Augen auf. Aber ach – welches überirdische Erwachen! – Das weiße ausgeleerte Wölkchen, mit Gewittertropfen befleckt, hing, auf ihn hereingebückt, noch am Himmel – – – es war der helle, liebendnahe über ihn hereingesunkne Mond. Er hatte sich im Schlafe verblutet, weil sich darin die Binde von der Wunde des Armes durch das heftige Bewegen desselben verschoben hatte ... (Titan 8).

Nur eines dazu, denn alles andere versteht sich an diesem herrlich beträumten Samenerguß: es ist artistisch sehr souverän, wie in der ersten Zeile nach dem Erwachen Traum und Realität sich noch mischen – das ausgeleerte Wölkchen, befleckt mit Tropfen – und wie dann die Ratio den Traum wegerklärt und alles auf ein bißchen Blut schiebt.

So rächt sich alles auf Erden, und sei es im Traum. In der Wirklichkeit erschien auf einmal Karoline Mayer, und es ist kaum zu glauben, aber Knall auf Fall lag er mit ihr im Bett. Und das werd ich Nerrlich nicht vergessen, wie er das plötzlich mit einem indirekten Zitat belegt und Jean Paul sagen läßt: seine Argonauten-Züge nach dem goldnen Vlies der Weiber hätten sich in Kreuzzüge nach dem heiligen Grabe der Männer verwandelt. O mein Priap! Nie hat Jean Paul nach dem Vlies der Frauen gesucht und nie hat es ihn danach verlangt, und daß er ein goldnes wollte, wer weiß, vielleicht haben Engel eines; vom Kreuzzug will ich nicht reden, da fällt mir zuviel ein, aber dies Grab, dies Grab des Mannes, wo doch nach allen Leuten sonst das heftigste Leben sein soll – der große lover, ich glaub, er hat einfach nicht gerne gevögelt*. Dieser wunderbare Mensch wendet

* ich will mich nicht entschuldigen, sondern aus den Gedanken

sich bis zur physischen Verletzlichkeit vom Leben weg, er küßt und küßt, das tut nicht weh, die Küssenden sind wie von ihm gemacht und jetzt wiedergefunden auf der Erde, und dann muß er sie stehenlassen und geht und – trinkt.

Nerrlich* (ich mache wieder einen zwanglosen Übergang) verbindet die Liebenden Jean Pauls – er nimmt die göttliche Liane aus dem *Titan* – ich finde, das nebenbei, Linda göttlicher, aber gottnäher ist Liane – und das Trinken in einem ganz unvergänglichen Satz. Er schreibt: *Für einen Augenblick hatte er daran gedacht, Meiningen mit Weimar zu vertauschen, schon damals aber hinderte ihn derselbe Grund, welcher ihn schließlich auch bestimmt hatte Weimar eher zu verlassen, als er anfangs beabsichtigte, und auf den gleichfalls geplanten Besuch von Rudolstadt zu verzichten – das Bier. Immer wichtiger war in der That mit der Zeit die Rolle geworden, welche das Bier in dem Leben dessen spielte, dem wir Gestalten wie Liane verdanken.*

Ja, in der Tat. Aber nicht bloß das Bier. Jean Paul hat alles getrunken, Kaffee, Arrak, Likör, Wein, Bier. Mit dem Alkohol hat er offenbar angefangen, sobald er etwas Geld hatte. Der Naturforscher Lupin war in den Hesperusjahren mit seinem Diener Schäffler in Hof: *In einer müßigen Stunde*

(8, 190 (193)) noch beibringen: *Ich wollte, der Teufel holte den sogenannten Geschlechttrieb, er macht den besten Menschen an sich irre und er denkt nicht an das Gute in sich selber.*

* ich nehme immer wieder Nerrlich, weil er einen so wunderbar symptomatischen Kopf hat; er hat alle großen Vorurteile seiner Zeit, er denkt sie am klarsten, und er drückt sie herrlich ohne Umschweife aus. An ihm ist allein das zu tadeln, und dafür kann er nichts, daß er als Biograph Jean Pauls keinen Nachfolger gefunden hat. Das fällt aber auf ihn zurück, auch wenn im Grunde er die 85 Jahre anklagt, die zwischen uns liegen.

machte Lupin in Hof ... einen Besuch bei Herrn Richter, Jean Paul genannt. Richter wartete, als der Mineralog eintrat, soeben auf seine in Butter gesottenen Holundertrauben; daher kam ihm der Besuch nicht sonderlich gelegen. Indes, da der Mineralog von seinen Fichtelberg-Wanderungen zu schwadronieren anfing, glätteten sich doch die Falten auf Richters breiter Stirn, ein Zug am Munde war selbst zum Lächeln hergerichtet ... Es währte indes nicht lange, so gähnte der Hausherr einmal über das andere und sah sich dabei nach der Tür um. Der Fremde verstand den Wink, entfernte sich und dachte: Das ist kein Mensch, mit dem man viel sprechen kann. Dann schrieb er in sein Tagebuch: ›Einen Abstecher zu Richter gemacht, der vieles mir Unbekanntes geschrieben. Er sieht nicht viel gleich; aber so ist es mit gelehrten Männern, sie sehen nicht immer etwas gleich. Wieland, Goethe, Schiller, die ich in Weimar gesehen, sahen auch nicht aus wie Dichter.‹ Schäffler ... erkundigte sich bei dem Hausknechte nach dem, zu dem Lupin gegangen, und der Hausknecht sprach: ›Ein Schulmann; schade, er verlegt sich aufs Trinken.‹

Etwas weniger knechtisch drückt sich Ludwig von Wolzogen später aus: *Auch sah ich hier häufig ... den Dichter Jean Paul, der gerade von einer Reise nach Berlin zurückgekehrt war. Sein überaus lebhafter Geist und seine ungemeine Jovialität machten ihn zum liebenswürdigsten Gesellschafter. Auch verschmähte er die Genüsse des Lebens so wenig, daß ich ihn öfters in ziemlich benebeltem Zustande nach Hause zu bringen die Freude hatte.*

Man muß bei Jean Paul zweierlei Trinken unterscheiden: das in Gesellschaft und das im eignen Haus. Bei sich, das wird man ihm glauben dürfen, trinkt er nur, um sich ins literarische Feuer zu bringen. In einer sonderbaren, sehr rührenden und zugleich ungemein charakteristischen Umkehrung jeder normalen Trinkbegründung sagt er im *Vita-*

Buch (501): Ich habe nie ein Getränk getrunken blos für meinen Geschmack als das Wasser; jedes andere nur für die Wirkung. In Bayreuth beklagt er sich einem Besucher gegenüber sehr verbittert, daß die Bayreuther* das nicht begriffen; die Zeit, die er habe, sei so kurz, er müsse sie nützen, er könne nicht einfach warten. Er experimentiert denn auch ständig herum; neben Kaffee und Bier, die ihn durchs Leben begleiten**, versucht er es frühmorgens mit einer Mischung aus Wasser und Likör, mit französischem Weißwein, dem nach einer Stunde ein Rotwein folgt, mit Tee und Arrak, mit allem möglichen.

Er lamentiert und korrespondiert über Wein, der ihm nicht guttut, über Bier, das schlecht wird***. Gerade den Weinkonsum belegt nichts schöner als diese Bemerkung, die Nerrlich entgangen sein muß: *Was ich für Geld erspare durch Weintrinken, weil ich allezeit den Korkstöpsel behalte – ich könnte reich werden, wenn ich das Trinken mehr ins Große triebe (Gedanken 7, 191 (246)).*

Außer Haus, und wir werden noch sehen, daß er sehr viel außer Haus ist****, ist das anders. Abends und in Gesellschaft ergibt er sich häufig so dem Trunk, daß er dann, wie eine spitzzüngige junge Dame einmal anmerkt, für niemanden mehr brauchbar ist. Über das Trinken von Tee mit Arrak notiert er selber einmal, beinahe resignierend: *Arrak*

* *Bayreuth hat den Fehler, daß zu viele Bayreuther darin wohnen (Gedanken 12, 427)*

** *Trinke ich Kaffee vor Bier: so muß ich oft pissen (Vita-Buch 112)* – eine scharfe Beobachtung!

*** *Nichts ist fataler als wenn gerade die letzte Flasche altes Bier schlecht ist (Gedanken 10, 10).*

**** einmal notiert er sich, man solle die Frauen das häusliche, die Männer das außerhäusliche Geschlecht nennen.

mit Tee ..... Henriette von Knebel schreibt ihrem Onkel: *Ich ehre Jean Paul sehr, aber was mir leid tut, ist, daß er sich dem Trunk so überläßt. Vorgestern hat er sich ganz erbärmlich betragen. Die Gebrüder Pixis von Mannheim sind hier, gaben ein superbes Konzert .... Schuckmanns baten sie zu sich .... und eine kleine Gesellschaft von ihren Bekannten dazu, unter andern Jean Paul und seine Frau. Da sagte er denen jungen Leuten das Verwirrteste, Gröbste, was man einem sagen kann; ich ärgerte mich so sehr über ihn, daß er mir alle Freude störte. Gestern waren wir alle mit noch mehreren zu Kammerdirektor Bomhardt gebeten, wo auch ein Konzert arrangiert war; da machte der gute Richter alles wieder gut, sagte denen Pixis die schönsten Sachen und sprach nicht so unaufhörlich und betrug sich zu meiner großen Freude anständig. Aber ohne der Weinbouteille, einem Glas oder Bierkrug in der Hand sieht man ihn fast nie am dritten Ort, und da läßt er keines Menschen Kind zu Worte kommen.*

Noch moralischer wird die kleine Knebel ein paar Jahre später; da schreibt sie dem Onkel (das ist Goethes alter Freund Knebel): *Jean Paul sehe ich zuweilen, er war noch kürzlich hier, es ist doch ein gar guter Mensch, dessen Phantasie unerschöpflich ist; schade*, daß er sich dem Trunke so unbarmherzig ergibt, er ist öfters schon des Morgens so betrunken, daß gar nichts mit ihm anzufangen ist, und dem schweren Gerstensaft gibt er sich so hin, mir und allen seinen Freunden tut es wehe, zuletzt wirkt es doch unvorteilhaft auf seine Geisteskräfte, dadurch stört er auch das Glück der Ehe. Er hat eine durchaus rechtliche, fleißige, sinnige, kluge Frau, aber sie leben seit Jahr und Tag in großem Unfrieden, was mich bitter betrübt, da ich beiden so zugetan bin. Er kann es nicht über sich gewinnen, sich nur vor Fremden ein bißchen zu scheuen.*

* jetzt redet sie wie der Hausknecht, bloß nicht so kurz.

Wenn ich reden würde wie die Knebel, würde ich sagen: aha, sie hat also immer noch keinen Mann gekriegt. Es ist abscheulich, wie solche Frauen über Jean Paul und uns reden. Erst klatschen sie (ich bezweifle, daß Jean Paul jemals morgens schon betrunken war), dann sagen sie, wie weh ihnen das tue, dann behaupten sie orakelnd, wir würden uns noch dummtrinken, und dann geht es natürlich an die Ehe: diese wunderbare Frau, und dann mit dem Mann! Dann sagen sie, sie sagten das bloß, weil sie uns so lieben, und zum Schluß sagen sie, das sei ja alles nicht so schlimm – aber müsse es denn vor aller Augen sein? Der Teufel, wenn er schon nicht den sogenannten Geschlechttrieb will, sollte wenigstens solche Frauen holen. Hätte Jean Paul seine Werke nicht zustandegebracht, würden solche Frauen schreien: das kommt vom Saufen. Schreibt er aber seine Werke, dann schreien sie: das wird aber bald ein Ende haben, und das kommt dann vom Saufen. Solche Frauen muß man verlorengeben, es ist ihnen einfach keine Vernunft mehr beizubringen. Hätte Jean Paul mit dem Trinken aufgehört und dennoch Werke gemacht, würden sie sagen: siehst du. Und hätte er aufgehört und keine Werke gemacht, würden sie sagen: siehst du. Da hilft einfach nur, daß man unbeirrt und beharrlich weitertrinkt. Mir wird ganz traurig zumute, wenn ich bedenke, daß das Leben ist.

Aber dann sehe ich Jean Paul wieder dasitzen und trinken und hinschreiben, trinkend und trunken hinschreiben: *Bei gewissem Trunke geht oben das Oval der Decke, scharf angeblickt von einer Seite, immer um* ... Die nicht trinken, kennen die Welt nicht.

DAS LEBEN DER GESTORBENEN

Die Leiche wie einen Saukopf, mit einer Zitrone den Würmern anrichten

GEDANKEN 8, 9

Nie vergeht einem die Zeit schneller als wenn man todt ist

GEDANKEN 10, 243 (236)

– ICH KÖNNTE AUCH SAGEN: der Tod der Lebenden. Denn nachdem Jean Paul einige überaus schöne Roßtäuscher- und Schachspielscherze inszeniert hat, beginnt die *Unsichtbare Loge,* dieser hinreißendste Erstlingsroman eines deutschen Autors, mit einer wunderlichen Verquickung beider, nämlich des Lebens und des Todes. Die herrnhutische Mutter hatte ihrer Tochter das Versprechen abgenommen, den Sohn, wenn es einer würde, die ersten Jahre nirgendwo anders aufwachsen zu lassen und zu erziehen als unter der Erde. Das geschieht denn auch bald: *Der Genius zog darauf mit seinem Gustav unter eine alte ausgemauerte Höhlung im Schloßgarten, von der es der Rittmeister bedauerte, daß er sie nicht längst verschütten lassen. Eine Kellertreppe führte links in den Felsenkeller und rechts in diese Wölbung, wo eine Kartause mit drei Kammern stand, die man wegen einer alten Sage die Dreibrüder-Kartause nennte; auf ihrem Fußboden lagen drei steinerne Mönche, welche die ausgehauenen Hände ewig übereinander legten; und vielleicht schliefen unter den Abbildern die stummen Urbilder selber mit ihren untergegangnen Seufzern über die vergehende Welt.* Ein schwarzer Pudel ist da unten noch mit von der pädagogischen Partie. Wenn oben Nacht ist, wird unten ein künstlicher Tag hergestellt; manchmal, wenn unten in der Nacht Gustav schläft, wird er mit verbundenen Augen nach oben ans Licht und zu seinen Eltern getragen, die er nicht kennt; da schlummert er dann im *gegitterten Rosenschatten, ähnlich einem gestorbenen Engel, im unendlichen Tempel der Natur still mit kleinen Träumen seiner kleinen Höhle.*

Acht Jahre bleibt er da, und der Genius erzieht und unterrichtet ihn, wir haben davon schon gehört. Als der Geburtstag näher kommt, sagt der Genius zu Gustav: *Wenn du recht gut bist und nicht ungeduldig und mich und den Pudel recht lieb hast: so darfst du sterben. Wenn du gestorben bist: so sterb' ich auch mit, und wir kommen in den Himmel ... im Himmel ist alles voll Seliger, und da sind alle die guten Leute, von denen ich dir so oft erzählet habe, und deine Eltern ... die dich so lieb haben wie ich und dir alles geben wollen. Aber recht lieb mußt du sein.*

Und der Kleine, in seiner furchtbaren Unschuld, fragt: *Ach wenn sterben wir denn einmal?* Den *Himmellustigen* nennt ihn Jean Paul. Lilien werde er finden, dann sei es soweit, antwortet ihm der Genius; er findet welche und sagt: *Das sind Lilien, die kommen vom Himmel, nun sterben wir bald.* Am Tag vor dem Geburtstag, in der Nacht also, darf Gustav den Himmel offen sehn: der Genius öffnet einen waagrechten Kreuzgang ins Tal hinaus, durch den darf Gustav schauen, *als bloß die weiße Mondsichel am Horizonte stand und wie ein altersgraues Angesicht sich in der blauen Nacht nach der versteckten Sonne wandte ... – und nun siehst du, Gustav, zum ersten Male in deinem Leben und auf den Knien in das weite, 9 Millionen Quadratmeilen große Theater des menschlichen Leidens und Tuns hinein; aber nur so wie wir in den nächtlichen Kindheitjahren und unter dem Flor, womit uns die Mutter gegen Mücken überhüllte, blickest du in das Nachtmeer, das vor dir unermeßlich*

hinaussteht mit schwankenden Blüten und schießenden Feuerkäfern, die sich neben den Sternen zu bewegen scheinen, und mit dem ganzen Gedränge der Schöpfung! – – O! du glücklicher Gustav; dieses Nachtstück bleibt noch nach langen Jahren in deiner Seele wie eine im Meere untergesunkne grüne Insel hinter tiefen Schatten gelagert und sieht dich sehnend an wie eine längstvergangne frohe Ewigkeit....

Vom Genius heißt es: *Er schmückte den scheinbaren Tod zum Vorteile des wahren mit allen Reizen aus, und Gustav stirbt einmal entzückter als einer von uns.*

Dann kommt der Geburtstag, der erste Juni, es regnet zum Glück nicht, und Jean Paul läßt uns die Welt sehen, wie ein achtjähriges Kind sie sähe, sähe es sie zum ersten Male: *als er zu sehen vermochte das grüne taumelnde Blumenleben um sich und die nickenden Lilien, die lebendiger ihm erschienen als seine, und als er die zitternde Blume tot zu treten fürchtete – als sein wieder aufwärts geworfnes Auge in dem tiefen Himmel, der Öffnung der Unendlichkeit, versank – und als er sich scheuete vor dem Herunterbrechen der herumziehenden schwarzroten Wolkengebirge und der über seinem Haupt schwimmenden Länder – als er die Berge wie neue Erden auf unserer liegen sah – und als ihn umrang das unendliche Leben, das gefiederte neben der Wolke fliegende Leben, das summende Leben zu seinen Füßen, das goldne kriechende Leben auf allen Blättern, die lebendigen, auf ihn winkenden Arme und Häupter der Riesenbäume – und als der Morgenwind ihm der große Atem eines kommenden Genius schien und als die flatternde Laube sprach und der Apfelbaum seine Wange mit einem kalten Blatt bewarf – als endlich sein belastet-gehendes Auge sich auf den weißen Flügeln eines Sommervogels tragen ließ, der ungehört und einsam über bunte Blumen wogte und ans breite grüne Blatt sich wie eine Ohrrose versilbernd hing .....: so fing der Himmel an zu brennen, der entflohenen Nacht loderte der nachschleifende*

Saum ihres Mantels weg, und auf dem Rand der Erde lag, wie eine vom göttlichen Throne niedergesunkene Krone Gottes, die Sonne. Gustav rief: ›Gott steht dort‹ und stürzte mit geblendetem Auge und Geiste und mit dem größten Gebet, das noch ein kindlicher zehnjähriger Busen faßte, auf die Blumen hin ..... Schlage die Augen nur wieder auf, du Lieber! Du siehest nicht mehr in die glühende Lavakugel hinein; du liegst an der beschattenden Brust deiner Mutter, und ihr liebendes Herz darin ist deine Sonne und dein Gott – zum ersten Male sieh das unnennbar holde, weibliche und mütterliche Lächeln, zum ersten Male höre die elterliche Stimme; denn die ersten zwei Seligen, die im Himmel dir entgegengehen, sind deine Eltern.

Ich unterbreche hier, damit ich eine andre, ebenso entsetzliche Geschichte bringen kann; es ist die Gegengeschichte zu dieser. Der Leser erinnert sich an das Stückchen aus der *Levana,* über die Kinder, die eigentlich Engel sind; gleich danach folgt der Schluß der Erziehlehre, und ihn bildet die Geschichte von den zwei letzten Kindern, die zu ihren Eltern auf die Erde wollen: *›– Und so geht denn hinunter zur Erde‹, sagte der Geist zu zwei kleinen nackten Seelen, ›und werdet geboren als Schwester und Bruder!‹ – ›Es wird aber sehr schön drunten sein‹, sagten beide und flogen Hand in Hand zur Erde, welche schon im Brand des Jüngsten Tages stand, und aus der die Toten traten. ›Schau doch,‹ sagte der Bruder, ›dies sind sehr lange, große Kinder, und die Blumen sind gegen sie ganz kurz; sie werden uns viel herumtragen und das Meiste erzählen; es sind wohl sehr große Engel, Schwester!‹ – ›Schau doch,‹ antwortete sie, ›wie der große Engel ganz und gar Kleider an hat, und jeder – Und wie überall das Morgenrot auf dem Erdboden läuft.‹ – ›Schau doch,‹ sagte er, ›es ist die Sonne auf den Erd-Boden gefallen und brennt so umher – Und dort macht ein entsetzlich breiter Tautropfe*

feurige Wellen, und wie darin die langen Engel sich herumtauchen.‹ – ›Sie strecken die Hände herauf,‹ sagte sie, ›sie wollen uns eine Kußhand geben.‹ – ›Und schau doch,‹ sagte er, ›wie der Donner singt und die Sterne unter die großen Kinder hüpfen.‹ – ›Wo sind denn aber,‹ sagte sie, ›die großen Kinder, die unsere zwei Eltern werden sollen?‹ – ›Schaust du nicht,‹ sagte er, ›wie diese Engel unter der Erde schlafen und dann herauskommen? – Fliege nur schnell!‹ – ›Nun so seht uns freundlich an, ihr zwei Eltern,‹ sagten beide näher an der flammenden Erde, ›und tut uns nicht wehe und spielet mit uns, aber lange, und erzählt uns viel und gebt uns einen Kuß!‹ Sie wurden geboren, als eben die Welt voll Sünden unterging, und blieben allein; sie griffen mit spielenden Händen nach den Flammen, und endlich wurden sie auch davon, wie Adam und Eva, ausgetrieben, und mit dem kindlichen Paradiese beschloß die Welt.

Ich mag mir keinen Leser vorstellen, dem da nicht Tränen kommen. Es hat aber einen Sinn, daß ich diese Kindergeschichte eingeschoben habe (nein, ich sage doch lieber nicht, daß es immer einen Sinn hat, wenn ich etwas sage), denn Gustavs erstes Gesicht, in dem ich ohne Auslassung fortfahre, wird auch düster: *O himmlische Stunde! Die Sonne strahlt, alle Tautropfen funkeln unter ihr, acht Freudentränen fallen mit dem milderen Sonnenbilde nieder, und vier Menschen stehen selig und gerührt auf einer Erde, die so weit vom Himmel liegt! Verhülltes Schicksal! wird unser Tod sein wie Gustavs seiner? Verhülltes Schicksal! das hinter unsrer Erde wie hinter einer Larve sitzet und das uns Zeit lässet, zu sein – ach! wenn der Tod uns zerleget und ein großer Genius uns aus der Gruft in den Himmel gehoben hat, wenn dann seine Sonnen und Freuden unsere Sinne überwältigen, wirst du uns da auch eine bekannte Menschenbrust geben, an der wir das schwache Auge aufschlagen? O Schicksal! gibst du uns wieder, was wir niemals hier vergessen können? Kein*

Auge wird sich auf dieses Blatt richten, das hier nichts zu beweinen und nichts dort wiederzufinden hat: ach wird es nach diesem Leben voll Toter keiner bekannten Gestalt begegnen, zu der wir sagen können: willkommen? ..... Das Schicksal steht stumm hinter der Larve; die menschliche Träne steht dunkel auf dem Grab; die Sonne leuchtet nicht in die Träne. – Aber unser liebendes Herz stirbt in der Unendlichkeit nicht und vor dem Angesichte Gottes nicht.

Ottomar (der Leser erinnert sich? Der hatte mit dem Tode geredet) hatte nicht hinter den Tod schauen können; es verlangte ihn nun aber nach einer anderen, größeren Welt. Jesus Christus hatte hinter den Tod geschaut, aber es war hinter dem Tode weiter nichts als der Tod, um nur das mindeste zu sagen; denn dadurch, daß hinter dem Tod nur der Tod war, wurde er zu einer entsetzlichen, das Leben im Leben schon vernichtenden, sinnberaubenden Kraft. Christus zerstört das Verlangen, das in Ottomar lebt: ein im Tode geborenes, soll ich sagen: todgeborenes Verlangen? Wenn nun aber der Genius mit Gustav vom Sterben redet, kann er guten Gewissens sagen: danach ist es viel schöner, ja, danach fängt das wahre Leben erst an. Der Tod, der große Schatten, der hier in diesem Leben auf alles fällt, ist für Gustav nur ein Licht, das ihn nach oben lockt. Aber der Genius schmückt eben den scheinbaren Tod zugunsten des wahren mit Reizen aus; er hat gut reden, denn er redet über das Leben, nicht über den Tod; er zieht dem Tod den Stachel, weil er ihn zu einem bloßen Bild macht.

Der Himmel selber ist auch ein Bild, ein Kinderbild, wenn man so will; und die Unsterblichkeit ist dasselbe Bild, bloß für Erwachsene. Wenn nun der große Genius kommt und der Tod kein Bild mehr ist, wenn die Erde vorbei ist

für die, die wir lieben, wenn neben das schöne Leben das Leben voll Toter getreten ist: dann bleibt zunächst bloß das Weinen, und keine Sonne, keine zweite Sonne, leuchtet in unsre Tränen. Die Himmelswelt, die Gustav am Geburtstag betritt, ist schön und neu und voll Liebe gegen ihn, und eigentlich macht erst die Liebe sie zum wahren Himmel, so wie die Liebe die Erde begehrenswert macht für die Geschwister in der Kindergeschichte. Und der Himmel nach dem wirklichen Tod mag ebenfalls noch so schön und neu sein: begehrenswert macht ihn allein die Menschenliebe. Wir wissen nichts über ihn, aber wir lieben hier, und es steckt beinahe ein unheimliches Aufbegehren darin, denn eine Gewißheit kann nicht darinstecken, wenn es nun heißt, daß unser liebendes Herz nicht in der Unsterblichkeit stirbt und nicht vor Gott. Das so emphatisch zweimal ans Satzteilende gestellte Nicht (eine für den jungen Jean Paul ungemein charakteristische Konstruktion) kann eine tröstliche Gewißheit sein, aber es ist eine, die nur das liebende Herz uns gibt, und beinahe, wenn es denn sein muß, gegen die Unsterblichkeit, sollte sie leer sein, und beinahe gegen einen Gott, sollte er uns einsam lassen. Wenn wir keiner bekannten Gestalt begegnen, wenn also unser liebendes Herz nichts gelten soll, dann sind Unsterblichkeit und Gott beide nichts.

Ottomars Geschichte, das hatte ich nachzuholen versprochen, ist als Entsprechung zu Gustavs Geschichte gebaut, aber gegen sie, wie man denn überhaupt*. Ottomar neigt

* nicht denken soll (und jetzt hab ich den Leser in die Katakombenwelt der Fußnoten förmlich hineingenötigt, denn es muß ja endlich wieder losgehen, das mit den Noten meine ich), es sei in diesen Romanen nichts konstruiert und gemacht. Zwar heißt es in der Vorrede

zu todähnlichen Anfällen; er hat einen erlitten, die Welt wähnt ihn tot, legt ihn in einen Sarg und bahrt den Sarg in der Kirche auf. Ottomar hat in den Sarg aber Vorrichtungen einbauen lassen, daß er aussteigen kann, wenn das Leben ihn wiederhaben will. Er kommt aus dem Sarg wie Gustav aus der Erde; aber er kannte die Erde und mußte dann hinunter: für ihn ist der Tod kein bloßes Bild mehr. Und so reizt ihn nicht mehr die Welt mit ihrer Landplage Tod, die ihn doch nur immer wieder in den Sarg stürzen läßt, sondern er will mehr. Und in seinem Ungestüm, in seinem Zorn über den Tod und in seiner Verachtung des Lebens will er, daß dieses Mehr eine Wirklichkeit ist, oder er will eben auch dieses Mehr nicht. Aber im Grund weiß er natürlich und sagt es auch, daß alles Wirkliche, und sei es noch so erhaben und fast unvorstellbar, darin nichts ist als eine Wiederholung dieser Welt, daß es ebenso wie diese Welt zerbrechlich, vergänglich, mit Tod vermischt ist.

zur zweiten Auflage der *Loge,* 1821 ist das, nach beinahe dreißig Jahren also, Jean Paul war durchaus nicht der gelesenste Autor der Zeit: *so lange also, ein ganzes horazisches Jahrneun hindurch, wurde des Jünglings Herz von der Satire zugesperrt und mußte alles verschlossen sehen, was in ihm selig war und schlug, was wogte und liebte und weinte. Als es sich nun endlich im achtundzwanzigsten Jahre öffnen und lüften durfte: da ergoß es sich leicht und mild wie eine warme überschwellende Wolke unter der Sonne* (o je) – *ich brauchte nur zuzulassen und dem Fließen zuzusehen – und kein Gedanke kam nackt, sondern jeder brachte sein Wort mit und stand in seinem richtigen Wuchse da ohne die Schere der Kunst.*

In den *Gedanken* dagegen *(6, 74)* heißt es, 1809: *Existiert nur einmal ein Werk von mir: so ists mir unendlich gleichgültig, welche geistige Mühe und körperliche Opferung es mich gekostet haben möge; – es erscheint mir dann wie auf Flügeln gekommen und ich hielt bloß die Arme unter.* Und nur das sagt er dann und versteckt alles von sich, was nicht Werk geworden ist. Und wir haben ja auch schon gesehen, daß das Satirenschreiben durchaus kein bloßes Herzzusperren war.

Emanuel aus dem *Hesperus,* der große Lehrer und Menschenfreund, den wir schon kennen mit seiner Begeisterung, lebt in dem Gefühl, an einem bestimmten Tage zu sterben. Er lebt auf diesen Tag hin und freut sich auf den Himmel wie Gustav auf die Erde; wenn Gustav himmellustig ist, so ist Emanuel fast himmeltrunken. Nun kommt die Nacht, in der er zu sterben meint; der blinde Flötenspieler* ist bei ihm und Viktor und Klotilde. Ein Gewitter kommt auf: *Der Donner schwieg fürchterlich. Die Natur ordnete stumm ihr Chaos im Gewitter. Kein Blitz schimmerte durch das Trauergerüste am Himmel. Bloß das Totengeläute der Gewitterstürmer sprach noch fort, und der Lichtpunkt rückte noch fort***...

Jetzt folgt eine ganz unerwartet dunkle Stelle, ein Kontrapunkt zu allem, was Emanuel erwartet: *In dieser Ewigkeit-Stille trat Emanuel ohne eine fremde Hand an die hohe Pforte, die schwarz hinaufsteigt über die Zeit.*

Die Stille ist die Sprache der Geisterwelt, der Sternenhimmel ihr Sprachgitter – aber hinter dem Sternengitter erschien jetzt kein Geist, und Gott nicht.

* der Leser erinnere sich bitte an Amandus mit den fast zerschnittenen Augen, an die Augenbinde Agnolas, selbst an die Augenbinde des kleinen Gustav: Jean Pauls Bücher, alle Bücher, sind mit Scheinblinden, Halbblinden, Blinden, Blatternarbigen und Gichtbrüchigen bevölkert. Jean Pauls erste Kinderlieben waren blatternarbig, der kleine Oerthelbruder war an Blattern gestorben, und als Jean Paul einmal in einem Brief an Pfarrer Vogel den Wunsch ausspricht, es möchten doch seine Kinder wieder von den Blattern genesen sein, da war auch von denen eines schon tot.

** der Lichtpunkt findet seine natürliche Erklärung nachher dadurch, daß mit ihm die wilden Engländer unter dem Schutz von Blitz und Donner den fürstlichen Pulverturm in die Luft sprengen. – Gerade jetzt übrigens, wo ich dies schreibe und abschreibe, tobt ein Gewitter über Tübingen, es ist schon sonderbar.

Es kam die Minute, wo der Mensch seinen Körper ansieht und dann sein Ich und dann schaudert. – Das Ich steht allein neben seinem Schatten – ein Schaumglobus von Wesen zittert, knistert und wird niedriger, und man hört die Bläschen verschwinden und ist eines.

Emanuel schaute hinein in die Ewigkeit, sie sah wie eine lange Nacht aus.

Er sah um sich, ob er keinen Schatten werfe – ein Schatten wirft keinen Schatten.

Ach ein Stummer legt den Menschen in die Wiege, ein Stummer drückt ihn ins Grab. – Wenn er eine Freude hat, sieht es aus, als lachte ein Schlafender – wenn er jammert und weint, sieht es aus wie das Weinen im Schlafe. – Wir blicken alle zum Himmel auf und bitten um Trost; aber droben im unendlichen Blau ist keine Stimme für unser Herz – nichts erscheint, nichts tröstet uns, nichts antwortet uns. –

Und so sterben wir .....

Man muß nach solchen Zitaten ja eigentlich nicht mehr beweisen, warum uns Jean Paul so nahe ist. Aber das nur nebenbei, das Gewitter geht weiter, die Todesstunde kommt: ... *Und da es jetzt zwölf Uhr schlug: so breitete er seine Hände verzückt gegen den Himmel, der blau war über dem Berge, und gegen den Mond, der heiter neben dem Gewitter ruhte*, und rief brechend mit seligen Tränen: › – Habe Dank, Ewiger, für mein erstes Leben, für alle meine Freuden, für diese schöne Erde.‹ – ... Die Todesengel standen auf allen Wolken und zogen ihre blitzenden Schwerter aus den Nächten – ein Donner schlug hinter dem andern, wie wenn aufgeworfen würde eine Gefängnistür des Erdenlebens nach der andern.*

* es will im Leser etwas aufsteigen – da ist es: der Mond ist der *Leuchtturm am Ufer der zweiten Welt*: aus dem *Hesperus*, und da sind wir ja jetzt.

Der schreckliche Lichtpunkt hatte sich verkrochen aus der Mitte der Luft in den Pulverturm.

Die Todesstunde war schon vorüber und doch das Leben noch nicht.

Emanuel zitterte sehnend und bange, weil er noch kein Sterben fühlte – bewegte die Hände, als wenn er sie jemand geben wollte – starrte in die Blitze, als wenn er sie auf sich ziehen wollte .....

›Tod! fasse mich,‹ rief er außer sich – ›ihr gestorbnen Freunde! o Vater! o Mutter! brecht ab mein Herz, nehmet mich – ich kann, ich kann nicht mehr leben.‹ – –

Da fuhr ins Gewitter eine lodernde rasselnde Weltkugel hinauf, und der Pulverturm zerschoß wie eine auseinandergesprengte Hölle.

Der Knall warf den flammenden Emanuel erblaßt in sein Blumengrab; der ganze donnernde Osten zitterte; der Mond und der Regenbogen wurden zugehüllt .....

Emanuel ist nicht tot, aber er denkt es. Die Rede ist sonderbar, aber sie wird sich erklären. Die Gewitterreste verfliegen. Endlich wacht Emanuel auf, obgleich man das auch nicht so sagen kann; also folgendermaßen: *Emanuels Augen waren aufgegangen; aber in seinem Gehirn brannte der elysische Wahnsinn, er sei gestorben und erwache in der zweiten Welt. O du Überseliger! dich umfing ja auch ein blinkendes Eden – ach dieses Schimmern, dieses Weben, dieses Duften, dieses Ruhen war zu schön für eine Erde. Der Mond überwebte mit Silberfäden wie mit fliegendem Sommergespinste das Nacht-Grün – von Blatt zu Blatt, von Bäumen zu Bäumen reichte die Funkendecke des überstrahlten Regens – über allen Wassern wankten flimmernde Nebelbänke – ein leises Wehen warf tropfende Edelsteine von den Zweigen in die Silberflüsse – die Bäume und die Berge stiegen wie Riesen in die Nacht – der ewige Himmel stand über den fallenden Funken, über den eilenden Düften, über den spielenden Blättern, er allein unveränderlich, mit festen Sonnen, mit dem ewigen Welten-Bogen, groß, kühl, licht und blau. – So glimmte, so duftete, so lispelte, so zauberte niemals ein Tal .....*

Emanuel umarmte den funkelnden Boden und rief aus der brennenden, der Wonne erliegenden, stockenden Brust: ›Ach ist es denn wahr? halt' ich dich wirklich, mein Vaterland? – Ja, in solchen Gefilden der Ruhe werden die Wunden geheilt, die Tränen gestillt, keine Seufzer gefordert, keine Sünden begangen, da zerfließet ja das kleine Menschenherz vor zu voller Wonne und erschafft sich wieder, um wieder zu zerfließen ..... So hab' ich dich längst gedacht, seliges, magisches, blendendes Land, das an meine Erde grenzt ..... O! liebe Erde, wo bist du wohl?!

Er hob das trunkne Auge in den mit Sternen betaueten Himmel und sah den erniedrigten Mond gelb und matt im Süden hängen; diesen hielt er für die Erde, aus der ihn der Tod in dieses Elysium getragen habe. Hier zerging seine Stimme in Rührung über den geliebten ersten Garten seines Lebens, und er redete die oben über die Sterne fliehende Erde an: ...

– ›Ach, ihr Teuern, mein Horion! Mein Julius! ihr seid noch droben im Gewitter, ihr deckt meinen Leichnam zu, ihr blickt weinend gen Himmel und könnt das Elysium nicht sehen ..... O! daß ihr durch das nasse Gewölk des Lebens schon durch wäret - aber vielleicht hab' ich schon lange geschlafen und gewacht, vielleicht geht die Zeit auf der Erde anders als in der Ewigkeit – Ach daß ihr hernieder kämet in die stillen Gefilde!‹ Er sah im magischen vergrößernden Schimmer zwei Gestalten gehen. ›O wer ists?‹ rief er, entgegenfliegend. ›O Vater! o Mutter! seid ihr hier?‹ – Aber da er näher kam: sank er in vier andre Arme und stammelte: ›Selig, selig sind wir jetzt, mein Horion! mein Julius!‹ – Endlich sagt' er: ›Wo sind meine Eltern und meine Brüder und Klotilde und die

drei Brahminen? Wissen sie nicht, daß ihr Dahore in Elysium ist?‹*

Die Welt, in der Emanuel sich wiederfindet, ist, man denke nur an die Riesenbäume, ganz ähnlich geschildert wie die Welt, in die der auferstehende Gustav tritt. Der wahnsinnige Emanuel verwechselt die beiden Welten; er sieht diese hier und sagt sogar, so habe er sich die andre immer schon gedacht. Er sieht Menschen und denkt, es seien die Eltern im Himmel. Es ist, als wolle er gar nichts anderes als gerade diese Erdenwelt, gesehen freilich mit einem besonderen Blick. Er weiß aber nichts davon. Langsam dämmert ihm, noch kaum, wo er ist, aber doch, daß er nicht dort ist, wo er zu sein wähnt.

Viktor sah trostlos dem wahnsinnigen Entzücken seines Geliebten zu und sagte weder Ja noch Nein. Dieser schauete himmlischlächelnd und liebe-strömend in Julius' Angesicht und sagte: ›Blick mich an, du hast mich auf der Erde nicht gesehen.‹ – ›Du weißt ja, daß ich blind bin, mein Emanuel!‹ sagte der Blinde. Hier floh der Wahnsinnige mit wegzuckenden Augen und mit einem Seufzer gegen den Mond von den Freunden hinweg und sagte leise zu sich: ›Die zwei Gestalten sind nur Schattenträume aus der Erde – ich will sie nicht ansehen, damit sie zerfließen. – So reichet also der Schatten- und der Traumkummer der Erde bis ins Eden herüber. Ich bin wohl noch im Totentraum, denn die Gegend hier sieht wie die Gegenden in meinen Lebensträumen aus – oder ist dieses nur der Vorhof des Himmels, weil ich meine Eltern nicht finde?‹ ..... Er sah gegen die hohen Sterne: ›Wo steh' ich jetzt unter euch? Neue

* Leser, die meinem Rat gefolgt sind und mittlerweile viel Jean Paul gelesen haben, wissen, daß Horion Viktor und daß Emanuel Dahore ist; die andern wissen es wenigstens jetzt. Aber wer jetzt erst anfängt, Jean Paul zu lesen, ist auch zu beneiden.

Himmel liegen an neuen Himmeln. – Ach sehnet man sich hier denn auch?‹

So preist er also den Himmel, weil er der Himmel ist, und preist damit die Erde, die dieser Himmel in Wahrheit ist, er wacht halb auf, sieht, daß sein Himmel wie die Erde ist, und sehnt sich nach einem neuen Himmel, weil die Erde bloß die Erde ist. Bloß die Erde – bloß die Erde ist ihm die Erde aber nur, weil er den Himmel wollte, nämlich anderswo, und nun weiß, daß dies nicht der Himmel ist: sonst wäre sie ihm der Himmel, sie war es ja, bevor er sich an das erinnerte, was er zuvor zu wissen glaubte. Und nun trauert er über dieselbe Sehnsucht, die, ehe sie zum Wissen kam, ihm die Erde als den Himmel gemalt hatte. Er will der Sehnsucht einen Gegenstand geben, und wenn sie allein kommt, sie selbst und ohne seinen Gegenstand, dann erkennt er sie nicht; sie spricht aus ihm, als hätte sie sich erfüllt, die Erde ist ihr Ziel, aber er ist nicht dabei, wenn sie so spricht, und wenn er wieder da ist und selber spricht, trauert er über sie und – sehnt sich von neuem, nach dem Ende der Sehnsucht woanders, dort, wo sie nicht mehr sein müßte.

Und dann träumt er von der Sehnsucht: *Vergehet süßer am Lichte, vergehet süßer am Duft, vergehet süßer an Tönen, sagt eine Stimme, und: Ach! sie wären vergangen und gern vergangen an der Wehmut der Melodie, wenn jedes Herz das Herz, nach dem es schmachtete, an seiner Brust gehalten hätte; aber jedes weinte noch einsam ohne seinen Geliebten fort.*

Endlich schlug die Gestalt den weißen Schleier auf, und der Engel des Endes stand vor den Menschen. Das Wölkchen, das um ihn ging, war die Zeit – sobald er das Wölkchen ergriffe, so würde ers zerdrücken, und die Zeit und die Menschen wären vernichtet.

Als der Engel des Endes sich entschleiert hatte: lächelte er die

Menschen unbeschreiblich lieblich an, um ihr Herz durch Wonne und durch Lächeln zu zertreiben. Und ein sanftes Licht fiel aus seinen Augen auf alle Gestalten, und jeder sah die Seele vor sich stehen, die er am meisten liebte – und als sie einander vor Liebe sterbend anschaueten und aufgelöset dem Engel nachlächelten: griff er nach dem nahen Wölkchen – aber er erreichte es nicht.

Plötzlich sah jeder neben sich noch einmal Sich – das zweite Ich zitterte durchsichtig neben dem ersten, und beide lächelten sich zerstörend an und wurden miteinander höher – das Herz, das im Menschen bebte, hing noch einmal bebend im zweiten Ich und sah sich darin sterben. – –

O da mußte jeder von seinem Ich zu seinem Geliebten wegfliehen und, ergriffen von Schauder und Liebe, die Arme um fremde teure Menschen winden. – Und der Engel des Endes öffnete die Arme weit und drückte das ganze Menschengeschlecht in eine Umarmung zusammen. – Da glimmt, duftet, tönt die ganze Au – da stocken die Sonnen, aber die Insel wirbelt sich selber um die Sonnen – die zwei gespaltnen Ich rinnen ineinander ein – die liebenden Seelen fallen aneinander wie Schneeflocken – die Flocken werden zur Wolke – die Wolke schmilzt zur dunklen Träne. –

Die große Wonneträne, aus uns allen gemacht, schwimmt durchsichtiger und durchsichtiger in die Ewigkeit. –

Endlich sagte leise der Engel des Endes: Sie sind am süßesten vergangen an ihren Geliebten. –

Und er zerdrückte weinend das Wölkchen der Zeit.

Unter dem Traum, es ist Abend geworden, stirbt Emanuel: *siehe da trat der Tod, kalt gegen die Erde und unsern Jammer, eisern, aufgerichtet und stumm, durch den schönen Abend unter die Lindenblüte hin zur überdeckten Seele im beruhigten Leichnam und reichte die verhüllte Seele mit unermeßlichem Arm von der Erde durch unbekannte Welten hindurch ...*

Nein, ich darf den Rest wohl doch nicht unterschlagen: *... in deine ewige warme väterliche Hand, die uns geschaffen hat – in das Elysium, für das du uns gebildet hast – unter die Verwandten unsers Herzens – in das Land der Ruhe, der Tugend und des Lichts .....*

Diese Pünktchen sind von Jean Paul. Ich hätte den Schluß fast unterschlagen, weil er so allzu wohlig und getröstet hineinzugleiten und zu geleiten scheint in das Bild dieses Vaters im Himmel. Unterschlagen hätte ich ihn eben fast, weil er nur wahr ist, wenn alles Vorangegangne und weil alles Vorangegangne auch wahr ist. Aber der Leser ahnt das natürlich schon, und wenn er hier nicht einfach zu lesen aufhört, etwa, weil er sich sagt: na wenn das so ist – dann, also wenn er weiterliest, werden wir die ganze Sache schon noch vollbringen. Mit Gott allein ist ja wirklich nichts getan.

Eine Kleinigkeit noch aus der *Unsichtbaren Loge**. Da kommen einmal ein paar Leute und Jean Paul ins Röpersche Schloß (Röper ist der eklige alte Oerthel): *Als die böheimische Ritterschaft und ich von der Wiese ins Schloß eintraten: so stieß sie und ich auf etwas sehr Schönes und auf etwas sehr Tolles. Das Tolle saß beim Schönen.*

* Gott sei Dank: wenigstens noch eine Fußnote, nämlich aus dem *3. Gedanken-Heft Nummer 985* (und der Leser muß wissen, daß die *Unsichtbare Loge* ursprünglich und in Jean Pauls Aufzeichnungen auch später noch den Titel *Mumien* hat): *Ich kann alle meine Werke, komische und andere wiedermachen, nur die Mumien nicht.*

DER MONDMANN ODER DIE BESTIE

Anfangs will der Mensch in die nächste Stadt – dann auf die Universität – dann in eine Residenzstadt von Belang – dann (falls er nur 24 Zeilen geschrieben) nach Weimar – und endlich nach Italien oder in den Himmel KAMPANER TAL

Das Leben der Großen ist eines, im Eispallast voll Glanz, Durchsichtigkeit und Erfrieren GEDANKEN 12, 135

DIE *Unsichtbare Loge* war also erschienen, der *Hesperus* erschien 1795, und Jean Paul lebte immer noch in der großen Stille des Fichtelgebirges. Er hatte seine erotische Akademie, unterrichtete noch in Schwarzenbach, bis 1794, dann in Hof, wohin er wieder gezogen war; seine Schüler waren hier vier jüngere Geschwister von Mitgliedern der Akademie. Er übte Lieben und Schreiben, las unvorstellbar viel* und schrieb unablässig; in der großen Gesamtausgabe machen die veröffentlichten Satiren, die *Loge* und der *Hesperus* vier starke Bände aus, und bis 1792 waren daneben drei ebenso starke Bände mit Schriften fertig, die er nicht veröffentlichen konnte. Die *Loge* machte ihn in der Hauptsache nur bei denen bekannt, die professionell mit der Literatur zu tun hatten; bei den Hofern war er allmählich aber doch wohlgelitten, seine Freundinnen waren aus den gehobenen Kreisen, und er hatte Freundinnen und Freunde in Bayreuth, der Stadt, die immer mehr (das Motto sagt es)

* in der *Konjektural-Biographie* schreibt er: *es ist unsäglich, was ich in 34 Jahren von heute an bis zum Jubiläum wieder werde gelesen haben*

zum Magneten wurde, der ihn herauszog aus dem Jugendland. Neben den schöner gebauten Maschinen der Engel* bestimmen zwei Freunde seinen Umgang: Christian Otto, dem wir schon begegnet sind, und dann Emanuel Mandel, auch Osmund, ein jüdischer Kaufmann und Güteragent in Bayreuth, ein Mann, dessen Scharfsinn, menschliche Größe und Güte von allen gelobt werden. Im ersten erhaltenen Brief an Emanuel heißt es (30. Oktober 1794): *Es thut meiner ganzen Seele wol, daß Sie mich lesen, Lieber! Ich und Sie gehören zusammen – unsere Bekantschaft ist kurz, aber unsere Verwandtschaft ist ewig – meine Seele ist nicht der Wiederhal der Ihrigen, sondern Echo und Klang fliessen zusammen wenn sie nahe aneinander sind, in der Physik und in der Freundschaft – – Ach in diesem zerstäubenden Leben, in dieser finstern Baumanshöle von Welt, wo Blut wie Tropfstein zu unsern Gestalten zusammentropfet, und wo diese Gestalten so kurz blinken und so bald schmelzen, in diesem schillernden Dunst um uns giebt es nichts stehendes und fortglühendes und nichts was uns Gefühle der Unvergänglichkeit reicht, als ein Herz das geliebt wird und eines, das liebt – Und doch brauchen diese zerfliessenden Schatten ein Dezennium, um einen Bund zu schliessen, und nur eine Minute, um ihn zu trennen! Ich und Sie haben das Dezennium nicht gebraucht.*

Am 16. März darauf: *Es ist so: ich bitte Sie nämlich, die Güte zu haben, mir sobald als möglich englisches Leder zu 1 Paar Beinkleidern zu schicken; oder irgend einen anderen Hosenzeug von ähnlichem Preise, der aber modischer sein muß als die Weisheit. Nur*

* ich muß es wohl doch einmal erklären: *Menschen sind Maschinen der Engel* ist der Titel eines kleinen Aufsatzes von Jean Paul aus dem Jahre 1785. Ich gestehe zugleich – es liest aber ja doch keiner den Aufsatz nach –, daß, wenn das Wort bei mir überhaupt eine Bedeutung hat, diese jedenfalls eine ganz andere ist als bei Jean Paul.

schwarz sei er nicht, weil ich dieses Negerkolorit an keinem Geschlechte liebe als am weissen, ich meine am weiblichen.

Es entsteht eine wunderbare Freundschaft zwischen den beiden. Schon am 3. April kann Jean Paul schreiben: *Für die gelbe Folie, die Sie um meine lilliputischen Schenkel geleget haben, bin ich Ihrer Gütigkeit so viel wie Ihrem Geschmacke verbindlich, der die Einwindelung meines Gebeins so schön besorgte.*

Die Freundschaft hält wirklich bis an Jean Pauls Ende, Osmund, drei Jahre jünger als Jean Paul, ist 1842 gestorben. Zu den engeren Freunden ist dann noch Friedrich von Oertel (also ohne h, ein ganz anderer) zu rechnen, ein Schriftsteller in Leipzig, sowie dessen Bruder Ludwig.

Nach nicht allzu langer Zeit gab Jean Paul seine Unterrichtstätigkeit wieder auf, um jetzt nur noch zu schreiben. *Das Leben des Quintus Fixlein* entstand, er machte sich an die *Biographischen Belustigungen unter der Hirnschale einer Riesin,* ein Werk, das sich im Stil dem *Titan* nähert, das Jean Paul aber, so verheißungsvoll und schön der Anfang war, bald abbrach; der Grund ist wohl, daß einerseits die Idee des *Titan* immer mächtiger in ihm wurde, andererseits, daß er sich jetzt an den *Siebenkäs* machte, das Buch, das die Deutschen dann am meisten liebten. Kleine schon längst fertige Werklein wie den *Wutz,* den *Freudel* und den *Fälbel* will ich später noch einmal aufzählen.

Und dann griff die große Welt nach ihm, nämlich Charlotte von Kalb aus Weimar (verheiratet, unglücklich, wie wir wissen, zwei Jahre älter als Jean Paul, drei Kinder). In einem von verhaltener Glut erfüllten Brief (so Berend) spricht sie Jean Paul von der Begeisterung für ihn in Weimar, der Begeisterung namentlich Wielands, Herders und Knebels (ja, das ist der Mann mit der unwürdigen Nichte, die wir jetzt vergessen wollen); von Goethe und Schiller spricht sie nicht so, die Cliquen waren einander nicht wohlgesonnen. Jean Paul, auflodernd für die herrliche Frau, schreibt sofort zurück: *Ich habe Mühe meinen Dank abzubrechen, da ich nicht weis, ob ich Ihnen frühere Antworten geben darf als mündliche. Wenn ich die hohe Dreieinigkeit der drei grössern Weisen als je aus dem Orient zogen, hören und sehen werde: so werd' ich kaum beides mehr können, sondern vor Rührung und Liebe verstummen. Wolte der Himmel ich wüste die Tagszeit, wo Sie die Blumenstücke lesen: ich würde nicht arbeiten, sondern im Freien herumgehen und nach dem Fürstenthum Weimar sehen und Zeile vor Zeile nachlesen und halb recht froh, halb recht furchtsam sein. Das Schiksal ahme, wie die Dichter die Wirklichkeit in ihren Dichtungen verschönernd kopieren, umgekehrt in Ihrer jenen nach und verwandle jede rote Rose des Lebens, wenn Sie sie weglegen, in die weisse der Erinnerung, damit, wenn Sie nach vielen Jahren sich umwenden, ein grosser weisser Rosengarten hinter Ihnen blühe.*

Mit den drei Weisen meint er Wieland, Herder und Goethe, mit den Blumenstücken den *Siebenkäs;* aber wie legt er los! Was konnte ihn denn aber auch hindern, nach Weimar zu wollen? Am 19. Mai schreibt er an die Verehrte: *Ich komme nicht als ein bescheidner Man sondern als ein demüthiger nach Weimar. Satire wohnt in meiner Feder, nicht auf meiner Zunge, nie in meinem Herzen. Und am 5. Juni: In acht Tagen, gnädige Frau, steh' ich neben Ihrem Stuhl; das Schiksal zeigt spielend mir Weimar bald nah, bald fern, wie den Polarbewohnern die Sonne, die jeden Tag nur die Morgenröthe um 12 Uhr schikt, aber nicht kömt, bis sie am Ende über dem weiten Pol-Schnee aufglänzt. Ich werde immer sehnsüchtiger, je länger es dauert.*

Es dauerte zum Glück nicht mehr lang. Am 10. Juni war er in Jena (an Christian Otto von dort: *Häslicher als jede Phy-*

siognomie ist die des Bieres, blos der Geschmack desselben ist noch abscheulicher als jene), am selben Tag langte er in Weimar an und schreibt sogleich an die Göttin dort: *Endlich, gnädige Frau, hab' ich die Himmelthore aufgedrükt und stehe mitten in Weimar... Sie können zu meiner Himmelfahrt zu Ihnen jede Minute, sogar die heutige, bestimmen.* Zwei Tage später, früh morgens, schreibt er an Christian Otto: *Gott sah gestern doch einen überglüklichen Sterblichen auf der Erde und der war ich ... Sie hat zwei grosse Dinge, grosse Augen wie ich noch keine sah, und eine grosse Seele ... Sie ist stark, vol, auch das Gesicht – ich wil dir sie schon schildern. ¾ der Zeit brachte sie mit Lachen hin – dessen Hälfte aber nur Nervenschwäche ist – und ¼ mit Ernst, wobei sie die grossen fast ganz zugesunknen Augenlieder himlisch in die Höhe hebt, wie wenn Wolken den Mond wechselweise verhüllen und entblössen ... ›Sie sind ein sonderbarer Mensch‹ das sagte sie mir dreissigmal. Ach hier sind Weiber!*

Sie war offenbar sogleich in ihn verliebt, oder gleichsam verschwärmt in ihn, man sagt nicht umsonst und ungestraft dreißigmal, Sie sind ein sonderbarer Mensch, und er ließ es wie immer zu, daß sie alle sich in ihn verliebten. Vielleicht verliebt er sich auch, auf seine, man möchte sagen: abstrakte Weise, denn es ist schon hart, daß er ausrufen kann: *ach hier sind Weiber*. Hinter der simultanliebhaberischen Attitüde lauert aber der Schriftsteller, der sich selber sozusagen gar nichts angeht, und sieht, daß von dreiviertel Lachen die Hälfte Nervenschwäche ist, und daß sie mit den übergroßen Augen irgend etwas Junonisches macht, das ihn an ein Entblößen erinnert. Nein, die Frauen, wenn sie nicht das in keine Dauer zu bannende Vorübereilen mit wenigen Küssen für alles von Glück nehmen wollten, das ihnen erlaubt war, und das waren sie nicht gewohnt, das konnten sie nicht, waren bei ihm von Anfang an verloren. Es war für sie, aber das mußte ihnen wohl verborgen bleiben, etwas vollkommen Unnahbares an ihm, oder in ihm, bei aller seiner Hingebung, seinem Aufsehen zu ihnen, seiner hinterwäldlerischen überwältigenden Kindlichkeit. Man kann aber nicht sagen, daß er mit ihnen gespielt hätte; allenfalls, daß er mit ihnen das Leben spielte, das er fürs Schreiben brauchte. Er liebte sie wirklich, er war ganz dabei und er selber, und blieb doch dahinter allein; er gab sich ihnen, aber der, der gab, war ein anderer als das Gegebene. Einmal notiert er wunderbar scharf: man müsse sich stellen, wie man ist.

Eine gute Woche später hatte Christian Otto den nächsten Brief: *Ich habe in Weimar zwanzig Jahre in wenigen Tagen verlebt – meine Menschenkentnis ist wie ein Pilz Manshoch in die Höhe geschossen. Ich werde dir von Meerwundern**, *von ganz un-*

* *Wenn ein Engel sich über unsern Luftkreis stellte und durch dieses trübe mit Wolkenschaum und schwimmenden Kot verfinsterte Meer herniedersähe auf den Meergrund, auf dem wir liegen und kleben – wenn er die tausend Augen und Hände sähe, die geradeaus waagrecht nach dem Inhalte der Luft, nach Gepränge, fangen und starren; wenn er die schlimmern sähe, die schief niedergebückt werden gegen den Fraß und Goldglimmer im morastigen Boden, und endlich die schlimmsten, die liegend das edle Menschengesicht durch den Kot ziehen; – wenn dieser Engel aber unter den Seetieren einige aufrecht gehende hohe Menschen zu sich aufblicken sähe – und er wahrnähme, wie sie, gedrückt von der Wassersäule über ihrem Haupte, umstrickt vom Geniste und Schlamm ihres Fußbodens, sich durch die Wellen drängten und lechzeten nach einem Atemzuge aus dem weiten Äther über ihnen, wie sie mehr liebten als geliebt würden, das Leben mehr ertrügen als genössen, gleich fern von stehendem Emporschauen und rennendem Geschäftsleben Hände und Füße dem Meerboden ließen und nur das aufwärts steigende Herz und Haupt dem Äther außer dem Meere gäben und auf nichts sähen als auf die Hand, die das Gewicht des Körpers, das den Täucher mit dem Boden verbindet, von ihm trennt und ihn aufsteigen lässet in sein Element ..... o dieser Engel könnte diese Menschen für untergesunkne Engel halten und ihre Tiefe bedauern und ihre Tränen im Meer ..... (Loge 25)*

begreiflichen, unerhörten Dingen (keinen unangenehmen) zu erzählen haben ... Schon am zweiten Tage warf ich hier mein dummes Vorurtheil für grosse Autores ab als wärens andere Leute; hier weis jeder, daß sie wie die Erde sind, die von weitem im Himmel als ein leuchtender Mond dahinzieht ... Kurz ich bin nicht mehr dum. Auch werd' ich mich jezt vor keinem grossen Man mehr ängstlich bücken, blos vor dem Tugendhaftesten. Gleichwol kam ich mit Scheu zu Göthe ... Ich gieng, ohne Wärme, blos aus Neugierde. Sein Haus (Pallast) frappiert, es ist das einzige in Weimar in italienischem Geschmak, mit solchen Treppen, ein Pantheon vol Bilder und Statuen, eine Kühle der Angst presset die Brust – endlich trit der Got her, kalt, einsylbig, ohne Akzent. Sagt Knebel z.B., die Franzosen ziehen in Rom ein. ›Hm!‹ sagt der Gott. Seine Gestalt ist markig und feurig, sein Auge ein Licht (aber ohne eine angenehme Farbe) Aber endlich schürete nicht blos der Champagner sondern die Gespräche über die Kunst, Publikum etc. sofort an, und – man war bei Göthe. Er spricht nicht so blühend und strömend wie Herder, aber scharf-bestimmt und ruhig. Zulezt las er uns – d.h. spielte er uns* (in einer Fußnote von Jean Paul heißt es jetzt: *Sein Vorlesen ist nichts als ein tieferes Donnern vermischt mit dem leisen Regengelispel: es giebt nichts ähnliches*) – *ein ungedruktes herrliches Gedicht** vor, wodurch sein Herz durch die Eiskruste die Flammen trieb, so daß er dem enthusiastischen Jean Paul (mein Gesicht war es, aber meine Zunge nicht, wie ich denn nur von weitem auf einzelne Werke anspielte, mehr der Unterredung und des Beleges wegen) die Hand drükte. Beim Abschied*

* *Göthe fürchtet sich vor jeder fremden Wärme, weil sein Eispallast schmelzen könnte (Gedanken 11, 529 (362))* – nach 1819

** nach Berend *Alexis und Dora;* wenn ich der Leser wäre, würde ich mir das herrliche Stück sofort vornehmen – sonst vergißt sich das im fliegenden Fortgang der Biographie.

that ers wieder und hies mich wiederkommen. Er hält seine dichterische Laufbahn für beschlossen. Beim Himmel wir wollen uns doch lieben. Ostheim sagt, er giebt nie ein Zeichen der Liebe. 1 000 000 etc Sachen hab' ich dir von ihm zu sagen. Auch frisset er entsezlich. Er ist mit dem feinsten Geschmak gekleidet. – – Ich kan hier wenn ich wil an allen Tafeln essen. Ich kam noch zu keinem Menschen ohne geladen zu sein. Als ich ankam am Thore, wurd' es ordentlich der Herzogin gemeldet und am andern Tage wust es jeder. – Ich lebe fast blos von Wein und englischem Bier. – Die Karaktere ›Joachime, Matthieu (der besonders) und Agnola‹ werden hier für wahre gehalten und gefielen gerade am meisten. Im Klub strit man ob Flachsenfingen** ein Abris von Wien oder Manheim wäre wegen des Lokalen – Wieland war des höhnischen Dafürhaltens, Flachsenfingen liege in Deutschland sehr zerstreuet***. – ... Hier sind alle Mädgen schön ... Meine gute Ostheim* (das ist Charlotte) *hat 6 Bout. Wein und englisches Bier für mich zum Frühstück zu Oertel geschikt ...*

* Goethe dagegen zwei Tage später an Meyer: *Richter aus Hof, der allzubekannte Verfasser des Hesperus, ist hier. Es ist ein sehr guter und vorzüglicher Mensch, dem eine frühere Ausbildung wäre zu gönnen gewesen; ich müßte mich sehr irren, wenn er nicht noch könnte zu den Unsrigen gerechnet werden.* – Jean Paul will Goethe lieben, der will ihn zu den Unsrigen rechnen: da war doch eine Welt dazwischen. Im übrigen bin ich aber nicht geneigt, in den Fehler Martin Walsers zu verfallen und Jean Paul gegen Goethe hochzuloben; Goethe hat einfach nicht gemerkt, daß Jean Paul ihm als einziger in Deutschland ebenbürtig war. Jean Paul, der das wußte, notiert einmal, er habe vor Goethe den einzigen Vorzug, daß er dessen Werke zu schätzen wisse.

** Joachime, eine hübsche junge Kokette, Matthieu, ihr wüster Bruder, aus dem *Hesperus;* Flachsenfingen: die Residenzstadt dort. Agnola: sollte meine Parenthese doch stimmen?

*** Im Brief vom 12. Juni an Otto schreibt Jean Paul: *Sie sind alle die eifrigsten Republikaner.*

Ein paar Tage später zählt er dem Freund auf, wo er wann mit und bei wem gegessen hat – er ist herumgereicht worden wie selber ein Meerwunder. Ende des Monats fuhr er nach Jena zu Schiller: *Ich trat gestern vor den felsigten Schiller, an dem wie an einer Klippe alle Fremde zurükspringen; er erwartete mich aber nach einem Brief von Göthe. Seine Gestalt ist verworren, hartkräftig, vol Eksteine, vol scharfer schneidender Kräfte, aber ohne Liebe. Er spricht beinahe so vortreflich als er schreibt. Er war ungewöhnlich gefällig und sezte mich durch seinen Antrag auf der Stelle zu einem Kollaborator der Horen um – und wolte mir eine Naturalisazionsakte in Jena einbereden.*

Ein Jahr vorher hatte er in Bayreuth Kupferstiche von Goethe und Schiller gesehen. Über den Schillers schreibt er an Christian Otto: *Schillers Portrait oder vielmehr seine Nase daran schlug wie ein Bliz in mich ein: es stellet einen Cherubim mit dem Keime des Abfals vor und er scheint sich über alles zu erheben, über die Menschen, über das Unglük und über die – Moral. Ich konte das erhabene Angesicht, dem es einerlei zu sein schien, welches Blut fliesse, fremdes oder eignes, gar nicht sat bekommen**.

* Am Anfang des *Titan* wird Don Gaspard so beschrieben: *Aus einem vertrockneten hagern Angesicht erhob sich zwischen Augen, die halb unter den Augenknochen fortbrannten, eine verachtende Nase mit stolzem Wurf – ein Cherub mit dem Keime des Abfalls, ein verschmähender gebietender Geist stand da, der nichts lieben konnte, nicht sein eignes Herz* (ich möchte eine Note zur Note machen, denn aus Weimar schreibt Jean Paul an Otto, Ostheim habe über Goethe gesagt: er bewundere nichts mehr, nicht einmal sich), *kaum ein höheres, einer von jenen Fürchterlichen, die sich über die Menschen, über das Unglück, über die Erde und über das – Gewissen erheben, und denen es gleich gilt, welches Menschenblut sie hingießen, ob fremdes oder ihres.* – Ich bringe die Stelle nicht, um zu sagen: das ist Schiller – woher Jean Paul die Gesichter seiner Figuren hat, das sollen die germanistischen Papierknisterer herausbringen. Nur: so arbeitet Jean Paul mit Briefen.

Jetzt wollen wir aber die Weimaraner zu Wort kommen lassen. Die in der Fußnote zitierte Briefstelle Goethes war vom 20. Juni. Am 22. schreibt er an Schiller: *Richter ist ein so kompliziertes Wesen, daß ich mir die Zeit nicht nehmen kann, Ihnen meine Meinung über ihn zu sagen; Sie müssen und werden ihn sehen, und wir werden uns gern über ihn unterhalten. Hier scheint es ihm übrigens wie seinen Schriften zu gehen: man schätzt ihn bald zu hoch, bald zu tief, und niemand weiß das wunderliche Wesen recht anzufassen.*

Schiller an Goethe (28. Juni): *Von Hesperus habe ich Ihnen noch nichts geschrieben. Ich habe ihn ziemlich gefunden, wie ich ihn erwartete: fremd wie einer, der aus dem Mond gefallen ist, voll guten Willens und herzlich geneigt, die Dinge außer sich zu sehen, nur nicht mit dem Organ, womit man sieht.*

Goethe einen Tag später an Schiller: *Es ist mir doch lieb, daß Sie Richtern gesehen haben; seine Wahrheitsliebe und sein Wunsch, etwas in sich aufzunehmen, hat mich auch für ihn eingenommen. Doch der gesellige Mensch ist eine Art von theoretischem Menschen, und wenn ich es recht bedenke, so zweifle ich, ob Richter im praktischen Sinne sich jemals uns nähern wird, ob er gleich im Theoretischen viel Anmutung zu uns zu haben scheint.*

Herder an seinen Sohn (1. Juli): *Richter, der Verfasser des Hesperus, ist drei Wochen hier gewesen. Morgen reiset er ab. Er ist ein eigner, genialischer und spiritualer Mann – letzteres im doppelten Sinne des Wortes. Er hat sich hier sehr gut und liebenswürdig betragen.*

Jetzt die Frauen. Karoline Herder an Gleim (24. Juni): *Denken Sie, Jean Paul Friedrich Richter ist seit vierzehn Tagen hier! der beste Mensch, sanft, voll Geist, Witz, Einfällen, das beste Gemüt, und ganz in der reinen Welt lebend, wovon seine Bücher der Abdruck sind ... In Hof ... da wohnt er mit seinen drei*

Freunden, unabhängig, und lebt von seiner Schriftstellerei. In keine andere Verhältnisse wünscht er nicht; er tauge nicht hinein, sagt er und hat auch recht.

Herzogin Amalia von Weimar an Wieland (15. Juli): *Unter den hiesigen Naturerscheinungen, die Ihnen schon bekannt sind, muß ich doch ein neues Phänomen, so gut ich es vermögend bin, beschreiben. Dieses war Herr Richter, Autor des Hesperus. Sollten Sie ihn von ungefähr in einer großen Gesellschaft finden, ohne ihn zu kennen, so würden Sie ihn für einen großen Künstler wie Haydn, Mozart, oder für einen großen Meister in den bildenden Künsten ansehen, so ist sein Blick und sein ganzes Wesen. Kennt man ihn näher, so ist er ein sehr einfacher Mann, welcher mit vieler Lebhaftigkeit, Wärme und Innigkeit spricht. Liebe und Wahrheit sind die Triebfedern seiner Existenz. Er ist so unschuldig wie ein Kind, und so unbefangen.*

Über ein Jahr später schreibt Charlotte von Kalb an Karoline Herder, und ein wenig Verbitterung klingt da mit: *Glauben Sie nicht, daß Jean Paul leicht etwas Leidenschaftliches oder eine Neigung mit in seine Verbindungen oder persönlich individuellen Anteil nimmt. Wir sind ihm alle nur Ideen, und als Personen gehören wir zu den gleichgültigsten Dingen. Ideendarstellung des Lebens in der Masse der ihm bekannten Welt aufzusuchen – das ist's, was ihn reizt, beschäftiget, belebt. Er hat einen sehr freien Sinn und einen unbefangenen Blick; er durchschaut leicht eine Kette von Umständen, die einen Charakter bilden, und dann kann er nicht mehr lieben noch hassen.*

Nach allem, was wir von Jean Paul wissen, müssen wir sagen, daß Charlotte von Kalb sich hier als eine wirklich ganz ungewöhnlich kluge Frau zeigt. Daß Jean Paul einen sehr freien Sinn und einen unbefangnen Blick habe, ist sicher mit großer Bewunderung gesagt; die ersten Sätze dagegen, so erhellend sie sind, sind doch die Sätze einer Zurückgestoßnen, wenn auch einer großen und leidenschaftlichen. Die beiden andern Frauen sprechen übereinstimmend von seiner Kindlichkeit und Unschuld und Unbefangenheit.

Goethe und Schiller und, aus der andern Clique, Herder haben alle den gleichen, sie alle leicht irritierenden Eindruck: Schiller redet von einem, der vom Mond gefallen ist, Goethe von einem theoretischen Menschen, Herder von einem spiritualen (das doppelt spirituale bezieht sich wohl auf die vielen Bouteillen Wein und das englische Bier – gute Trinker entbergen sich am freiesten da, wo sie sich geliebt und gewürdigt fühlen). Diese drei so eminent klugen und scharfsichtigen Männer merken beim ersten Augenschein, daß mit dem Menschen Jean Paul, nun ja, wenn sie wie Sterbliche redeten, hätten sie vielleicht gesagt: etwas nicht stimmt; aber da sie so fortwährend Bleibendes schreiben, sagen sie ungefähr: daß er, dieser ›sonderbare Mensch‹, in bestimmter Hinsicht nicht eigentlich lebt, nicht eigentlich von dieser Welt ist. Es scheint ihm alle residenzstädtische, bürgerliche Substanz und auch Seriosität zu fehlen, aber so, als begehrte er davon auch nichts. Weiter denken die Olympischen nicht über ihn nach, warum auch; aber Charlotte von Kalb, die von ihm so schmerzlich Tangierte, tut das und gewahrt etwas fast Unerbittliches hinter dem Schein der Harmlosigkeit und geselligen Unschuld. Sie sieht den ungeheuer freien Geist dahinter und diese große Unbefangenheit; und Unbefangenheit ist eben dieses vom Leben gelöste Leben, dieses Freisein vom Bedürfnis nach Leben.

Diese ganz ungewöhnliche Frau ahnt offenbar, beinah als

einzige, noch etwas anderes: nämlich Jean Pauls unerhörtes Selbstbewußtsein. Ich glaube eigentlich nicht, daß Jean Paul mit seiner Selbsteinschätzung allzusehr hinterm Berge gehalten hat; nur wird er sich wieder einmal fortwährend nur so gestellt haben, wie er im Grund war, und dann konnten sie alle leicht darüber hinweggehen und sich augurisch geben. Als Jean Paul zwei Jahre später, ehe er dann nach Weimar übersiedelte (der Leser weiß halt so manches noch nicht), wieder einmal bei Goethe zu Besuch gewesen war, schrieb dieser an Schiller: *Aber woher die Stimmung nehmen!?!? – Denn da hat mir neulich Freund Richter ganz andere Lichter aufgesteckt, indem er mich versicherte (zwar freilich bescheidentlich und in seiner Art sich auszudrücken), daß es mit der Stimmung Narrenspossen seien, er brauche nur Kaffee zu trinken, um, so grade von heiler Haut, Sachen zu schreiben, worüber die Christenheit sich entzücke.*

Das klingt sehr authentisch. Aus demselben Jahre gibt es noch eine hübsche Geschichte von Friedrich Schlegel: *Friedrich Richter ist ein vollendeter Narr und hat gesagt, der ›Meister‹ sei gegen die Regeln des Romans. Auf die Anfrage, ob es denn eine Theorie desselben gebe, und wo man sie habhaft werden möge, antwortet die Bestie: ›Ich kenne eine, denn ich habe eine geschrieben.‹**

* Schlegel gehört bekanntlich zu den Romantikern. Wie Jean Paul zwischen oder neben oder unter oder über Klassik und Romantik steht, das ist zweifellos ein schönes Thema, leider gehört es wieder zu denen, für die ich mich nicht erwärmen kann. Mein Essay verliert dadurch für die Fachwelt wieder ganz gewaltig an Wert, aber die Fachwelt kann sich ihre Bücher selber schreiben. Die Fachwelt interessiert sich meist für die falschen Themen, später führe ich noch ein solches Thema vor, und sie interessiert sich bei diesen Themen für das, was sich nach ihren Regeln beweisen läßt. Ich interessiere mich mehr für das, was sich nicht nach diesen Regeln beweisen läßt.

Jean Pauls Selbstbewußtsein lag nicht bloß darin, daß er sich für so gut hielt wie die andern, sondern daß er sich von ihnen auch sehr unterschied. Es wird (immer bei Berend, *Jean Pauls Persönlichkeit*) von einem Gespräch zwischen Wieland und Jean Paul berichtet. Wieland hatte sie als große Vorbilder gerühmt, worauf Jean Paul gesagt haben soll: *Ich lasse die alten Griechen gelten, was sie sind, aber es sind doch sehr beschränkte Geister. Welche kindische Vorstellungen haben sie von den Göttern! Wars möglich, daß sie dabei edlere und tiefere Gefühle der Menschheit hatten?* Wieland habe die Griechen darauf das vollkommenste Urbild jugendlicher Menschheitsbildung genannt, und jetzt Jean Paul: *Aber jene Jugendzeit ist vorbei, und wir sind Männer geworden. Christliche Titanen haben längst den heidnischen Himmel erstürmt und die Götter desselben in den Tartarus gestürzt. Über uns hat sich ein unendlicher Gotteshimmel und unter uns eine unergründliche Tiefe der Menschheit aufgetan. Passen dafür noch die kleinlichen Formen und Schönheitsspielereien der alten Griechen?* Das kann dem griechenverehrenden Wieland natürlich nicht anders als mächtig in die Knochen gefahren sein, und auch den Dioskuren werden ganz schön die Ohren geklingelt haben. Wieland aber, ein Bewunderer Jean Pauls und ein liebenswürdiger, an sich haltender Mensch dazu, soll das Gespräch so kommentiert haben: *Mit einem Wort, Jean Paul hält die Griechen für Kindsköpfe. Ich war nahe daran, mich über ihn zu ärgern, besann mich jedoch noch zu rechter Zeit, daß er das Recht hat, er selbst zu sein, und daß das, was ich an ihm vermisse, und was mich zuweilen toll machen möchte, von vielem Hohen und Vortrefflichen mehr als ersetzt wird. Einem Geiste seiner Art griechischen Geschmack beibringen zu wollen, hieße einen Mohren weiß waschen. Er hat auch eine in der Tat göttliche Beglaubigung, zu sein, was er ist.*

Aber man sieht, daß sie ihn in Weimar nicht eigentlich verstehen konnten. Es dreht sich in einem auch, gerade wenn man Jean Paul sagen hört, es habe sich unter uns eine unergründliche Tiefe aufgetan, blitzartig, wenn auch vielleicht nur einen Moment lang, das Bild der Weimarer Szene völlig um: plötzlich ist Jean Paul der Mann dort, und die andern spielen ihre Klassik-Spiele und ihre Griechen-Spiele und ihre ganze schöne und schwermütige und tiefsinnige Romantik. Natürlich ist auch dies umgekehrte Bild nicht ganz das wahre, aber es korrigiert doch sehr die Vorurteile und kann einen auf die Idee bringen, daß das Etikett des Humoristen irgendwie am falschen Mann klebt.

Und es tritt noch etwas anderes hervor. Dazu wollen wir Jean Paul jetzt wieder mit unsern eignen Augen ansehen. Er war also mit sechzehn Jahren davon durchdrungen, Schriftsteller werden zu wollen und zu sollen, und zwar ein großer. Von diesem Augenblick an richtet er sein ganzes Leben darauf ein: das beginnt mit dem Anlegen von Exzerpt- und Briefkopierbüchern, geht weiter mit seinem polizeiwidrigen Studieren, mit seinem Willen (der alles andere als ein bloßer Unwille ist), kein Amt anzunehmen. Es kommen dann diese unendlich langen Jahre des einsamen Arbeitens (ich habe von Faulheit geredet, aber diese Faulheit ist die eigentliche Arbeit in der Arbeit), dieses schreibenden Sichentäußerns und Sicheinlassens auf die Welt. Dazu gehört dieser eigensinnige und völlig selbständige Versuch, das Ich und die Welt ohne Theorie einander anzunähern, dieser Versuch, das Ich, das spricht, etwas anderes und mehr sein zu lassen als ein Individuum. Das Ich, das in den Romanen redet und ihm den Tadel der Subjektivität eingetragen hat, ist der Ausdruck der selbstlosesten Objektivität:

Jean Paul beschreibt genau, was er sieht, und er hat keine Theorie, wonach er die Welt anders, wahrer, objektiver, aussehen lassen könnte. Das unterscheidet ihn auch von Sterne und Swift und dem Deutschen Hippel*: sein Geist hat sich zwar spöttisch und satirisch über die Welt erhoben, dann aber ist er gleichsam wieder eingesunken in die Welt und beleuchtet sie jetzt nicht bloß von oben, sondern durchglüht sie.

Das Ich ist noch sehr viel weitergegangen, es hat sich im Antizipieren fast vom Leben losgesagt, und dann hat der Tod ihm die Erfahrung gemacht, was es mit dem Leben überhaupt auf sich hat. Die schriftstellerische Selbstausbildung beruht darauf, daß er schreibend leben will; die Erfahrung mit dem Tod entfernt ihn ganz vom Gang des Lebens. Nach Weimar kommt er als der professionellste Schriftsteller, den es damals gab, und als jemand, dem mit

* zur Frage der Vorbilder und Einflüsse literarischer Art äußere ich mich ebenfalls nicht. Natürlich hat Jean Paul überall gelernt, er war sich auch darüber im klaren, daß man überall in seinen Werken andere Autoren suchen und finden kann; einmal sagt er *(Gedanken 1, 207): Es ist so viel geschrieben worden, daß kein Mensch mehr weiß ob er nachbetet* (übrigens ist der einzige, der sich das unter den neueren Deutschen zu Herzen genommen hat, so sehr, daß er's fast als Arbeitsprinzip verwendet, Arno Schmidt, natürlich). Gewiß steckt zum Beispiel Hippel in ihm (Hippel sei ein heiliger Geist, in den der Teufel gefahren sei, notiert er einmal); bloß steckt in Hippel eben nicht er. Was die Kunst angeht, und in der Philosophie ist es dasselbe, so gibt es tatsächlich nichts Dümmeres unterm Monde als die Philologen. Sie sind, im schlechten, im ganz schlechten Sinne, die unernsthaftesten Menschen, die es gibt, sie vertun ihr Leben wie sonst kaum einer. Es steht für sie keiner einfach da, sondern jeder steht bloß auf Schultern; mit furchtbarem Sarkasmus schreibt Jean Paul ihnen einmal auf *(Gedanken 8, 116 (300)): Jeder steht auf Schultern, ich kenne nur einen, der auf keinen steht, die unendliche Schulter.*

dem Leben nicht mehr zu helfen ist. Das sind zwei Dinge, die nicht zusammengehören müssen, die zusammen bei ihm aber machen, daß er bald ein vom Mond Gefallener, bald eine Bestie, bald ein Kind ist und immer einer, der in die Welt, wie sie damals war, nicht paßt, so wenig paßt, daß er aus einer andern zu kommen scheint. Und da er so sehr (ich will es jetzt sagen) einer von uns zu sein scheint, sehen die andern von damals jetzt mit einem Male, wie soll ich sagen: so weit weg aus, so puppenverspielt in ihre Pracht und Würde, so sonderbar heiter und sonderbar schön. Das ist ungerecht gegen sie, aber wozu dauernd erstens diese Gerechtigkeit, und zweitens sind das ja nur Versuche, das Bild neu zu ordnen, weil der Blick sich verändert hat.

Es ist nicht leicht, sich diesen Menschen in Weimar vorzustellen, es ist aber leicht, sich vorzustellen, daß ihn niemand eigentlich erkennen konnte. Die Herzogin von Weimar schreibt an Wieland: *Er hat hier bei allen unsern Genies jeder Art große Sensation gemacht, und man hat ihm, was viel ist, alle Gerechtigkeit widerfahren lassen* – in der Tat, das war viel, aber es hieß eben nichts. Mehr konnte er aber beim besten Willen nicht erwarten, und so festigte sich in ihm die Idee, hier sei es gut für ihn, hier könne er leben und schreiben. Im November 1797, beinahe bei Nacht und Nebel, zieht er um nach Leipzig, dort lernte er den wilden Geiger Thierot kennen (*noch um 8 Uhr kam zu mir ein Mensch ohne Hut, mit staubigem Haar, aphoristischer Stimme und Rede, frei und sonderbar, Thierot, ein Violinist und Philolog, und machte den beschwerlichen Sonderling, weil er mich für einen hielt* – Thierot über den Besuch: *ich fand ihn zu vernünftig und mich zu toll* –, später gibt es zwischen beiden einen dieser Briefwechsel, für den die Philologen das Wort fruchtbar erfunden haben), im

Jahr darauf besucht er Dresden, Halberstadt (Gleim wohnte dort), noch einmal Weimar, und im Oktober übersiedelt er ebendorthin. Und jetzt endlich haben wir ein Bild von ihm, Pfenninger* hat es gemalt, und der Leser, eine schöne Sache dies von der Seite des hochherzigen Verlegers, findet es vorn auf diesem Buch.

Den Mund zumal, denke ich mir, kann Pfenninger nicht erfunden haben: einen durchaus sinnlichen Mund, aber mit einem Zug daran, als sei er dieser Bestimmung ganz entzogen worden. Es ist nichts Abweisendes daran, sondern eher ein verlerntes Verlangen, am Ende schließlich doch ein Beiseitestehen des Mannes dahinter. Im ganzen Gesicht ist viel mehr Vergangenheit als Gegenwart, Spuren von Entbehrungen sind darin. Die Verletzlichkeit eines Mannes mit diesem Gesicht muß gewaltig sein, aber auch der Raum, den er um sich hat und der ihn schützt; dennoch, die Furcht, verletzt zu werden, ist geblieben. Fast spiegelt sich in dem Gesicht so etwas wie eine Wehmut, kein anderer sein zu können. Aber die Einsicht und das Einverständnis sind ebenso da, und durch beides hindurch eine fast schmerzende, ihn und mich schmerzende Furchtlosigkeit gegen alles, was die Augen sehen müssen. Es bleibt nicht verborgen, daß der Geist hinter diesen Augen sich hinter diesen Augen verbirgt; man sieht sein Sehen, aber nicht, was er tun wird.

* an den wunderbaren Mumenthaler, einen Schweizer, der ihm aus Bewunderung und weil er Bücher wollte einen riesengroßen (Schweizer) Käse geschickt hatte, schreibt er 1814: *Alle größeren Bilder und Kupferstiche von mir – besonders die Pfenningers – sind Zerrbilder meines armen Gesichts.* Als er gemalt war, war er weniger skeptisch, seine Freunde fanden das Bild, anfangs wenigstens, ziemlich gelungen.

WAS TAT ER DENN NUN?

Wenn er nicht zufällig in Baireut wäre, wüßte er gar nicht, daß es eins gebe; und wo es liegt, weiß er noch immer nicht
GEDANKEN 10, 19

Er reiste und wohnte immer wieder woanders. Körte, durch ihn haben wir den Wetterpropheten im andregen kennengelernt, will ihn beim Altvater Gleim in Halberstadt gesehen haben: *Von einem Ausfluge nach dem benachbarten Harze zurückgekehrt, fand ich daheim einen jungen, hagern, schlanken Mann mit hochblondem Haar, das ihm frei auf die Schultern hing, in leichtes Sommerzeug gekleidet, in Schuhen und weißen, baumwollenen Strümpfen*; er war im lebhaftesten Gespräch mit dem Altvater und den Nichten; als ich aber eintrat, fragten sie mich alle, freudig aufgeregt, wie aus einem Munde, indem sie mich dem Fremden vorstellten: ›Wer ist das?‹ Ich aber, als Zweiundzwanzigjähriger nicht weniger für Richter entbrannt als der neunundsiebenzigjährige Altvater, fiel dem Fremden um den Hals: ›Das ist unser lieber, teurer, heiß ersehnter Richter!‹ Denn ich erkannte ihn alsbald aus dem Bilde, welches im Hause vor einigen Monaten feierlich war aufgestellt worden. Richter, im Innersten gerührt, sah den jungen Enthusiasten mit seinen wunderschönen, tiefblauen Augen seelenvoll an …*

Gotthilf Heinrich Schubert will ihn in Weimar gesehen haben: *Jean Paul Richter, der berühmte Schriftsteller, den ich bei Herder kennen lernte, ist ein seltenes Genie. Sein Äußeres ver-*

* *Ich möchte wissen, woher das elende Wort ›Strumpf‹ käme! (Gedanken 7, 462 (511))*

spricht wenig: blasses Gesicht, kleine, trübe, zerflossene Augen, Blatternarben.

In Weimar auch Charlotte von Stein: *Sie redeten so heftig untereinander, besonders Richter, daß ich vor lauter Schallen keinen Gedanken vernahm. Richter hatte sich in einer sonderbaren, eckigen Stellung so über Meyer hergelegt, welcher saß, daß wir nichts mehr von diesen zweien als Richters hintere Taille sahen. Übrigens scheint er ohne alle Prätention, sagt auch in der gewöhnlichen Unterhaltung vortreffliche Sachen, aber dann und wann kommt eine karikaturhafte Pantomime hervor, die ihm etwas Ungraziöses, ja sogar etwas Verrücktes gibt.*

Und Karoline Herder: *Jean Paul ist nichts weniger als kränklich, d.h. hektisch. Sein Geist ist freilich seinem Lebensalter vorangesprungen und hat die edle Lebenskraft im Hirn konzentriert; daher sieht er denn so – manchmal – einem jungen Greis ähnlich.*

Friedrich Karl von Savigny entdeckt ihn in Gotha: *... er ließ sich gerade malen, und ich konnte ihn also nach Wunsch betrachten. Über sein Auge hat die Natur einen Schleier gezogen, tief hinter ihm entdeckt man den regen, lebendigen Geist; dies und das unausgesetzte Spiel seiner weichen Muskeln macht das Treffen unendlich schwer, wie er denn auch hier ganz verfehlt wurde; alle Kupferstiche stellen uns nichts von ihm dar als – sein Haar.*

In Berlin im Jahre 1800 erblickt ihn Karoline Mayer, seine alsbaldige Frau: *Wie er so sagt: ›es ist recht schön‹ und wie er einem das Haar von der Stirn streicht – und frägt: ›ist Ihnen wohl?‹ und wie sein Auge, wie von einer Entzückung gehoben, mit einer Träne aufblickt, und wie ein scharfer Gedanke es dann wieder so hell erleuchtet! Gott, liebe Minna, dann möchte man vergehend vor ihm niederfallen. Mir war nichts interessanter, als so den Wechsel seiner Ideen und Empfindungen zu beobachten; konnte man nicht alles auf seinem Gesicht lesen? – Ach und die Güte, die Liebe, das ist mehr als alles! Jetzt kann ich mir die von Christus erzählten Wundergeschichten erklären.*

Christiane Vulpius hatte zwei Jahre vorher folgenden Eindruck, brieflich Goethe gegenüber: *Gestern abend war ich bei der Maticzek, und wir saßen ganz ruhig und nähten. Auf einmal kam Herr Richter, und er hat uns bis 10 Uhr recht artig unterhalten. Aber, unter uns gesagt, er ist ein Narr; und ich kann mir nun denken, wie er bei den Damen Glück macht. Ich denke, ich und die Maticzek, mir wollen noch oft unsern Spaß haben.*

In Coburg sieht ihn dann Friedrich Hofmann (seine Mutter, damals fünfzehn, war Dienstmädchen bei Richters, sie sieht ihn also wohl): *Jean Paul wohnte in Koburg in dem später so genannten Prätoriusschen Hause in der Gymnasiumsgasse. Wie er aber stets für sein geistiges Schaffen während der schönen Jahreszeit auf eine freundliche Stätte in der freien Natur bedacht war, so hatte er mit seinem feinen Naturkennerauge bald auch in der reizenden Umgebung Koburgs das rechte Fleckchen für sich herausgefunden: das Gartenhaus auf der vordern Koppe des sogenannten Adamiberges. Wie später von Bayreuth aus in die Rollwenzelei, so pilgerte er jeden Morgen von Koburg aus zu dieser Höhe. Im grauen Rock, eine Blume im Knopfloch, eine Mappe unterm Arm, den Stock in der Hand, auf dem Haupt die Mütze mit dem großen Schild, so sah man ihn den regelmäßigen Gang am Morgen dahinwandeln.*

In Erlangen hat er das Unglück, Herrn Professor Le Pique zu begegnen: *Um zehn Uhr nämlich trat Mehmel in mein Haus und an seiner Seite, begleitet von einem trefflichen Spitz, dieser Jean Paul, dessen Äußeres mir allerdings bei dem ersten Anblick die Seltsamkeit seines inneren Menschen in etwas abspiegelte. Zuerst von seinem äußersten Äußern! Er trug Stiefel, lange Hosen, jedoch nicht lang genug, um in die Stiefel hinabzureichen, eine* *nicht sehr weiße Weste, einen blauen, schon etwas verschlissenen Rock mit schwarzsamtnen Kragen*. Er ist von mittlerer Größe und recht wohl gebaut. Sein Gesicht ist nicht schön, doch auch nicht unangenehm; en profil gefiel es mir viel besser als en face. (Der Kupferstich in der Eleganten Zeitung ist ziemlich getroffen; der vor dem Hesperus gleicht ihm auch nicht in einem Zuge.) Seine Augen sind blau; es herrscht in ihnen kein flammendes oder blitzendes, sondern ein düster und matt glühendes Feuer. Doch sehen sie nicht starr, sondern rollen vielmehr, wiewohl nicht auf die äußern Gegenstände verschweifend, in unsteter Bewegung. Seine Stirne ist ungewöhnlich hoch und in ihrem Bau Kirchenrat Miegs ähnlich. Er hat eine starke Glatze; nicht in der Farbe, welche schwärzlich ist, sondern in dem Wuchse gleicht sein Haupthaar Professor Daubs. Er ist nicht gerade dick, doch auch gar nicht so mager, als ich mir nach einer Äußerung in den Biographischen Belustigungen vorgestellt hatte, wo er sagt, er habe nicht so viel Fett auf dem Leibe, daß man damit eine Nachtlaterne so lange brennend erhalten könne, als die meisten Polizeiverordnungen begehrten, nämlich von 10 bis 1 Uhr. Aber sein Fleisch ist aufgedunsen und schwammicht, welches besonders an den Händen, die viel zittern, auffällt. (Er ist jetzt 41 Jahre alt.) In der Art, seinen Körper zu tragen, herrscht eine eigne Beweglichkeit, die jedoch sehr verschieden ist von der trippelnden mancher Stutzer, besonders der vorigen Zeit, wo petit maître weniger treffend durch Zierbengel übersetzt ward als heutzutage. Er verändert jeden Augenblick seine Stellung, oder hebt wenigstens einen Fuß um den andern auf, geht hin und her usw. Seine Mundart, die vogtländische, klingt nicht sonderlich angenehm; als ich ihn*

** Künftig lass' ich mir den Schlafrock nach der Regel des Gebrauchs machen. Wozu am Ende des Ärmels die lange Besatzung? Sie sei blos eine Naht? Wozu dann Kragen? pp. – Kurz ich lasse mir einen Rock machen wie er sein soll (Gedanken 5, 980).*

Mädichen, Bändichen sagen hörte, konnte ich mich des Gedankens an die jenaischen Kümmeltürken nicht erwehren. Wer die Kümmeltürken sind, weiß selbst Berend nicht.

Soviel für jetzt. Spitze waren fortan seine ständigen Begleiter. Kaum hatte Jean Paul sich in Bayreuth niedergelassen, da sah Osmund sich gedrungen, an Thierot zu schreiben: *Der Spitz ist blind geworden, davongelaufen und hat den Weg nicht wieder nach Hause gefunden. Richter hat ihn auch nicht suchen lassen, aber einen neuen Spitz und einen Kanarienvogel. Diesen kauft' ich ihm geschwind – er singt himmlisch –, um ihn von jenem dadurch abzuhalten, weil ich dachte: wer eine so liebenswürdige Karoline (die keinen Hund leiden kann), drei dergleichen Kinder und einen singenden Kanarienvogel hat, könnte wohl einen Spitz entbehren. Der Heinrich mußte aber gestern schon einen Spitz für zwei Gulden verschaffen. (P.S. Der alte ist wieder da, also zwei.)*

In Leipzig war er wieder in sehr komplizierte erotische Verhältnisse geraten, in Weimar wäre er fast Herders Schwiegersohn geworden, in Hildburghausen verlobte er sich, bekam den Titel eines Legationsrats, die adlige Familie wollte ihn aber trotzdem nicht haben, und ehe er dann nach Berlin ging, wäre er fast wieder hängengeblieben. Es waren aber wohl weder die Frauen noch das Bier, die ihn von Ort zu Ort trieben. Nach Berlin war er Mitte 1800 nur zu Besuch gefahren, wurde dort aber so begeistert aufgenommen (der *Siebenkäs* und der erste Band des *Titan* waren mittlerweile erschienen), sogar von der Königin Luise empfangen, daß er von Weimar wegzugehen beschloß. Noch nie hatte ihm alles so zu Füßen gelegen wie hier (das sagen alle, die über Jean Paul schreiben, ich kann mich da einfach nicht entziehen); das Leben hatte größere Dimensionen, die Salons der Rahel Levin-Varnhagen, Henriette Herz und der Gräfin Schlabrendorf standen ihm offen, er verkehrte mit Fichte, Schleiermacher, Tieck.

Viel Glanz umgibt da nun den gewesenen Kandidaten Richter, den Hinterwäldler aus dem Fichtelgebirge. Ihm könnte sein, als lebe er doch. Keiner kennt ihn wirklich, keiner weiß genau, was er eigentlich schreibt (den *Titan,* und es wird sich zeigen, daß dieser gewaltige Roman bei den Leuten nicht ankommt, die Leute haben ihn festgelegt, sie wollen Idyllen – oder was sie dafür halten –, und sie wollen Humor, sie wollen arme fröhliche Kleinstadtschlucker), aber dies ganze Geliebtsein tut ihm unendlich wohl. –

Er blickte umher und glaubte in einer fremden Welt zu stehen; im Himmelsblau rauschte wie ein Geist ein unsichtbarer Sturm ohne Wolken – lange Hügel-Reihen funkelten bewegt mit roten Früchten und roten Blättern, aus den bunten Bäumen wurden glühende Äpfel geworfen, und der Sturm flog von Gipfel zu Gipfel und herunter auf die Erde und rauschte durch den langen aufgewühlten Strom hinab. Wie wenn Geister um die Erde spielten oder auf ihr erscheinen wollten, so seltsam schien die helle Gegend bewegt und erleuchtet …

Es hatte geregnet, eine laue Luft flatterte von den Zypressenhügeln durch das Tal und durch die Wein-Gehenke der Maulbeerbäume her und hatte sich zwischen Blüten und den Früchten der Pomeranzen durchgedrängt – der Adigo schien wie eine geringelte Riesenschlange auf der vielfarbigen Landschaft an den Landhäusern und Olivenwäldern zu ruhen und Regenbogen aneinanderzusetzen. – Das Leben spielte im Äther – nur Sommervögel schweiften in dem leichten Blau – nur der Venuswagen der Freude rollte über die sanften Hügel …

… so war es Albano, als sei ihm das lästige Gepäcke des Lebens in die Wellen entfallen und die aufrechte Brust sauge weit den küh-

len, von Elysium her wehenden Äther ein; – über dem Meere drüben lag die vorige stürmische Welt mit ihren heißen Küsten ...

Hier vor dem kühlenden See-Zephyr war das Einschlummern schon der Schlummer, und das nachklingende Träumen schon der Schlaf. Sein Traum war ein unaufhörliches Lied, das sich selber sang: der Morgen ist eine Rose, der Tag eine Tulpe, die Nacht ist eine Lilie, und der Abend ist wieder ein Morgen ...

Indem er über das Meer hinblickte, dessen Küsten in die Nacht versunken waren und das unermeßlich und finster als eine zweite Nacht dahinlag: so sah er zuweilen einen zerfließenden Glanz darüberschweifen, der immer breiter und heller floß. Auch zeigte sich eine ferne Fackel in der Luft, deren Lodern lange Feuer-Furchen durch die flimmernden Wellen zog. Es kam eine Barke näher mit eingezognem Segel, weil der Wind vom Lande ging. Weibliche Gestalten erschienen auf ihr, worunter eine nach dem Vesuv gewandte von königlichem Wuchs, an deren rotem Seidenkleide der Fackelschein lang herunterfloß, das Auge festhielt. Wie sie näher schifften und das helle Meer unter den schlagenden Rudern auf beiden Seiten aufbrannte: so schien eine Göttin zu kommen, um welche das Meer mit entzückten Flammen schwimmt und die es nicht weiß ...

Die Wellen und die Lüfte spielten miteinander, jene wehend, diese wogend – Himmel und Meer wurden zu einem Blau gewölbt, und in ihrer Mitte schwebte, frei wie ein Geist im All, das leichte Schiff der Liebe. – Der Umkreis der Welt wurde ein goldner geschwollner Ährenkranz voll glühender Küsten und Inseln – Gondeln flogen singend ins Weite und hatten schon Fackeln für die Nacht bereit – zuweilen zog hinter ihnen ein fliegender Fisch seinen Bogen in der Luft, und Dian sang ihnen ihre bekannten vorübergleitenden Lieder nach. – Dort segelten stolz und langsam große Schiffe her, mit rotem und blauem Helmbusch gleich dem Himmel flatternd, und als Sieger dem Hafen zu. – Überall war Lebens-Most aus-

gegossen und arbeitete brausend – So spielte eine göttliche Welt um den Menschen …

Der Ring der Schöpfung lag auf dem Meere vergoldet vor mir, und wie die Zauberstäbe der Strahlen die Länder berührten, so fuhren sie lebendig empor. – Und der alte Königs-Bruder des Vesuvs, der Ätna, saß auf seinem goldnen Thron und schauete über sein Land und Meer. – Und wie Schnee rollte von den Gebürgen der Lichte Tag in das Meer herunter, in Glanz zerrinnend, und floß über das weite glückliche Kampanien und in dunkle Kastanien-Täler. – Und die Erde wurde unabsehlich, und die Sonne zog im weiten Strahlen-Netz die süß-gefangne Welt im schönsten Äther weiter …

›Immer‹ (sagte Albano, nach der nach Westen zurückschwimmenden Insel blickend) ›bestehe mit deinem Berg; nie reiße ein Unglück das schönste Blatt aus dem Buche der Seligen!‹ – ›Wie wird es mit uns allen sein,‹ (sagte Linda) ›wenn wir einmal wiederkommen und den schönen Boden wieder suchen?‹ – Da erblickten sie einen hochgewölbten Regenbogen, der halb auf der Insel und halb auf den Wellen stand, die ihn wie einen gewölbten bunten Wasserstrahl auf das Ufer auszuwerfen schienen. ›Wir werden‹ (sagte Julienne entzückt) ›durch den Bogen des Friedens eingehen.‹ Bei diesen Worten verschwand der Regen und der Farbenkranz; und allein die Sonne glänzte hinter ihnen. Durch den Fackeltanz der Wellen lief die Fahrt. Die Fernen glänzten und dampften herrlich …

In Mola verduftete endlich die schöne Ischias-Insel, die hohe Himmelsburg, und der steigende Pol bedeckte unter andern südlichen Sternbildern auch dieses warme, das mit Glückssonnen so lange über ihm geschimmert; und der letzte Stern des kurzen Frühlings ging hinab. Das ist das Leben, das ist das Glück …

Im November 1800 verlobte Jean Paul sich mit Karoline

Mayer, Ende Mai 1801 heiratete er sie. Beide gingen aus Berlin weg und zogen, auf Einladung des dortigen Fürsten, nach Meiningen. Hier wurde im September des nächsten Jahres die Tochter Emma geboren. Nach einigen weiteren Besuchen in Weimar übersiedelte die Familie im Juni 1803 nach Coburg, wo im November der Sohn Max auf die Welt kam. Im August 1804 erreichten sie alle Bayreuth, im November des Jahres kam das letzte Kind, Odilie. Nun war Jean Paul wieder zu Hause, bei seinen Freunden Otto und Osmund. Das Bier war ihm bekömmlich, und so blieb er den Rest seiner Erdentage.

Wie im Flug haben wir acht Jahre durcheilt; für das nächste Kapitel verspreche ich dem Leser einen ganz andern Flug, nicht durch das Leben hindurch, sondern über es und die Welt hinweg, und der Leser soll staunen lernen. An und für sich müßte er das aber nun schon gelernt haben, wenigstens bei den Stellen, die ich eben aus dem *Titan* angeführt habe. Oder hat er, er kennte denn eben den *Titan,* dergleichen schon irgendwo gelesen? Dann wird er noch mehr staunen, wenn die Luftreise losgeht mit dem wunderbaren Giannozzo; denn mag der Leser mit dem Schönen vertraut sein: nun kommt das wahrhaft Tolle hinzu. Aber zuerst müssen wir noch etwas Langweiliges machen.

Ich möchte aus allen meinen Romanen
1 großen Roman machen.

GEDANKEN 3, 550

Nun habe ich dieses ganze äußerst langweilige Kapitel schon in zwei Teile zerhauen, aber ich fürchte, das hilft nichts. Jetzt muß ich nämlich beinahe tabellarisch werden; denn ich fühle mich doch verpflichtet, dem Leser zu sagen, was Jean Paul denn nun eigentlich alles geschrieben hat. Ich will die Werke aufführen, und zwar nach Gruppen der Zusammengehörigkeit, und manchmal will ich einen kleinen Kommentar dazu geben. Ich nehme mir am Ende auch die Freiheit, dem vielleicht nicht so sehr geübten oder Jean Paul nicht so sehr gewöhnten Leser zu raten, wie er in dieses Werk hineinkommt. Hinter den Namen der Werke setze ich jeweils zunächst die ungefähre Entstehungszeit, dann das Erscheinungsjahr. Ich nenne nicht alle Werke Jean Pauls, aber die meisten: Gründe dafür gebe ich noch.

Da sind an allererster Stelle die sechs großen Romane:

Die unsichtbare Loge. Eine Biographie. März 1791 – Ende Februar 1792. 1793. Das ist dieser hinreißende Anfangsroman, fast nie, wie der *Komet,* eigentlich recht gewürdigt, und doch eines der schönsten Bücher Jean Pauls. Selbst Berend, der Anfang der zwanziger Jahre, vor seiner großen kritischen Ausgabe, eine sehr schöne Ausgabe in fünf Bänden gemacht hat, hat ihn und den *Kometen* nicht aufgenommen. Die *Loge* hört, wie fast alle Romane Jean Pauls, fast mittendrin auf; der Leser beachte aber das Motto dieses Halbkapitels.

Hesperus, oder 45 Hundposttage. Eine Lebensbeschreibung. September 1792 – Juni 1794. 1795 in drei Heftlein. Dieses

Buch hat ihn berühmt gemacht. Es ist fast doppelt so dick wie die *Loge* und hört auch nicht ordentlich auf. Der Name *Hundposttage* kommt daher, daß Jean Paul als Autor auf einer Insel sitzt und mittels einer Kapsel im Maul eines ab und zu herschwimmenden Hundes das Material zur Lebensbeschreibung geliefert kriegt.

Blumen-, Frucht- und Dornenstücke; oder Ehestand, Tod und Hochzeit des Armenadvokaten F.St.Siebenkäs. August 1795 – Juni 1796. 1796/97 in drei Bändchen. Den Deutschen neben dem *Wuz* ihr liebstes Buch von Jean Paul. Dieses Buch hat unter allen am meisten action. Es ist ein wunderbares Buch, aber die andern sind mir wunderbarer. Aufhören tut es auch nicht so recht.

Titan. Juni 1797 – Dezember 1802. 1800–1803 in vier Bänden. Der erste Entwurf zu diesem Roman wird in der Regel auf den letzten Tag des Jahres 1792 datiert. Der Roman hat ein regelrechtes Ende, allein dieses Ende ist beklagenswert. Es wäre etwas Angemessenes an dem Urteil, daß dies der größte Roman ist, den wir Deutschen haben.

Flegeljahre. Eine Biographie. Idee: Sommer 1795. Erster Versuch: Winter 1798/99. Ausarbeitung: April 1801 – Mai 1805 (mit mehreren Unterbrechungen). 1804–1805 in vier Bänden*. Das erste der großen Bücher, in denen der Humor einen wilden Umschlag ins Toll-Sarkastische macht, in denen die Sprache selber wild zu werden anfängt oder

* solche Zahlenangaben entnehme ich immer einem vorzüglichen kleinen Einführungsbuch: *Uwe Schweikert: Jean Paul. Sammlung Metzler, Realienbücher für Germanisten, Stuttgart 1970.* Das Büchlein gibt auf rund einhundert Seiten eine ganz pragmatische und kurze Lebens- und Werkdarstellung.

sich selber fast um die Ohren geschlagen wird. Man kann die Leute verstehen, die es für Jean Pauls schönstes Buch halten. Fertig geworden ist es auch nicht.

Der Komet, oder Nikolaus Marggraf. Eine komische Geschichte. 1813 – September 1822. Band 1 und 2 1820, Band 3 1822. Dieses Buch habe ich schon ausführlich erwähnt. Es ist das einzige, das im wirklichen Sinne nicht fertiggeworden ist, Jean Paul hat die Arbeit daran, aus traurigen Gründen, die wir kennenlernen werden, eingestellt. Es ist ein großer Schmerz, wenn man mitten in diesem Werk plötzlich zu lesen aufhören muß und weiß, nun kommt keines mehr. Es ist nicht blasphemisch, wenn einem dann aufgeht, welche schaurige Macht der Tod ist.

Nun ein Wort zu den offenen Schlüssen: sie sind ein Germanistenproblem, das sich durch bloßes Lesen erledigt. Bei keinem der vier offen endenden Werke hat man als vernünftiger Leser das Gefühl, sie seien nicht fertig geworden. Sie gehen alle irgendwie ineinander über, ich sage irgendwie: denn natürlich war nur in Jean Paul und ist nicht in uns jenes Zentralfeuer, das sie alle miteinander ideell hätte verschmelzen können. Es ist ein Vergnügen, wie sie einzeln alle aufhören, wie dann einzelne Personen, mit neuem oder mit dem alten Namen, im nächsten wieder auftreten, wie magische Wörter aufleuchten, Italien etwa, und dann weiß man: da blüht uns bald wieder etwas Neues. Es ist etwas herrlich Unvergittertes an dem allen, Stück für Stück breitet sich eine ganze Welt aus, und man ist der willkommenste Gast und wohnt bald darin. Die Romane brechen auch nicht etwa ab, weil sie nicht hätten weitergehen können; von den *Flegeljahren* hat man das behaupten wollen, aber diese Behauptung ist keine andere als die, man besäße ebensoviel

Phantasie und Geschichtenerfindekunst wie Jean Paul, und ihm war nun wirklich wenig unmöglich. Nein, es ist ein Vorurteil, daß alles einen Anfang und ein Ende haben muß. Größer ausholend könnte ich natürlich sagen, daß so etwas wie Modernität in diesen offenen Schlüssen liegt; aber das muß ja nicht sein. Man muß einfach lesen und sich dann ins nächste Buch tragen lassen, das ist alles; lesen muß man aber: *ich,* sagt Jean Paul einmal, *ich bin der einzige, der mich nicht zu lesen braucht.*

Nun folgen die sogenannten Idyllen:

Leben des vergnügten Schulmeisterlein Maria Wutz in Auenthal. Eine Art Idyll. Februar – März 1791. An die *Unsichtbare Loge* angehängt. Das berühmteste dieser Stücke, Karl Philipp Moritz schrieb an Jean Paul, wer das gedichtet habe, sei nicht sterblich; man beachte aber, daß es heißt: *eine Art Idyll.*

Leben des Quintus Fixlein, aus funfzehn Zettelkästen gezogen; nebst einem Mustheil und einigen Jus de tablette. Juli 1794 – Mai 1795. 1796. 1797 gesondert: *Geschichte meiner Vorrede zur zweiten Auflage des Quintus Fixlein.* Die zweite Auflage erschien 1801. Jean Paul hat nie mit Zettelkästen gearbeitet, die Legende stammt aus dem Fixlein.

Der Jubelsenior. Ein Appendix. September 1796 – Januar 1797. 1797.

Leben Fibels, des Verfassers der Bienrodischen Fibel. November 1806 – Juli 1811 (mit vielen Unterbrechungen). 1812.

Die Gattungsbezeichnung Idyll täuscht, am wenigsten noch im Jubelsenior. Die Leute, die da auftreten, führen sozusagen das Kindheitsleben weiter, bei ihnen gibt es nicht den Bruch, der bei Jean Paul zwischen der Kindheit und dem andern Leben liegt. Aber es sind Erwachsene. Schon der Wutz hat sehr bedenkliche Züge, Fibel vollends ist dann ein rein pathologischer Fall, aber ohne jede klinische Distanz gesehen. Man muß diese Werke sehr aufmerksam lesen.

Den Idyllen nahe stehen:

Selberlebensbeschreibung. Juli 1818 – Januar 1819. Fragment geblieben, 1826 gedruckt in: *Wahrheit aus Jean Pauls Leben, hrsg. von Christian Otto und Ernst Förster, 8 Bände, 1816–1833.*

Jean Pauls Briefe und bevorstehender Lebenslauf. September 1798 – Februar 1799. 1799. Beide Werke haben wir schon kennengelernt.

Eine Gruppe kleiner Erzählungen enthält gleichsam Gegenidyllen:

Des Amtsvogts Josuah Freudel Klaglibell gegen seinen verfluchten Dämon.

Des Rektors Florian Fälbel und seiner Primaner Reise nach dem Fichtelberg. Beide Werkchen stehen im Anhang zum *Fixlein.* Freudel hat bloß einen harmlosen Tick, nicht schlimmer als der Zuchthausprediger Frühauf Süptitz im *Kometen.* Fälbel dagegen ist ein schon bösartiger Verrückter.

Des Feldpredigers Schmelzle Reise nach Flätz mit fortgehenden Noten; nebst der Beichte des Teufels bey einem Staatsmanne. April – Juni 1807. 1809. Schmelzle ist auch wahnsinnig, aber harmlos: er ist einfach aberwitzig feige und ängstlich.

Dr. Katzenbergers Badereise; nebst einer Auswahl verbesserter Werkchen. August 1807 – März 1808. 1809. Eine Ende 1822 – Januar 1823 erweiterte zweite Auflage 1823. Beide Werke gehören zu den Meisterstücken Jean Pauls. Unter den im Titel erwähnten Werkchen sind zum Beispiel

Die Kunst, einzuschlafen, Das Glück, auf dem linken Ohre taub zu sein, aber auch ein großes Stück wie das über Charlotte Corday.

Das heimliche Klaglied der jetzigen Männer; eine Stadtgeschichte. Januar 1800. 1801, zusammen mit

Die wunderbare Gesellschaft in der Neujahrsnacht. Juli 1800. Der Stadtgeschichte hab ich im ersten Kapitel Erwähnung getan.

Ein herrlicher Roman hätte werden können:

Jean Pauls biographische Belustigungen unter der Gehirnschale einer Riesin. Juli – August 1795. 1796. Der Leser weiß, daß aus dieser romantischen Geschichte im italienischen Stil nichts geworden ist.

Und dann eine Krönung des ganzen Werks:

Des Luftschiffers Giannozzo Seebuch aus dem *komischen Anhang zum Titan.* 1798–1801. Im Anhang zum zweiten Band des Titan. Der Leser muß das nächste Kapitel abwarten, ich bin selber schon ungeduldig.

Die *Palingenesien* von 1798 sind ein schöner Vorwand, Stücke aus den frühen Satirenbänden neu zu publizieren, wie denn alte Arbeiten oder verstreut publizierte in mehreren Werken zu finden sind. Auf die Satiren selber, die *Grönländischen Prozesse* und die *Auswahl aus des Teufels Papieren,* sind wir schon häufig gestoßen. Es geht neuerdings unter jüngeren Rezensenten die Meinung um, man müsse diese Satiren kennen, um Jean Paul überhaupt zu verstehen. Das ist in dieser Rigorosität nicht richtig. Um es einmal so zu sagen: In den Satiren sieht man einen großen Geist sich mühelos scharfsinnig mit dem abgeben, was die Zeit ihm bietet, aber all dieser Scharfsinn hat gerade das noch nicht, was nicht die Zeit diesem Geist, sondern er allein ihr geben konnte. Ich glaube, ich hab es vorhin vernünftiger gesagt, aber nachher liest einer bloß diese Aufstellung und glaubt den besagten Rezensenten.

Nun die philosophischen Bücher:

Das Kampaner Tal oder über die Unsterblichkeit der Seele; nebst einer Erklärung der Holzschnitte unter den zehn Geboten des Katechismus. Januar – April 1797. 1797. Die Holzschnitterklärungen sind schwer verdaulich. Das *Kampaner Tal* ist ein philosophisches und sprachliches Wunderwerk, ich mache noch ein Kapitel darüber.

Selina oder die Unsterblichkeit der Seele. 1823–1825. 1826. Ein Fragment, in das Studien aus den Jahren 1816–1823 eingegangen sind, Studien, die heißen sollten: *Neues Kampaner Tal.*

Vorschule der Ästhetik. Oktober 1803 – August 1804. 1804. Die Behandlung dieses Buches, auch der *Levana,* würde den Rahmen meines Essays wirklich sprengen. Die *Vorschule* enthält keine Theorie der Kunst, sondern ist am eignen Beispiel eher eine Einführung ins schriftstellerische Arbeiten.

Levana oder Erziehlehre. Juli 1805 – Oktober 1806. 1807. Ich habe daraus zitiert. Alle sagen, dieses Werk sei eine noch ganz unausgeschöpfte Fundgrube und so weiter: das stimmt, ich hab es gelesen, kann aber selber auch hier nicht mehr sagen.

Clavis Fichtiana seu Leibgeberiana. Dezember 1799 – Januar 1800. Ursprünglich für den Anhang des *Titan* gedacht, dann für sich 1800 publiziert. Eine grausam scharfsinnige Fichtekritik, für den Kenner.

Friedens-Predigt an Deutschland, Dämmerungen für Deutschland, Mars und Phöbus Thronwechsel, Politische Fastenpredigten sind Titel teilweise umfangreicher politischer Schriften. Durch sie ist Jean Paul zu einer moralischen Instanz für die studentische Jugend Anfang des 19. Jahrhunderts geworden. *Herbst-Blumine in drei Bänden, Museum und Kleine Bücherschau* sind Sammlungen verstreuter kleiner Lohnarbeiten. Hier ist Jean Paul nicht der einzige, der seine Werke nicht zu lesen braucht. Über die deutschen Doppelwörter habe ich das Nötigste schon mitgeteilt.

Nun fehlen noch drei Sachen, von denen der Vielkopf fast nichts weiß, nämlich ebensoviel wie die Germanisten. Das sind drei wunderbare Sammlungen von Aphorismen, der Leser hat sie längst kennengelernt:

Bemerkungen über den Menschen. Notizen von 1783 bis 1824. Abgedruckt im 5. Band der zweiten Abteilung der kritischen Ausgabe.

Gedankenhefte. Von 1799 bis zum Tod.

Vita-Buch. *Gedankenhefte* und *Vita-Buch* sind bruchstückhaft abgedruckt in *Wahrheit aus Jean Pauls Leben*. Die vollständigen Texte werden im Laufe der nächsten Jahre im Rahmen der großen Ausgabe beim Verlag Böhlaus Nachfolger in Weimar erscheinen. Ich zitiere sehr viel daraus, erstens, weil der Leser sonst nicht darankommt, zweitens, um

* Berend arbeitete, aus der Emigration zurückgekehrt, bis zu seinem Tode im Marbacher Literaturarchiv, man hatte ihm dort ein schönes Dachzimmer eingeräumt: Jean Paul, mußte jeder Besucher denken, hätte sich hier wohlgefühlt. Berend hat seine Bibliothek dann dem Archiv vermacht, mitsamt einer wirklichen Kostbarkeit, nämlich einer Sammlung von Erstdrucken aus dem Lebensumkreis Jean Pauls; die Bücher der Berlepsch zum Beispiel stehen dort, es läßt sich gleichsam mit Händen greifen, in welcher literarischen Atmosphäre Jean Paul lebte und liebte und vor allem geliebt wurde. Die Verwalter des Archivs, bewahren den von Berend hier angehäuften

ihm zu zeigen, daß Jean Paul vermutlich der genialste Aphoristiker war, den wir je hatten. Berend hatte übrigens die Anzahl der Bände der zweiten Abteilung seiner Ausgabe viel höher angesetzt, es gibt neben den genannten drei Sammlungen noch eine ungeheure Menge von Aufzeichnungen, Ideen, Fragmenten und so weiter; Jean Paul hat von sich geäußert, er wolle der sein, von dem nichts einmal verlorengegangen sei. Aber selbst wenn – wie vorgesehen – noch sechs weitere Bände der großen Ausgabe bisher unveröffentlichte Texte abdrucken, wird nur 1/5 des Nachlasses ediert sein. Hinzu kommt, daß die Bände der großen Ausgabe in sehr geringer Stückzahl aufgelegt worden sind, beziehungsweise werden.

Gleichwohl hat es der Leser gut, seit der Hanser-Verlag eine vorzügliche Ausgabe in zehn Bänden veranstaltet hat. Zudem ist bei Eichborn ein Band mit ausgewählten Aphorismen erschienen.

Schatz auch heute noch und weiterhin für die Liebhaber Jean Pauls und die Bewunderer Berends auf das sorgfältigste und getreulichste auf.

Was Berends Emigration angeht: er war Jude. Das ganze traurige Kapitel läßt sich studieren, wenn man anhand der *Jean-Paul-Blätter* die Geschichte der 1926 ins Leben gerufenen Jean-Paul-Gesellschaft durchgeht. Schlagartig mit dem Jahre 1933 schwenkte sie zu den Nazis um, einige wollten sogleich nicht mehr, daß ein Nichtarier editorische Hand an Jean Paul legte, und es wurden auch Stimmen laut, die sagten, das deutsche Volk habe anderes zu tun als den nachgelassenen Kleinkram toter Dichter zu veröffentlichen. Die Jean-Paul-Blätter versanken in stumpfsinnigste Provinzialität. Die Nachfolgepublikation, der *Hesperus,* war nicht viel besser; die Jahrbücher der Jean-Paul-Gesellschaft erfreuen sich seit einigen Jahren jedoch allgemeiner germanistischer Wertschätzung.

Ich habe angekündigt, daß ich mir am Schluß dieses Kapitels die Freiheit nehmen wolle, Ratschläge zu geben. Denn ganz ohne Frage ist Jean Paul ein schwieriger Autor für den, der mit ihm anfängt. Das hat mehrere Gründe, die vielen Gleichnisse und Bilder sind nur einer davon*; ein anderer ist zum Beispiel die Unerschrockenheit, mit der Jean Paul unablässig die Stilebenen wechselt. In gewisser Hinsicht, so bedenklich das klingt, kann man sagen, daß Jean Paul der einzige Autor ist, der die Kühnheit hat, keinen Stil zu wollen, und der die Größe hat, keinen zu brauchen; er war so groß, daß er ganz frei sein konnte. Wenn man sich eingelesen hat, ist das herrlich, wenn man anfängt, bringt es manche Schwierigkeit mit sich.

Dem, der nach allem, was er jetzt weiß und kennt, die ganze Welt Jean Pauls kennen möchte, kann man nur raten, mit der *Loge* anzufangen: er wird dann nicht mehr aufhören wollen. Andern gut trainierten Lesern rate ich zum *Giannozzo,* das ist, wenn man moderne Prosa mag, ein überwältigender Einstieg. Freilich ist der *Giannozzo* allzu bald zu Ende; dann muß der Leser zu den *Flegeljahren* und zum *Kometen* greifen. Einen allmählicheren Einstieg gestattet der *Titan;* nicht wenige Jean-Paul-Liebhaber, denen ich ver-

* *Ob ich gleich nicht weiß, wer unter allen Autoren der Erde die meisten Gleichnisse gemacht, so freuet es mich doch, daß ihn niemand übertrifft als ich (Gedanken 3, 1273).* Es ist überliefert, daß Jean Paul manchmal auf seinem Grabstein stehen haben wollte, hier liege der, der die meisten Bilder gemacht habe.

raten habe, ich wolle für den Anfang den *Titan* empfehlen, haben zwar unverhohlenes Mißtrauen an den Tag gelegt; ich bleibe aber dabei. Das immer noch grassierende Urteil, der *Wutz* sei das schönste Juwel der Jean Paulschen Schreibkunst, rührt von der dem neunzehnten Jahrhundert eignen grundsätzlichen Verkennung des Dichters her; der *Wutz* und der *Siebenkäs* sind zweifellos Meisterstücke, aber gegen das damalige Urteil.

Jetzt aber Schluß damit; denn wer auch bloß das nächste Kapitel noch liest und dann immer noch nicht gefangen ist von Jean Paul, den soll in seiner Freiheit, wie der große Neruda sagt, der Frost holen.

DAS TOLLE NEBEN DEM SCHÖNEN

Ein Haß gegen alles Dasein kroch wie Fieberfrost an mir heran
GIANNOZZO

Ich kühle meinen Wein oben im Himmel
GIANNOZZO

TREFFT IHR EINEN SCHWARZKOPF *in grünem Mantel einmal auf der Erde, und zwar so, daß er den Hals gebrochen: so tragt ihn in eure Kirchenbücher auf den Namen Giannozzo ein.* –

Wer das Leben verachtet, auch wenn er es vielleicht gern lieben würde, der muß weg von ihm und es unter sich lassen und muß hinauf ins Luftmeer und hinwegfahren über das lächerliche und tödliche Gewirre dieser Welt, über die Anhäufungen der Menschen, über die Schauplätze ihres sinnlosen Tuns und über die wenigen Inseln von Glück. Das unverbundene Nebeneinander dessen, was sich am feindlichsten ist, ist der so schwer auszuhaltende Schrecken, den die Welt macht. Von oben läßt sich dem Schrecken leichter zusehen, man will nicht mehr die Augen verschließen, von oben ist besser mutig sein, weil vieles auch lächerlich ist: dies ist die Perspektive böser Geister. Aber das Fliegen über die Welt ist auch ein Bild des Gedächtnisses, das wir nicht haben, wenn wir versucht sind, uns mit der Welt zu versöhnen. Denn es gibt keine Versöhnung, außer die verlogene im Zwang und die vergeßliche in der Theorie.

Da ich vorgestern über ein Dutzend Marktflecken und ein halbes kleiner Städte wegging und durch meinen gläsernen Fußboden und mein englisches Kriegsperspektiv heruntergückte in die Gärten und Gassen und an die Fenster mitten unter die Visiten-Komödien mit Chören hinein: so sagt' ich: ihr armen Sünder allzumal, wollte Gott, ich wäre ein Platzregen!

Giannozzo hat sich einen Ballon gebaut, Siechkobel nennt er ihn, das ist, nach den trefflichen Erläuterungen der Hanser-Ausgabe, ein oberdeutsches Wort für die isolierten Quarantänehäuschen vor Stadttoren. Allein fährt er darin über Europa herum und läßt die Welt Revue passieren.

Aber so ist die ganze ungeweihte Erde. Man denkt sich nur immer die eigne Stadt als das Filial und das Wirtschaftsgebäude zu einer entfernten Sonnenstadt; könnte man aber durch alle Gassen auf der Kugel auf einmal hinunter- und hinaufsehen und so immer dieselbe Gemeinhut der Alltäglichkeit auf beiden Kugelhälften finden: so würde man fragen: ist das die berühmte Erde? ›Das Spuckkästchen drunten, das Pißbidorchen, das ist der Planet!‹, würd' ich einem Seraph antworten, der an mir vorüberflöge und mich bäte, ihn zurechtzuweisen.

Wieder dieses Vorwegnehmen, dieses Antizipieren, dieses Werfen unmöglicher Blicke. Der Engel, der auch fliegt, ist nichts als ein unwissender Kollege. Er kennt die lächerliche Welt nicht, vielleicht wäre er sonst ein Dämon. Giannozzo ist einer.

Den wahren Himmel auf Erden, sagt' ich oft, besitzt wohl niemand als ein Seefisch. Wär' ich einer, z.B. ein Haifisch, so könnt' ich unter dem Eishimmel des Nordpols hervorbrechen, vor der kalten Zone vorbeischwimmen, dann vor der gemäßigten und am Gleicher halten und wie andere Normänner Menschen rauben – und dann meine Reise um die Welt fortsetzen. – Ich hätte überall etwas zu fressen, nämlich meine Wasser-Sassen, die Stockfische, und wo ich fröre oder schwitzte, säh' ich mein gemäßigtes Klima unter den Floßfedern, in das ich untertauchen könnte. Welches herrliche, freie, weite Reich, worin wir Hai- und andere Fische neben einigen gestrandeten Weltteilen und Inseln, wovon die wenigsten schwimmen, leben ohne Blitz und Überschwemmung, ohne Dürre und Mißwachs und ohne Fischseuche!

Der Gleicher ist der Äquator. Dies ist ein Stück, worin es in keiner Hinsicht Schranken gibt. Jean Paul denkt sich in den Himmel, ins Luftmeer, und kaum hat er sich nach oben gedacht, da ist der wahre Himmel wieder ganz unten beim Seefisch.

Fast wie einem solchen Fisch im Wasser war mir gestern nachts in der Luft, als ich herauskam aus dem Novitätentempel. Welche lüftende Freiheitsluft gegen den Kerkerboden unten! Hier ein rauschendes Nachtluft-Meer, drunten ein morastiges Krebsloch! Ich machte die Sänftenfenster dem frischen Luftzug auf und blies vor Lust mit meinem Posthörnchen hinaus. Drunten auf meinem zurückgelassenen Meersboden stieg ein Dieb in eine Kirche ein – unweit davon stieg ein Mönch aus einem Kloster als Selbstdieb heraus – in den Wald liefen Wilddiebe – auf dem Felde Wächter gegen das diebische Wild – ferner Reisende – Sentimentalisten u.s.w. Was ging mich das tiefe Volk an? – Ich ging zu Bette.

Das satirische Feuer flammt auf. Wo alles lächerlich ist, ist alles reif für die Satire. Wenn aber alles reif für die Satire ist, wird sie grausamer und sarkastischer. Alles muß Angst haben, ihr Opfer zu werden.

Abends fraß ich in Wien.

Die Sprache verliert ihre Hemmungen. Wen das tiefe Volk nichts mehr angeht, der verachtet es auch mit der Sprache. Er redet nur noch zu wenigen, zu letzten Freunden. Ein paar Seiten vorher spricht Giannozzo den Freund an, es ist Leibgeber, den er hier Graul nennt: *Du sagtest einmal, Graul, du getrautest dich, wenn du am Grenzwappen stän-*

dest, über das ganze Fürstentum leicht wegzupissen, so schmal lauf' es fort. Das ist die Sprache der Verachtung, der auch das sonst Heiligste verfällt.

Der halbe Mond stand mitten auf der Himmelsmoschee wie ein türkischer. Das Paar sah sich nicht um, sondern nur nach dem Mond, der wie ein Juwelenschmuck über dessen Haaren stand; es nahm also geblendet mich und meinen nur noch 100 Schritte von ihnen gehenden Weltkörper nicht wahr. Es war so wind- und landstill, daß ich Fahlanden hinaufhören konnte, da er sagte: ›Die Gewalt des ungeheuern Schicksals, Edle, etwa? – Nein, dagegen bin ich löwenstark, sobald nur mein Herz an deinem klopft.‹ Dieses Zusammenklopfen möchte schwerlich – ohne verrenkte Gruppierung – tulich sein, es müßte denn eines von beiden Herzen rechts vorgeschoben werden.

Wenn Marcel Reich-Ranicki dieses ›tulich‹ kennte, stände die deutsche Literaturkritik auch anders da. Dann geht es mit Fahland weiter:

Endlich besah er den Mond und fragte ihn – oder den bekannten Mann im Mond, wenn er nicht den Mann unter demselben meinte, nämlich mich –, ob er (der Mond, oder der Mondmann oder ich) vielleicht so still und heilig glänze, weil er mit ihm schwelge und leide und wandle. ›Ich will dich aber allein und abgesondert anschauen, du Heiliger, in deinem Tempel; komm du mit, du Heilige!‹ Mit diesen Worten, womit er sich und das einsame Besehen des Monds durch das Rotonden-Spundloch introduzierte, war er mit der Schwarzen in den Tempel hinein. – Ich fuhr oben nach.

Aus den großen Reden wird die Luft herausgelassen, in furchtbarer Kalauerei geraten Mond und Ballon und Mondmann und ich durcheinander, und aus der Heiligen wird eine Schwarze, die mit Fahland einig ist, daß er sie möglichst schnell haben soll. Die Menschen werden kleiner und kleiner.

Hell steigt der Genius vom Himmel nieder, und das Gewölke erglänzet weit, wenn er es durchdringt; und der ätherische Geist berührt die Erde: da verwandelt sich alles – die Felsen gehen auf und zeigen stille große Gestalten – auf die Leinwand und die Mauern fällt der Widerschein von fernen Göttern und ihren Himmeln – alle Körper erklingen, Sehne, Holz und Gold, und die Luft durchfliegen Lieder –, aber die dumpfe Menschenherde hebt ein wenig den Kopf von der Weide verwundert auf und bückt sich wieder und graset weiter; nur einige werden geheiligt und knien verklärt.*

Es gibt das Schöne und Große; aber es gibt den Tod daneben und die Unversöhnlichkeit. Nur die Stumpfsinnigen und Herzlosen sind mit der Welt zufrieden, die orthodoxen Marxisten**, die Automobilhersteller, die Bürokraten, die Turner und die christlich-soziale Union:

Sie kamen, sahen und siegten – über alles, was sie erwartete auf den Tischen. Himmel! es waren aufgeklärte Achtzehnjahrhunderter – sie standen ganz für Friedrich II., für die gemäßigte Freiheit und gute Erholungs-Lektüre und einen gemäßigten Deismus – und

* *In meinen Träumen regen sich die Statuen (Gedanken 1, 206)*

** der vulgäre Marxismus mit seinem Klassenkampf- und Revolutionsschema *(Harich: Jean Pauls Revolutionsdichtung)* und seiner Zusammenkopplung von Zwang und Fortschrittsfanatismus ist der militante Versuch, alle Entzweiung aus der Welt zu schaffen, und zwar auf dem Rücken der Toten, deren Tod niemals umsonst war. Alle Geschichtsphilosophien, die einen Gang der Geschichte nach vorn vertreten, müssen in Gedanken den Tod eliminieren, das heißt, sie müssen ihn mit Sinn versehen und ihm seine letzte Schwere nehmen; sie betrauern nicht die Toten, sondern sie mästen die Lebenden mit ihnen. Dies ist der Punkt, an dem Harich, so elegant er sich immer geben mag, schlechthin vulgär bleibt; er hört den Herzschlag der Jean Paulschen Prosa einfach nicht und mißbraucht sie, die den Tod gerade nicht wegerklärt, zum Wegerklären des Todes. Das ist vergröbert, aber es muß einmal sein.

*eine gemäßigte Philosophie – sie erklärten sich sehr gegen Geistererscheinungen, Schwärmerei und Extreme – sie lasen ihre Dichter sehr gern als ein Stilistikum zum Vorteil der Geschäfte und zur Abspannung vom Soliden – sie genossen die Nachtigallen, wie die Italiener andere, als Braten** und machten mit der Myrte, wie die spanischen Bäcker mit der andern, den Ofen heiß – sie hatten die große Sphinx, die uns das Rätsel des Lebens aufgibt, totgemacht und führten den ausgestopften Balg bei sich und mußten es für ein Wunder halten, daß ein anderer eines annimmt. – Genie, sagten sie, verwerfen wir gewiß nie, nur feil's – und nur für ein Ding brennt ihr frostiger Geist, für den Leib; dieser ist solid und reell, dieser ist eigentlich der Staat, die Religion, die Kunst, und diesem diene die Berliner Monatsschrift. –*

So hat dann nur noch Nietzsche über die letzten Menschen geredet**: *›Was ist Liebe? Was ist Schöpfung? Was ist Sehnsucht? Was ist Stern?‹ – so fragt der letzte Mensch und blinzelt.*

Die Erde ist dann klein geworden, und auf ihr hüpft der letzte Mensch, der Alles klein macht. Sein Geschlecht ist unaustilgbar, wie der Erdfloh; der letzte Mensch lebt am längsten.

›Wir haben das Glück erfunden‹ – sagen die letzten Menschen und blinzeln.

Sie haben die Gegenden verlassen, wo es hart war zu leben: denn man braucht Wärme. Man liebt noch den Nachbar und reibt sich an ihm: denn man braucht Wärme.

* *Am Morgen eine Frühlings Lerche hören, abends eine essen (Gedanken 3, 827)*

** Nietzsches berüchtigtes Wort, Jean Paul sei ein Verhängnis im Schlafrock, ist die berechtigte, wenn auch sehr gereizte Reaktion auf das Jean-Paul-Bild ab der Mitte des letzten Jahrhunderts. Nietzsche hat Jean Paul wahrscheinlich kaum gelesen.

Krankwerden und Mißtrauen-haben gilt ihnen sündhaft: man geht achtsam einher. Ein Thor, der noch über Steine und Menschen stolpert.

Ein wenig Gift ab und zu: das macht angenehme Träume. Und viel Gift zuletzt, zu einem angenehmen Sterben.

Man arbeitet noch, denn Arbeit ist eine Unterhaltung. Aber man sorgt, daß die Unterhaltung nicht angreife.

Man wird nicht mehr arm und reich: Beides ist zu beschwerlich. Wer will noch regieren? Wer noch gehorchen? Beides ist zu beschwerlich.

Kein Hirt und Eine Heerde! Jeder will das Gleiche, Jeder ist gleich: wer anders fühlt, geht freiwillig in's Irrenhaus.

›Ehemals war die Welt irre‹ – sagen die Feinsten und blinzeln.

Man ist klug und weiß Alles, was geschehn ist: so hat man kein Ende zu spotten. Man zankt sich noch, aber man versöhnt sich bald – sonst verdirbt es den Magen.

Man hat sein Lüstchen für den Tag und sein Lüstchen für die Nacht: aber man ehrt die Gesundheit.

›Wir haben das Glück erfunden‹ – sagen die letzten Menschen und blinzeln. – (Zarathustra)

Jetzt hebt sich der Ballon mit Giannozzo vom falschen Land weg zur großen Fahrt über das Tolle und das Schöne, über die unversöhnten Gegensätze der Welt. Das Leben ist wohl schön, aber immer die Sterbenden drücken dem schönen Leben noch einmal die Hand, und dann verdunkelt der Zorn über den Tod den Blick, der so gern auf dem schönen Leben geruht hätte. Der Krieg zerfetzt das Leben, und mittendrin leben die Kinder in ihren ernsthaften kleinen Welten und ahnen nichts Böses. Nein, es gibt keine Versöhnung, die Welt ist voller Sprünge und Risse, es ist ein Wunder, wenn man ein Weilchen darin heil bleibt, aber schließlich holt einen der Tod, und umgeben von Gräbern war man schon lange. Die Welt hat im ganzen keinen Sinn, da müßte man schon sehr lügen oder mit geschlossenen Augen stark philosophieren oder an Gott glauben wie ein Unsinniger. Wer mit der Welt versöhnen will, indem er Gedanken erfindet, die wie Netze über den Abgründen hängen, damit man nicht sieht, wie man zu Tode kommt, Gedanken, Tröstungen, die die furchtbare Entzweiung der Welt verschmerzen lassen wollen, der hat die Tiefe der Entzweiung noch gar nicht gesehen oder will sie nicht wahrhaben. Indem Giannozzo auffliegt, scheint er alles zu fliehen; aber er zeigt nur, was wir sonst vergessen.

Viertehalbtausend Fuß tief rannte die weite Erde – ich glaubte festzuschweben – unter mir dahin, und ihr breiter Teller lief mir entgegen, worauf sich Berge und Holzungen und Klöster, Marktschiffe und Türme und künstliche Ruinen und wahre von Römern und Raubadel, Straßen, Jägerhäuser, Pulvertürme, Rathäuser, Gebeinhäuser so wild und eng durcheinander herwarfen, daß ein vernünftiger Mann oben denken mußte, das seien nur umhergerollte Baumaterialien, die man erst zu einem schönen Park auseinanderziehe.

Auf der Fläche, die auf allen Seiten ins Unendliche hinausfloß, spielten alle verschiedenen Theater des Lebens mit aufgezogenen Vorhängen zugleich – einer wird hier unter mir Landes verwiesen – drüben desertiert einer, und Glocken läuten herauf zum fürstlichen Empfang desselben – hier in den brennend-farbigen Wiesen wird gemähet – dort werden die Feuersprützen probiert – englische Reuter ziehen mit goldnen Fahnen und Schabaracken aus – Gräber in neun Dorfschaften werden gehauen – Weiber knien am Wege vor Kapellen – ein Wagen mit weimarschen Komödianten kommt – viele Kammerwagen von Bräuten mit besoffnen Brautführern – Pa-

radeplätze mit Parolen und Musiken – hinter dem Gebüsche ersäuft sich einer in einem tiefen Perlenbach, nach dem dabei zusehenden Kniegalgen zu urteilen – lange Fähren mit vielen Wagen ziehen unten über breite Ströme und ich oben gleichfalls, aber ohne Fährgeld – ein Schieferdecker besteigt den Stadtturm, und ein sentimentalischer Pfarrsohn guckt aus dem Schalloch, und beide können (das kann ich viertehalbtausend Fuß hoch observieren, weil die dünne Luft alles näher heranhebt) sich nicht genug über das hundert Fuß tiefe Volk unter sich verwundern und erheben – Gartendiebinnen mit Brustavisen stehen in Prangern wie Heilige in Kapellen sehr umrungen – einer auf Knien und hinter der Binde muß drei Kugeln seiner dreifarbigen Kokarde wegen in den Pelz auffangen – ein für die Kirmes angeputztes Dorf samt vielen nötigen Verkäufern und Käufern dazu – katholische Wallfahrten, von schlechtem Gesang begleitet – ein lachender, trabender Wahnsinniger muß eingefangen werden – fünf Mädchen ringen entsetzlich die Hände, ich weiß nicht warum – über hundert Windmühlen heben im Sturm die Arme auf – die blühende Erde glänzt, die Sonne brennt aus den Strömen zurück, die muntern Schmetterlinge unten sind nicht zu sehen und die hohen Lerchen nur dünn zu hören, oder ich täusche mich sehr – das Leben hier schweigt und ist groß und droht fast – Gott weiß, welcher gewaltige böse oder gute Geist hier in dieser stillen Höhe dem Treiben grimmig-grinsend oder weinend-lächelnd zusieht und die Tazen ausstreckt oder die Arme, und ich frage eben nichts nach ihm .....*

... und als so auf dem langen Farbenklavier des Lebens alle finstere und lichte Farben vor mir laufend aufgehüpfet waren: so wurde mir auf meinem alles zusammenspinnenden Weberschiffe miserabel, leer und wehmütig zumute; ein giftiger Stechapfel von Schmerz,

* *da sie unten im Strome des Lebens das fliegende Bild vom niederfallenden Habicht des Todes erblickte ... (Titan 5)*

von der Größe meines Herzens, ritzte meine Brust, und ich niesete sehr nahe am Weinen – weinte aber nicht. – – Nein, nein, glaubt nicht, Paternosterschnuren von Welten über mir, daß ich getröstet und weinerlich je aufschauen und sagen werde: ach dort droben! – O das Dortdroben werden auch Siechkobel umschiffen, und die Schiffskapitäne darin werden Kalender genug machen über ihr nur anders verrenktes Personale unter ihnen und werden zur Erde sagen: wahrscheinlich tout comme chez nous!

Ein Mensch wie ich – zumal wenn ihm der Sturm die Halsvenen lange zugeschnürt und den Kopf bluttrunken und schläfrig gemacht – steigt lieber und gescheuter in sein Wachthäuschen zurück und schläft den Rausch des Äthers aus. Aber närrisch wurd' ich geweckt: die Fregatte war auf einen Felsen gestoßen – meine Kajüte war mit goldnem Feuer gefüllt – draußen stand eine Finsternis aufrecht. – Ich war am Brocken gestrandet, die schwarze Flut der Nacht schlug an das Gebürge, und die Abendflamme der Sonne schoß über sie streifend aus der Tiefe herauf.

Landschaften jetzt, diese große Erfindung des Menschen: sie gehen die Seele so an, weil der Mensch sich in ihnen erkennt. Es gehört viel dazu, etwas überhaupt als eine Landschaft zu sehen, eine große Selbstlosigkeit an den eignen Bedürfnissen, ein vom Praktischen freier Blick, ein Losgelöstsein von der Befangenheit ans lebenwollende Ich. Man kann so sehr das Eigenwesen und Eigenleben von Landschaften wahrnehmen, daß man zum Glauben kommt, sie wären besser daran ohne die Menschen: aber gerade dann hat man sich von allem Egoismus gelöst und erkennt Schönheit; Schönheit ist aber der Überschuß an Sein, den nur wir entdecken, weil wir ihn haben. Gegenden warten gleichsam auf uns, damit sie zu Landschaften erlöst werden, damit der Bann des Ungesehenseins von ihnen genommen wird. Landschaften sind eigentlich die Träume, die wir von uns haben. Deshalb ist die Natur etwas so Großes. Deshalb auch, ob wir uns Menschen in sie wünschen oder nicht, hat sie etwas so wunderbar Theatralisches: sie ist immer sie selbst und zugleich Bühne für uns. Wir können sie zerstören, wir können in ihr versagen oder in ihr schön bestehen: in ihr tun wir das alles an uns selber. Landschaften zeigen, daß wir mehr sind als wir selbst. Es scheint etwas in uns zu geben, das nicht genug hat am bloßen Dasein und Lebenkönnen. Und genau dieses Mehr findet sich wieder in dem, was in der Natur darüber hinausgeht, daß wir sie bloß zum Raum des Lebens machen. Landschaften sind deshalb nicht einfach da, so daß sie abgeschildert werden könnten. Sie sind weder Stimmungen, die wir auf die Natur projizieren, noch Realitäten, die Stimmungen in uns erzeugen. Sie sind gleichwohl Wirklichkeiten, aber es gibt dabei nichts zu verrechnen zwischen uns und den Dingen. Ihr Eigenleben ist kein Schein, aber unsre Stimmungen sind keine Illusionen. Landschaften sind wahr, wahr wie Kunstwerke. Landschaften von Menschenhand, Gärten, Parks, sind kleine Versuche, unsere Träume auf Begriffe zu bringen. Es wird ihnen das Weite dadurch ein wenig genommen, das fast Grenzenlose; aber wir stehen auch deutlicher vor uns, wir erkennen uns mehr*. Diese Erkenntnisse haben ihre Wahr-

* im *Titan* ist die Isola bella dafür das Musterbeispiel, Jean Paul ist für sie ja derart berühmt, daß ich manchmal das Gefühl habe, sie ist den Leuten so im Kopf geblieben, weil sie nach dem ersten Kapitel des Titan einfach nicht weitergelesen haben. Die Isola bella, eine der sogenannten Borromäischen Inseln im Lago Maggiore, war, ich bitte um Nachsicht, wenn der Leser das schon weiß, bis ins siebzehnte Jahrhundert hinein ein kahler Felsen, den die Mailänder Familie Borromeo dann aufschütten, terrassieren, bepflanzen und bebauen ließ:

heit immer nur wieder im Ganzen, in dem sie einzelne Bilder sind, eingebettete, abgerungene oder schön kontrastie-

eine künstliche Welt, eine schöne Ergänzung der Natur. Als Albano oben auf der Insel steht und sich, die Sonne ist eben aufgegangen, die Binde von den Augen nimmt (der Leser erinnert sich an den Vorredner zur *Loge:* da nimmt Jean Paul sich die Binde ab, als die Sonne untergehen will), sieht er diese von Göttern und Menschen gemeinsam geschaffne Landschaft: *Und der Morgenwind warf die Sonne leuchtend durchs dunkle Gezweig empor, und sie flammte frei auf den Gipfeln – und Dian zerriß kräftig die Binde und sagte: ›Schau umher!‹ – ›O Gott!‹ rief er selig erschrocken, als alle Türen des neuen Himmels aufsprangen und der Olymp der Natur mit seinen tausend ruhenden Göttern um ihn stand. Welch eine Welt! Die Alpen standen wie verbrüderte Riesen der Vorwelt fern in der Vergangenheit verbunden beisammen und hielten hoch der Sonne die glänzenden Schilde der Eisberge entgegen – die Riesen trugen blaue Gürtel aus Wäldern – und zu ihren Füßen lagen Hügel und Weinberge – und zwischen den Gewölben aus Reben spielten die Morgenwinde mit Kaskaden wie mit wassertaftnen Bändern – und an den Bändern hing der überfüllte Wasserspiegel des Sees von den Bergen nieder, und sie flatterten in den Spiegel, und ein Laubwerk aus Kastanienwäldern faßte ihn ein ..... Albano drehte sich langsam im Kreise um und blickte in die Höhe, in die Tiefe, in die Sonne, in die Blüten; und auf allen Höhen brannten Lärmfeuer der gewaltigen Natur und in allen Tiefen ihr Widerschein – ein schöpferisches Erdbeben schlug wie ein Herz unter der Erde und trieb Gebirge und Meere empor. – O als er dann neben der unendlichen Mutter die kleinen wimmelnden Kinder sah, die unter der Welle und unter der Wolke flogen – und als der Morgenwind ferne Schiffe zwischen die Alpen hineinjagte – und als Isola madre gegenüber sieben Gärten auftürmte und ihn von seinem Gipfel zu ihrem im waagrechten wiegenden Fluge hinüberlockte – und als sich Fasanen von der Madre-Insel in die Wellen warfen: so stand er wie ein Sturmvogel mit aufgeblättertem Gefieder auf dem blühenden Horst, seine Arme hob der Morgenwind wie Flügel auf, und er sehnte sich, über die Terrasse sich den Fasanen nachzustürzen und im Strome der Natur das Herz zu kühlen.*

Im ganzen *Titan* spielen künstliche Gärten eine viel größere Rolle als in den andern Büchern; das Gegenbild ist dann die Insel Ischia mit ihrem Glück. Linda geht in einem Park zugrunde, und Idoine, die Albano dann heiratet, hat sich so etwas wie eine Kunst-Schweiz gebaut.

rende Bilder. Wenn wir nicht über unsre Begriffe immer hinausträumen, dann nehmen sie uns, was wir sind. Wir sind im genauen Sinne immer mehr, als wir wissen können. Daß wir uns wissend nicht haben, ist gerade die Freiheit, die die Landschaft mit uns hat, auch da, wo sie uns bedrohlich scheint: denn wir sind ja nicht Herr über unsre Träume. Aber es sind doch immer unsre Träume, die wir haben.

Jetzt also Landschaften, Bilder von uns. Landschaften mit Menschen darin, mit Lebenden und Toten. Fahrten und Landungen. Ich will dem Leser jetzt ein langes Stück ohne Unterbrechung geben; bei Jean Paul endet mittendrin die sechste und beginnt die siebente Fahrt, ich merke das dann an.

Ich trat jetzt trübe und wild auf den Brocken heraus. Die Sterne brannten den Himmel hinab und schimmerten um das düstere Gebürge. Der Nebel der alten Zeiten tat sich auf, und ich sah darin unten auf der weiten Ebene die unzähligen Scheiterhaufen glühen, welche bloß Unschuldige zernagten. Um mich lagen aufgetürmte Felsenklötze wie Quadern niedergebrochner Riesenschlösser; und das Renntiermoos der kalten Zone bedeckte als Schimmel der Erde das alte nackte Berghaupt. Der Sturm schnaubte um mich und mein flatterndes Schifflein herum und fuhr wild unter die Sterne hinaus und schien sie zu rütteln. Mein Haar bäumte sich wie eine Mähne, aber im Innersten war mir groß und düster, und ich wünschte, jetzt erschiene mir der Teufel, ich fühlte mich so erhaben und kalt wie er. Aber o wie hohl klang mir in der Stille das Leben! – Drunten liegen die müden Wachslarven auf dem Hinterkopf, hier oben steht eine reflektierende auf dem Hals, sagt' ich und griff über mein Gesicht, um solches wie eine Larve abzunehmen und zu besehen. In der Mitternacht dämmerte ein langes Morgenrot und wollte erfreuen; aber ich lachte darüber, daß uns das auch wieder einen flüchtigen Freudenmorgen und Trost vorspiegele; da war mir plötzlich, als sei die ganze Welt und mein Leben in einem Paar Träumen weggetropft, und das Ich sagte zu sich selber: ich bin gewiß der Teufel; schrieb ich nicht vorhin? –

Jetzt packte auf einmal eine seltsame Erscheinung mein ganzes Wesen an. Eine weiße flatternde Figur sprang den Berg herauf. Funfzehn Schritte vor mir stand sie still. Die Augen waren geschlossen, das Haar schwarz, die Augenbraunen borstig, die Nase gebogen groß, die Arme haarig, die Bärenbrust unbedeckt und der – Nachtwandler im Hemde. Endlich faßt' er dieses am Hexentanzplatz wie eine Schürze mit beiden Händen und fing eine närrische Menuett mit sich selber an; er kehrte sich um, ein schwarzer Schlangenzopf wuchs lang hinab; er fuhr wieder herum und sprang und wollte zärtlich minaudieren. Mir wurd' er so verhaßt, daß ich ihn hätte hinunterwerfen mögen. Endlich rannt' er, die Arme emporgehoben, davon. Mich schauderte dieses tragisch-komische Konterfei und Fieberbild des Lebens und die äußere Nachäffung meiner Gedanken.

Aber ich konnte nun auf diesem wie ein Alb drückenden Berge nicht mehr dauern, sondern fuhr in meine Sänfte, schnitt sie los und schwamm ins weite lebendige Nachtmeer hinaus. – –

Hier kommt im Text die neue Kapitelüberschrift, dann:

– Aber zwischen Himmel und Erde wurd' ich am einsamsten. Ganz allein wie das letzte Leben flog ich über die breite Begräbnisstätte der schlafenden Länder, durch das lange Totenhaus der Erde, wo man den Schlaf hinlegt und wartet, ob er keine Scheinleiche sei. Die großen Wolken, die unten aufeinanderfolgten, waren der kalte Atem eines bösen Geistes, der in der Finsternis versteckt lag. Ein Haß gegen alles Dasein kroch wie Fieberfrost an mir heran; ich sagte wieder: ich bin gewiß ein böser Geist. Da riß mich ein zweiter Sturm dem ersten weg und schleuderte mich über unbekannte entlaufende Länder fort.

Plötzlich zog ich über eine anmutige Ebene voll zerstreueter Laubbäume, ganz mit Affen des Lebens, mit Körpern bedeckt, die sich wie Mittagsschläfer warmer Länder zum Schlummer ausstreckten. Neben einem Feuer lagen ihre Kleider – da sah ich einen Mann, der einen in seinem Arme hängenden Leichnam entkleidete. – – O Hölle, es war dein Boden, es war ein unbegrabnes Schlachtfeld! – Ich warf Steine auf das Ungeheuer – ich brüllte ihm aus den Lüften: Teufel! Teufel! zu – ich wurde in einen eiskältern Himmel aufgezuckt – und der Orkus des Mords floh zurück, und blühende Weinberge flogen daher.

Aber der Erdengreuel hatte durch ein giftiges Fieber meine Herzensmuskeln gelähmt; und ich senkte mich erschöpft tiefer der Wärme entgegen und ließ, von Grimm und Wachen matt, die vergeblichen Augen unter ihre Augenlider kriechen.

Wie sonderbar und hold verträumt ich den äußern Traum! ›Von der Stadt Gottes ist wie von Pompeja erst eine Gasse aufgedeckt!‹ So rief es im Traum; dann wiederholte es bloß sinnlose Worte: Pompeja – Hesperien – warme Blütenwälder – warme Blütenwälder – und dunkle Wellen der Lust liefen über mich hinüber.

Ein helles Glänzen weckte mich. Wo wohn' ich? sagt' ich. Ich glitt warm angeweht auf einem unabsehlichen silbernen, aus den zu zartem Schaum geschlagenen Sternen zusammenwallenden Meere weiter – ein Meer, weich und weiß wie Schneenebel, wie Lichtduft – alle Fenster meiner Hütte schimmerten – ich war ganz erleuchtet. – Ich schiffte in dem über die Nachterde hingedeckten Wolkenhimmel, in dessen Flut der aufgegangne Mond wie ein Schwan mit seinem Glanzgefieder alle Wogen durchstrahlend stand, eh' er herausflog ins Blaue.

Statt wie ein Wasservogel länger über der weißen Fläche wegzustreifen, riß ich meine Lufthähne auf und tauchte mich unter in die lichte Flut der zusammenspringenden Naphthaquellen – So ging es selig dahin – in der weißen busenwarmen Nacht – Ich wußte nicht, welches Land unter mir grüne – Ich wühlte mich noch tiefer in den silbernen Dampf – Ein paarmal wälzte sich der Blütenrauch von Gärten herauf – Einmal fuhren Waldhörner wie Blitze durchs Gewölk und tanzten nahe vor mir wie Geister in der Luft. – – Lange war es still – Wieder klingelte ein Glockenspiel, also aus einer zugedeckten Stadt unter mir – Dann wurd' es kühl – Das Meer zerriß in lange Berge, und weite Spalten schaueten auf die Erde. – –

Ich senkte mich zu den lauten festschwebenden Lerchen hernieder und endlich zu den Nachtigallen in Zweigen und berührte einen unbekannten Boden zwischen schlafenden Blumenbeeten – mit Felsen unter Efeu – und Orangeblüten weiß, die der Morgenwind statt der Früchte abschüttelte – mit Rasensitzen, in elysäische Felder hinausgerichtet – und ringendes Morgenrot und Mondlicht durchschnitten einander und vergossen wunderliches Licht auf der Zauberstätte – In der Ferne liefen Pappelreihen vor Lusthäusern vorbei, an runden, heitern, mit Wein übersponnenen Bergen flogen Segel hin, und überall zeigte ein durchsichtiger Kastanienwald eine freudige Welt. Ich wurde von dem dunkeln Paradies wie von einem stummen Kinde angelacht; alles, was unbekannt um mich lag, glich einem alten erinnerten Wiegenliede, nicht einer kunstgärtnerischen Georgika. – So hold und neu! – Gebe nur Gott, sagt' ich, daß ich wieder von dannen fahre, ohn' es von einem gehört zu haben, wie das Land sich schreibt! –

Nun kommen beinah geträumte Szenen. Das Land ist bewohnt; erst sieht man einen Mohren in türkischer Kleidung, dann hört man italienisch singen. Eine große dunkelhaarige glänzende junge Frau tritt auf, er sagt, er heiße Giannozzo, und sie sagt lächelnd: Giannino? Der Mohr holt ihm ein Frühstück und Wein. Dann heißt es schön, sie, die Frau, habe von der Liebe und der Kunst gesprochen, nämlich: *so groß und so frei wie wenige Männer.* Und dann, und Alice Schwarzer soll das lesen und die andern alle: *Welch eine schöpferische, gerüstete Zeit zieht daher, welche das große, dumpfe Nonnenkloster des weiblichen Geschlechts abbrechen und die finstern Mönchsschleier von den schönsten Augen reißen wird!* Das Ausrufezeichen ist von mir, liebe Alice. Sie sagt dann auch, ihr Geliebter wolle heute kommen, er sei ein rotgekleideter Jüngling auf einem Rappen mit einem grünen Reitknecht auf einem Schimmel dabei. Dann will er weiter, sie sagt noch, er solle sich in acht nehmen: *Da zog ich ihr drei Rosen aus der Brust und bückte mich zur Gebückten heraus* (sie löst nämlich gerade seinen Ballon aus der Verankerung) *und flog mit dem Raube eines Flammenkusses von den üppigen, vollen Lippen in den Himmel hinauf. ›Addio, caro!‹ rief sie nach; ›addio, carissima!‹ rief ich herab.*

Als er hoch oben ist und das schöne Mädchen nur noch schattenhaft durchs Fernglas sieht, sieht er auf der andern Seite durchs Fernglas den Jüngling: *Mein Auge wurde naß, da es sich auf zwei getrennte, einander von Bergen verdeckte Menschen richten konnte, beide schmachtend und träumend, er die heilige Zukunft in Süden suchend und sie ihre in Norden; indes für mich wie für einen Gott alles nur Gegenwart war.* Er schreibt schnell auf ein Blatt, er, der Jüngling, solle eilen, sie warte auf ihn, wirft das Blatt, an einem Pomeranzenzweig, zum jungen Mann hinunter, und der – *sprengte die Hügel hinab.*

Mittags ist Giannozzo im Park Fantaisie bei Bayreuth, gegen Abend im Seifersdorfer Tal bei Dresden, und dann wird es Nacht nach diesem Tag, der fast ein Leben war und die ganze Welt:

Mit der Sonne sank ich da in den wechselnden Garten, dessen

Aussichten wieder Gärten sind. Da war mir, als gehe die Sonne eben auf; alle Tempel blitzten wie von Morgenlicht – erfrischender Tau überquoll den Boden, und die Morgenlieder der Lerchen flogen umher. – Lange, sonnentrunkne Perspektiven liefen wie glänzende Rennbahnen der Jugend, wie Himmelswege der Hoffnung hin – das goldne Alter des Tags, der Morgen, schien meinem schönen Wahne umzukehren. Ach, kein Morgen und keine Jugend stehet von Toten auf ohne eine Nacht. Die langgegliederten Schatten standen wie angelandete Geister der Nacht an den Ufern und überfielen bald die verlassene Welt. Aber ich sehnte mich nach meiner Sonne zurück und stieg wieder auf, um ihr nachzusehen, wie sie hinter die letzten Gebürge fällt. Droben sah ich sie zehnmal und jedesmal schneller untergehen – und ich flog immer wieder durch das Abwerfen der Erdenlast vor ihr sterbendes Gesicht – auf der ganzen Erdfläche lag schon schwarzer Schlaf – ich gab der Erde den letzten Stein zurück ...

Die Fahrt des Wilden geht weiter. Aber dann kommt die letzte Fahrt, in ein Gewitter hinein. Das Schöne und das Schreckliche schmelzen zum Tod zusammen, und der schlimme Tod, der schlimmste, der von Menschen herbeigezogene, wütet noch einmal auf der Erde. Daß die Menschen den Tod selber herholen, das ist der eigentliche Wahnsinn in der Welt. Und doch ist dieser Wahnsinn täglich in der Welt und macht ihr Bild mit aus. Ohne ihn ist das Bild nicht wahr, so wie es nicht wahr ist ohne die Liebe der beiden in dem schönen Land ohne Namen und ohne unsre Träume und großen Gedanken. Aber jetzt kommt zuerst der Tod in Schlacht und Blitz und Donner.

Der Donner rollet immer lauter und voller heran, und doch stehen die weißen Wettergebürge noch so niedrig am Himmel. – O Teufel, er kommt aus einer Schlacht! – Soldatenhaufen sprengen *über Hügel – Landleute rennen – ein Dorf brennt als Wachfeuer* – in einem Garten seh' ich tote Pferde, und ein Kind trägt einen abgerissenen Arm fort.*

Nun seh' ich die Ebene und die Rauchklumpen, die die brennende Hölle auftreibt. Wie mich hineingelüstet! Mein Wind läuft gerade über das dunkle, breite Sterbebette der Völker; und da will ich mich in den entzündeten Schwaden senken und mitschäumen wie der elende Mensch. – Ich höre nur die dumpfen Axtschläge, womit der Tod sein Schlachtvieh trifft, aber noch keine Stimme des Viehs ...

Entsetzlich! – Jetzt darf ich sie recht hassen, die Menschen, diese lächerlichen Kauze und Weisheitsvögel im Hellen, die sogleich zerrupfende Raubvögel werden, sobald sie ein wenig Finsternis gewinnen. Nur mit Schießpulver tun sie alles; nur damit reinigen sie die Kerkerluft der Länder; damit machen sie die Wunde, die ihnen das wütige Laster gebissen, weiter und heil ...

Ein Windstoß warf mich plötzlich mitten über die wolkige Brandstätte voll Waffenglanz; ich riß die Lufthähne auf und vergrub mich in den Dampf, worin nur das Basiliskenauge seine heißen Silberblicke auf- und zutat. – Ich war nicht nahe und tief genug am Blinken der Bajonette – am Feuerregen des Geschützes – am Blutregen auf der Erde – an den Stimmen der Pein – an der weißen Gestalt des Verblutens – Nur die sanfte Musik, die Heroldin des Seufzers aus Liebe und der Träne aus Freude, mußte unten im Jammer sprechen wie ein Hohn, und die Heerpauke der Kartaunen schlug mit Erdstößen in die weichen, guten Töne, und die Trommel-Wirbel des kleinen Geschützes gingen fort. – O Gott! – der Schmerz ging drunten auf und ab und trat unsere Gesichter mit Füßen und begrub den Toten nur unter Sterbende – mein Herz dröhnte – da hört' ich das Wiehern der guten, unschuldigen Pferde –

** – wie ein Dorf durch eine Schlacht auf seine Kosten unsterblich wird (Gedanken 12, 1026)*

Jetzt wurd' ich auch von der Wut gepackt, denn ich bin ja auch einer von denen drunten, und schleuderte grimmig und gerade alle Steine, die ich hatte, auf die ringende, vom Erdbeben eines bösen Geistes zum Kampf-Wahnsinn untereinander geschüttelte Masse – – Mög' ich nur kein unschuldiges Pferd getroffen haben! –*

Da hob mich der Gewicht-Verlust plötzlich ins hohe Blau hinauf …

Wie glänzte die Sonne in ihrem stillen Himmel so ruhig und kalt über der schwülen irdischen Hölle, als wären die Kriegsfeuer der Menschen nur kranke fliegende Funken vor ihrem großen Auge …

Wunderbarer Tag! Hell ziehen schon die schimmernden Schweizergebirge mit ihren Tiefen und Zinnen vor mir heran und schütten

* dies ist der Satz, den Ernst Jünger nicht aussprechen kann, und die ganze Fatalität seiner Kriegstagebücher liegt in diesem Unvermögen. Jünger hat das kalte Herz des Ausgenommenen, des Dichters, der über den andern ist, aber er lebt das Leben der andern mit. Jean Paul hält es umgekehrt, daher das Leben in seinen Werken und der Tod in Jüngers.

Nicht bloß deswegen komme ich auf Jünger. Der hat sich nämlich, in seinen nicht allzu göttlichen Epigrammen, über Jean Paul einmal geäußert, und zwar so: *Jean Paulsche Prosa wird nicht geschrieben, sondern gelaicht.* Das ist, ich bleibe in seiner Sprache, gleich ein doppelter Querschläger. Erstens steht die Sache mit dem Laichen, bloß anders, bei Jean Paul selber, zweitens gibt sie, hier bei Jünger, völlig naiv ein Jean-Paul-Bild wieder, das man bei einem Autor dieses Jahrhunderts kaum erwarten sollte (ist Jünger eigentlich gebildet?). Natürlich meint Jünger das abwertend, er ist ja ein Stilist, und was für einer. Indirekt über Jean Paul steht noch eine hübsche Torheit in diesen Epigrammen: *Laurence Sterne zersetzt die Welt mit dem Scheidewasser des Gefühls.* Auch das ist ein ziemlich alter Spruch, zum ersten Mal taucht er, auf Jean Paul gemünzt, bei Ernst Moritz Arndt auf. Emil Staiger hat ihn wiederholt. Sonderbare Brüderschaften! Aber Jünger ist immer irgendwie so rührend dabei, ich glaube, er weiß gar nicht, was das alles so ist, was er sagt. Wie ein kriegspielendes Kind, das in den Krieg gerät und weiterspielt und dann wie ein Erwachsener redet.

den Rhein weg; aber hinter mir wachsen eilig die Gewitterwolken in den Himmel herauf und schweigen grimmig; die Lüfte gehen immer langsamer und bewegen mich kaum ...

Jetzt trägt mich ein Windstoß ganz nahe vor die göttliche Glanzwelt. Aber schon arbeiten die Wolken lauter als der Strom, die schwarze Wolkenschlange hinter mir ringelt sich auseinander und zischt und schillert schon neben mir im Osten – Der Sonnenwagen geht schon tief im Erden-Staube. Wie fliegen die Goldadler der Flammen überall, um die Sonne, um die Eiskuppeln, um den zerknirschten Rhein und um die giftige Wolke, und ruhen mit aufgeschlagenen Flügeln an grünen Alpen aus – Ich glaube, ich soll heute sterben, das große Gewitter wird mich fassen. So sterb' ich gern, Verhüllter über mir; vor dem Angesicht der Berge und der Sonne und des gewölbten Blaues weicht gern mein Geist aus der einklemmenden Hütte und fliegt in den weiten, freien Tempel. Ich drücke die sonnenrote Stunde und die gebürgige Welt noch tief ins brausende Herz, und dann zerbrech' es, woran es will ...

Jetzt gähnet ein Wolken-Rachen vor der Sonne; noch seh' ich einen Sennenhirten mit dem Alphorn, dessen Töne nicht herüberreichen, am purpurnen Abhang unter weißen Rindern, und ein Hirtenknabe trinkt an seiner Ziege den Abendtrank. – Wie lebt ihr still im Sturme des Seins! – O die schwarze Wolke frisset an der Sonne! – Das erhabene Land wird ein Kirchhof von Riesengräbern, und nur die weißen, hohen Epitaphien der Gletscher glänzen noch durch ...

Nun geraten schon die Enden der Gewitter aneinander und schlagen sich. – Wie höllenschwül! – Oho! jetzt riß es meinen Charonskahn in den brauenden Qualm hinab! – Ich sehe nicht mehr – Was ist das Leben – die feigen hockenden Menschen drunten singen jetzt gewiß zu Gott, und die Erbärmlichen werden gewiß jeden vermahnen an meinem Leichnam – Wie es hinauf- und hinabschlägt – In

Wörlitz war mein letzter Tag, das ahnete ich ja – Himmel! der heutige Traum hat ja mich und mein Ende klar geträumt; er soll auch ganz wahr werden, und ich will jetzt mit meinem Posthörnchen wütig ins Wetter blasen, wie ihr Mozart drunten im Don Juan, und den Heuchlern auf dem Boden den Anbruch des Jüngsten Tages weismachen – –

Addio, Graul, ja wohl kannst du mich nicht auf der Brust umarmen .....

Und Graul schreibt dann am Schluß: – *Inzwischen braucht die Welt alles das gar nicht zu wissen; er heiße ihr Giannozzo und damit gut. Es ist eine besondere Schickung, daß dieser mein zwar nicht ältester, doch kräftigster Freund mir zweimal begegnete, ohne daß ers wußte. Denn ich war der tanzende Nachtwandler, den er auf dem Brocken in der Menuett gesehen; und auf meinem Wege nach Bern – wo ich meinen Clavis gemacht – stand ich gerade am Rheinfall zu Schaffhausen, als er oben blies. Das Gewitter wütete fürchterlich und nahe an der Erde und stürzte zugleich mit dem Rhein herunter. Wirklich vernahm ich und noch einige ein sonderbares, aber unharmonisches, abgestoßenes, schneidendes Tönen droben aus dem finstern Wolkengewölbe. Endlich durchbrach dieses ein schmetternder Schlag: unweit von uns flog die zerschlitzte Kugel und die Sänfte daran auf einer Wiese nieder. Ich erkannte sogleich meinen teuern Freund. Sein rechter Arm und sein Mund waren weggerissen, das Horn zum Teil geschmolzen, seine langhängenden Augenbraunen auf den hohen Augenknochen kahl weggebrannt und sein Gesicht sehr zornig verzogen; alles andere aber unversehrt.*

Und dann sagt Graul ihm die schönsten Worte hinterher, die einer sagen kann: *Ich spreche die vernünftigen Worte nach, die mir sein Traum in den Mund gelegt: ›Giannozzo, wo lebst du, Lämmchen? Kannst du mir nicht erscheinen? Wahrlich, ich gedenke deiner, armer Teufel!‹*

SOMMERTAG, SOMMERNACHT

... die Menschen schlafen nebeneinander mit ihren Träumen, aber selten weiß einer, wenn der andere eben einen schweren hat; er würd' ihn sonst wecken SELINA

Sommertag

JA, WO LEBST DU, LÄMMCHEN?

Ich, wenn ich könnte, wie ich wollte, aber ich kann ja nicht, wie ich will, würde mit dem Zug, denn ich hasse Autos, und die großen Flugzeuge mißfallen mir auch, nach Zürich fahren, dann am Lago Maggiore vorbei, würde aussteigen und mich zur Isola bella fahren lassen, dann würde ich, wenn ich nur könnte, über Genf nach Lyon fahren, dann über Montpellier nach Narbonne, dann über Toulouse nach Tarbes, das liegt kurz vor Lourdes, wohin ich aber um nichts in der Welt wollte, in Tarbes würde ich umsteigen und nach Bagnères, mit einem Mietwagen, fahren; der Fluß, der dort, noch ziemlich klein, fließt, heißt Adour und geht bei Bayonne in die Biscaya. Bagnères war zu Jean Pauls Zeiten ein mondäner Badeort; der Leser wird sich an Julie von Krüdener erinnern? – sie war dort. Die halbe Welt fährt überall hin, bloß ich und Jean Paul müssen zu Hause bleiben und uns alles ausdenken. Gerecht ist das nicht. Dann würde ich aber den Fluß noch weiter hinauffahren* und

* *Einen Strom lange aufwärts gehen und ihn immer kleiner finden (Gedanken 9, 54)* – das ist eine schöne Idee, und ich habe mir schon lange geschworen, das einmal mit dem Goldersbach zu tun.

käme schließlich nach Campan, das ist ein kleiner Ort in einem schönen Tal, und in der Umgebung wird Marmor gebrochen. Läuft man im Tal noch weiter aufwärts, dann läuft man mitten in die Pyrenäen hinein. Jetzt sieht der Leser aber längst Land: dies ist das Kampaner Tal. Abends am 24. Juli 1796 treffen wir dort sechs Leute an: den Baron Wilhelmi, seine Braut Gione, deren Schwester Nadine, einen gewissen Karlson, ein Anbeter Giones, sodann Jean Paul und schließlich den Hauskaplan, der ein strenger Kantianer ist. Der Hauskaplan ist wichtig, denn am nächsten Tag sollen Wilhelmi und Gione getraut werden. Gione übrigens war unlängst beinahe dahingerafft worden, Wilhelmi nahm sie schon für tot, Karlson war gebrochen abgereist; nun ist sie aber wieder auferstanden, und wo wird sie jetzt sein? Natürlich in einer Höhle (wir kennen dich, Fritzchen). Jean Paul wird in der Höhle allen vorgestellt, vor allem den Damen, und ich bin sicher, daß er sich in Nadine verlieben wird. Dann verlassen alle die Höhle, wir erfahren das alles aus Briefen, die Jean Paul an Viktor schreibt, jetzt schreibt er zum Beispiel: *Als wir uns aus der wetterleuchtenden Demant- und Zaubergrube in die verdickte Nacht begaben: so sahen wir den Mantel des Erebus in schweren nassen Falten niederhängen, und dünne Blitze quollen aus dem nächtlichen Dunst, die Blumen rauchten aus zugedeckten Kelchen, und unter dem tiefer einsinkenden Gewitter schlugen die Nachtigallen lauter, gleichsam als lebendige Gewitterstürmer, hinter blühenden Sprachgittern.* Danach gehen fürs erste alle zu Bett, in drei kleinen Hütten: die Schwestern in eine, Wilhelmi mit dem Kantianer in die zweite, und in die dritte Karlson und Jean Paul. *Durch die ganze Nacht,* sagt Jean Paul, *ging ein halb verlorner Donner, gleichsam als zürnt' er im Schlafe.*

Nun kommt der Morgen, einer dieser Nachgewittermorgen, die schöne Tage versprechen und halten. Der Hauskaplan wird schon gesucht, er steht am Adour, da hat er gekrebst und gefischt*, Jean Paul bietet ihm die Tageszeit, aber der Kaplan liebt Biographen nicht. Karlson, der gerade irgendwie badet oder sich von einem Wasserfall naßmachen läßt, geht zur Kopulation, Jean Paul nicht, denn es ist ihm eine Nacht gegeben worden und ich hatte ihm Nadine vorgeschlagen, nun steht er draußen und träumt: *Ich mache dir kein Geheimnis daraus, daß ich unter der Kopulation neben so vielen Schönheiten des Frühlings mich in die ebenso holden Nadines verlor, die für mich ein unbekanntes inneres Afrika war, wobei ich wünschte, sie wäre ebenso heiß.* Dann ist die Trauung vorbei, alle treffen sich wieder, Nadine hat eine Träne am Auge hängen, und unter dem andern Auge eine Warze. Wilhelmi und Nadine haben abgekartet, daß der Tag mit einer Lustpartie zu Fuß den Adour aufwärts verbracht werde; das sei in einem solchen Arkadien recht arkadisch und schäfermäßig, meint Nadine. Nerrlich dagegen findet die ganze Idee ziemlich geschmacklos, weiß Gott, was er mit den Frischgetrauten angefangen hätte. Die Sache ist die, daß Wilhelmi oben am Flüßchen ein mittleres Schlößchen stehen hat, und das will er Gione als Morgengabe abends geben. Ich wünschte, ich hätte auch ein Schloß.

Man will sich übrigens bei ungefähr jeder Blume ausruhen, es sind nämlich bloß zwei Meilen. *Ich rief vor Freuden toll: ›Ach prächtig!‹* sagt Jean Paul, und nennt das ganze Unternehmen eine langsame horizontale Himmelfahrt. Er scheint recht wohlgelaunt. *Ach Viktor,* sagt er, *nur Reisen*

* *Er liebt die Weiber bis sogar unter den Heringen und Krebsen (Gedanken 1, 341)*

ist Leben, wie umgekehrt das Leben Reisen ist. Übers Reisen hat er überhaupt manches gesagt, was sich gut in Fußnoten unterbringen ließe; aber der Leser ahnt nicht, wieviel Mühe diese lustigen Fußnoten machen. Wilhelmi, denn schon gehen alle los, trägt übrigens Giones Laute (wir werden sie noch spielen hören), Karlson trägt ein Kühlaggregat, die Schwestern Schirme; Jean Paul läuft rasch noch einmal ins Haus und holt vom Kanapee zwei Kissen: eines gibt er dem Kantianer zum Tragen, er nimmt das andere, zweifellos wird ers der kalopygischen Nadine unter das unbekannteste Afrika legen wollen.

Kornfluren, Wasserfälle, Sennenhütten, Marmorbrüche, Haine, Grotten, und dahinter immer die Pyrenäen: ein schöner Tag, ein schöner Gang. Jean Paul versucht mit dem Kaplan ein bißchen über Kant zu reden, den er nicht sonderlich mag, aber der Kaplan will nicht so recht und schimpft auf Leibniz, den er nämlich nicht mag. Da hält alles an, denn der Nadine ist ein Diamant aus dem Halsgehenke gefallen. Alles sucht, und Jean Paul macht die herrliche Bemerkung: *ich wundere mich, daß der Mensch allezeit gerade eine Sache an dem Orte, wo er ihren Verlust bemerkt, zu finden hofft.* Auch der Leser tut das suchende Auge nach unten*. Jean Paul, der mittlerweile Wohlgefallen, wenn auch kaum ein interesseloses (das ist eine gelehrte Anspielung auf Kant), an Nadines Busen gefunden hat, dem Busen, woran (am Kleide also) eine Rose steckt, in welcher wiederum Tautropfen zu sein scheinen (doch nicht Afrika?), sagt galant und ganz Weltmann: *Alles liegt voll weicher Diamanten, und wer will den harten ausfinden?* Und da liegt er

* *Wenn man etwas verliert, z.B. einen Schlüssel: bei Gott was kann man dann nicht am Ende verlieren? – (Gedanken 5, 744)*

denn auch. Er hab es nicht so gemeint gehabt, fügt Jean Paul für sich an, aber immerhin sei ihm Nadine darüber nicht feinder geworden. Feinder: wieder was für Reich-Ranicki.

Der Kaplan wendet sich dann doch einmal an Jean Paul und sagt ziemlich kantisch, unsterblich könnten höchstens moralische Wesen sein; denn da gerade die moralischen Wesen (er meint die Menschen, denn Nadine hatte Unsterblichkeit eben gerade auch für die Blumen verlangt) in der kurzen Verweildauer des Lebens nie ganz ihr Ziel erreichen, müßten sie wenigstens später noch eine Chance haben. Karlson findet das ein bißchen dunkel. Der Kaplan wird darauf ganz rigoros und sagt, überhaupt wolle Kant ja gar keine Unsterblichkeit beweisen, sondern er wolle da geradezu alles im ungewissen lassen, damit der Mensch hier nicht zu streben aufhört, weil er womöglich denkt, nachher seis mit dem Strebenmüssen ohnehin aus. Karlson repliziert fein: wenn einer aber diese Absicht hinter der Unsterblichkeit einmal gemerkt habe, sei's um sie eigentlich doch getan.

So geht das unter dem Gehen. Jean Paul fängt heimlich eine Schachtel voll Johanniswürmchen, für abends, wenn es dunkel ist. Rosenzweige sind zu sehen, Glockenblumen, Lilienkäfer, Mücken, Bienen, Schmetterlinge. *Wir gingen selig weiter,* sagt Jean Paul. Die Gesellschaft kommt an ein kleines Häuschen, vier Kinder aus dem Häuschen bringen Essen, aber, sagt Jean Paul, *dem armen Phylax* (das ist der Kantianer) *schmeckte wenig oder nichts, ihm war daran gelegen, zu beweisen, daß er fortdauere.* Gione sagt: *›Warum sollen nicht Erinnerungen der Unsterblichkeit unsere Freuden ebenso verzieren als Sarkophage englische Gärten?‹* Nadine fragt dazwischen: *›Wenn aber die Männer über die Hoffnungen der Menschen hadern:*

was bleibt den Weibern übrig?‹ ›Ihr Herz und die Hoffnungen‹, antwortet Gione. Ich höre gern solchen Unterhaltungen zu, denn sie wollen nicht bedeutend sein, aber sie sind es, weil so vieles mitschwingt. Unter Freunden beweisen zu müssen, ist Barbarei, und unter Feinden ist es Unsinn. Logiker, die philosophieren, sind scharfsinnige Irre; der Leser kennt vielleicht nur mich, er ahnt gar nicht, wieviel Irre philosophieren: ich sage das so zweideutig, damit böse Rezensenten (die aber bis hierher gar nicht lesen) eine Chance gehabt hätten.

Karlson meint, wenn er eine Eintagsfliege wäre (er hat gerade eine erwischt), dann würde er glauben, daß Gott sich die ganze Mühe mit ihm nicht gegeben hätte, wenn abends doch alles vorbei wäre. Aus schwer verständlichen Gründen freut sich der Kaplan darüber. Jean Paul meint, wenn man nach oben schaue, in der Rangleiter der Wesen, komme man sich klein, wenn man nach unten schaue, groß vor. Da kommt die Frau aus dem Häuschen herbei und sagt zu Nadine, es tue leider weh, aber sie müsse die Warzenheuschrecke nehmen. Dieser Warzenfresser, erläutert Jean Paul, beiße Warzen weg. Der Kaplan geht sogleich einen suchen, findet auch einen, aber dann hat er ihn in der wuchtigen Faust zerdrückt: wo Kant hinlangt, wächst kein Heuschreck mehr. Also fängt Jean Paul einen.

Dann hält er ihr den Warzenfresser an die Warze und vertieft sich so in ihre schöne Netzhaut und alles, daß er den Warzenfresser gar nicht an die Warze heranbringt. Er muß es noch einmal versuchen, und dazu muß er seine Hand auf ihre Wange stützen. Wieder kann er schön ihre schönen Augen angucken, und sie kann die ihren ja, aber sie will wohl auch nicht, nicht senken, weil sonst der Heuschreck womöglich ihre Wimpern abknappte. Nun knappt er ihr aber tatsächlich die Warze ab, aber Jean Paul sagt, die glückliche Kur könne leicht in eine Krankheit für ihn umschlagen.

Durch den Himmel wehen jetzt ganz hoch dünne Flokken. Wilhelmi sagt, er wolle unter einer totalen Sonnenfinsternis über die Unsterblichkeit grübeln –: *ich wollte, ich erlebte eine, wo sich der Mond prächtig vor die Mittagssonne hängt, wo der lärmende Tag auf einmal verstummt, wo die Nachtigallen schlagen, die Blumen zufallen, und wo es schauerlich tauet und nebelt und kühlt.* Er will, so jung vermählt, den Tag zur Nacht gemacht haben. Karlson beweist nun auf zweierlei Weise etwas gegen die Unsterblichkeit, aber Jean Paul hält ihn mit einigen physiologischen Erwägungen in Schach. Außerordentlich vernünftig sagt er, daß die Träne zum Beispiel mit der Betrübnis keine Ähnlichkeit habe, der Witz nicht mit dem Champagner, die Vorstellung einer Landschaft nichts mit dem Bild auf der Retina. Man achte das nicht gering; ich kenne Leute, die allen Ernstes behaupten, sie würden, wenn sie nur tüchtig weiter machten im Gehirn und mit der Kybernetik, schon noch dem Denken auf die Schliche kommen. Kurzum, Jean Paul will sagen, daß es mit dem Geist seine eigne Bewandtnis habe, und daß man nicht schließen dürfe, ein Gedanke sei nicht, wenn das Gehirnzellchen verfällt, worin er wohnt.

Auf einer kleinen Halbinsel wird nun wieder haltgemacht, Jean Paul sucht Nadines Nähe und sagt zu Viktor im Brief: *Guter Bruder, ich schickte mich an, mich zu verlieben.* Und er fügt weise hinzu: *Warzen haben ihr Gutes.* Er stiehlt Nadine auch noch ein kleines Riechsäckchen, für alle Fälle sozusagen. Vielleicht hat das ja auch sein Gutes. Die wenigsten, sagt Jean Paul zum Kaplan, leugnen ein zweites Leben, die wenigsten auch glauben es fest; die meisten schwanken. Mit der Hölle sei es viel eindeutiger. Wie soll der Mensch aber auch, fragt er dann ziemlich rhetorisch, eine andere Welt weissagen, wo doch etwa ein Grönländer wohl nie, wüßte er nicht von ihm, einen Neger oder einen Wiener zu weissagen imstand wäre (aber wer, fragt Giannozzo einmal, *wer prophezeiet die Späße des Menschen?*). Wilhelmi fragt ihn darauf, wofür oder wogegen er denn nun eigentlich sei. Er sei dafür, sagt Jean Paul, daß wir einen zweiten Planeten nicht deshalb verneinen könnten, weil wir keine Karte von ihm hätten. *Wir brauchen aber keinen Planeten,* fügt er kryptisch hinzu. Überhaupt aber, sagt Karlson, seien doch alle Weltkörper schon bevölkert, wenn sie denn zu bevölkern seien, etwa später von uns. Der Ansicht sei auch Kant, vermeldet der Kaplan.

Nun gehn sie durch Weizenfelder. Jean Paul beginnt eine längere Rede, des Inhalts, wir hätten mit der Tugend, der Schönheit und der Wahrheit schon drei Himmel in uns, oder ein Universum, das nach einer zweiten Welt verlange. Wir hätten das aber umsonst, wenn dies Leben alles sei. *›Und jeder Tugendhafte‹*, sagt Gione rasch, *›und jeder Weise ist zugleich auch ein Beweis, daß er ewig lebe.‹ ›Und jeder‹*, so Nadine sehr schön, *›der unverschuldet leidet‹*. Davon träume er auch gern, sagt Wilhelmi, *›aber könnten unsere schönen geistigen Kräfte nicht uns zur Erhaltung und zum Genusse des jetzigen Lebens verliehen sein?‹* Er scheint sich einiges von der Ehe zu erträumen. Wozu aber ein Engel für diesen Körper, wendet Jean Paul fast ungehalten ein. Die Unersättlichkeit des menschlichen Herzens wolle andere Kost als diese Welt. Und er fährt fort, daß die Unverhältnismäßigkeit zwischen den Wünschen des Herzens und dem, was die Erde gibt, eine Blasphemie (er sperrt es) wäre, schwänden wir so dahin. *Unser Auge,* sagt er, *reicht so weit als das Licht, aber unser Arm ist kurz und erreicht nur die Frucht unsers Bodens.* Daraus etwas zu folgern vom Kaplane aufgefordert, sagt er: *Nicht daß wir unglücklich, sondern daß wir unsterblich sind und daß die zweite Welt in uns eine zweite außer uns fodert und zeigt.*

In Giones Gesicht kommt sinnende Ruhe, Nadine sucht in der Tasche was, aber was sie sucht, ist im Riechsäckchen, das Jean Paul hat. Er hat darin die Klage ohne Trost, die Karlson geschrieben hatte, als er Gione tot glaubte. *Der Tod wischt den weichen Menschen weg und lässet den Grabstein zurück,* steht darin. *Ach Gione, ich hätte einen Trost, wärest du nur weit von uns allen in eine bewölkte Wüste geworfen, oder in die Schachte der Erde, oder hinauf in die entfernteste Welt des Äthers – aber du bist vergangen, du bist vernichtet. Deine Seele ist gestorben, nicht nur deine Hülle und dein Leben. Aber ich, Gione,* heißt es dann bald, *stehe noch stark mit dem unvernichteten Schmerz, mit der unvernichteten Seele an deinen Ruinen und denke dich weinend, bis ich verschwinde. Und meine Trauer ist edel und tief, denn sie hat keine Hoffnung.*

Den letzten Satz kennt der Leser schon. Und der Satz ist wahr. Daß wir uns im Himmel wiedersehn, einfach so, das ist ein Gedanke, der die Trauer entehrt. *Ich denke dich weinend:* ja, das ist die Trauer um die Toten, wenn wir sie liebten. Je mehr wir sie liebten, desto hoffnungsloser ist ihr Erloschensein: so sehr waren sie nämlich da und lebten wirklich hier und bei uns. Da steht ihr Bild noch: sie lächeln und sind vergnügt, oder sie schauen ernst; aber nun ist nichts mehr da, nichts von ihnen als dies tote Bild.

Aber Jean Paul wendet ein, daß wir solche Gedanken

nicht ertragen könnten. Er meint damit, daß die Gedanken, so klar wir sie uns machen, unsern Gefühlen entgegen seien, und daß womöglich die Gedanken das Recht nicht hätten, einen Vorrang vor den Gefühlen zu behaupten; insofern, sagt er, umschleiche uns immer die Voraussetzung der Unvergänglichkeit, aber als ein Gefühl, aber dennoch gegen die Gedanken sich zur Wehr setzend. Wir wissen also, daß der Gedanke richtig ist; aber unser Gefühl will ihn nicht wahrhaben: ist das Gefühl aber nun nichts?

Ich fuhr fort, sagt Jean Paul zu Viktor, *aber alle Schlüsse waren jetzt zu Gefühlen verdichtet* (verdichtet, sagt er, und muß doch wohl größere Stärke meinen): *›Ja dann, wenn alle Wälder dieser Erde Lusthaine wären, alle Täler Kampaner, alle Inseln selige, alle Felder elysische und alle Augen heiter, ja dann – – nein, auch dann hätte der Unendliche unserm Geist durch diese Seligkeit den Eid ihrer Dauer getan – aber jetzt, o Gott, da so viele Häuser Trauerhäuser, so viele Felder Schlachtfelder, so viele Wangen bleich sind, da wir vor so vielen welken – roten – zerrissenen – und geschlossenen Augen vorübergehen: o! könnte jetzt die Gruft, dieser rettende Hafen, bloß der letzte einschlingende Strudel sein? Und wenn endlich nach tausend tausend Jahren unsere Erde an der nähern Sonnenglut ausgestorben und jeder lebendige Laut auf ihr begraben wäre, könnte da ein unsterblicher Geist auf die stille Kugel niederschauen und den leeren Zeremonien- und Leichenwagen ziehen sehen und sagen: ›Drunten flieht der Kirchhof des armen Menschengeschlechts in die Krater der Sonne – auf dieser Brandstätte haben einmal viele Schatten und Träume und Wachsgestalten geweint und geblutet, aber nun sind sie alle längst zerschmolzen und verraucht – fliehe hin in die Sonne, die auch dich auflöset, stumme Wüste mit deinen eingesognen Tränen und mit dem vertrockneten Blute!‹ – Nein, der zerstochene Wurm darf sich emporkrümmen* *gegen den Schöpfer und sagen: ›Du hast mich nicht zum Leiden schaffen dürfen‹.‹*

Etwas wie Trotz haben wir schon einmal zu spüren gemeint, das war bei der dunklen Träne am Auferstehungstag in der *Unsichtbaren Loge,* aber es war dort von Liebe die Rede. Aber als Karlson jetzt fragt, wer dem Wurm denn das Recht zu seiner Forderung gebe, antwortet Gione auch schon: *›Der Allgütige selber, der uns das Mitleiden gibt …‹*

Es habe aber dieses schöne sanfte Wort nicht alle Wellen seiner erschütterten Seele glätten können, sagt Jean Paul. Seine innern Augen seien voll Tränen, sagt er, und er gedenke aller, die unschuldig oder freudlos gestorben seien. Die Sonne sinkt indes, Riesenschatten sieht er wie Nachtraubvögel steigen. Nun sind auch seine äußern Augen voll Tränen, er faßt Karlsons Hand und sagt: *›Sehen Sie, wie sanft und gerührt der Tag geht, wie erhaben die Nacht kömmt – o dachten Sie nicht daran, daß unser Geist glänzend einmal ebenso aus der Grube voll Asche steigen werde, da Sie einmal den milden und lichten Mond groß aus dem Krater des Vesuvs aufgehen sahen?‹* Nadine umarmt ihre Schwester und sagt: *›O wir lieben uns ewig und unsterblich, gute Schwester.‹* Und Gione, die er geliebt hat, sagt zu Karlson, der aber doch ihretwegen und aus Liebe so dunkel denkt: *›Unter uns allen werden Sie allein von diesem tristen Glauben gequält – und Sie verdienen einen so schönen!‹* Und er sagt: *›Ich kann keine Vernichtung ertragen als nur meine – mein ganzes Herz ist Ihrer Meinung, und mein Kopf wird ihm langsam folgen.‹*

Das ist aber ja das, was Jean Paul gemeint hatte, als er von den zu Gefühlen verdichteten Schlüssen gesprochen hatte. Nur hatte er selber aus allen Gefühlen noch schließen wollen, während Gione und Nadine und Karlson sich nun sich selbst hingeben. Nerrlich sagt, alle Beweise in dieser Schrift, die Unsterblichkeit der Seele angehend, seien ganz kindisch und fielen beim leisesten Anhauch wie ein Kartenhaus in sich zusammen. Er weiß aber nicht, wie nahe er da der Wahrheit ist. Und er weiß es nicht (denn er verachtet Jean Paul für dieses Werk), weil er vom Denken verlangt, es solle die Unsterblichkeit unwiderleglich machen, es solle sie beweisen, sie, die ein Bild ist, wie wir wissen: es solle also ein Bild beweisen. Kein Denken kann das, und kein Denken, das sich versteht und also mehr ist als bloß ein Gebäude aus Theorie, will das. Alle Metaphysik hat das Gefühl in Verstand auflösen wollen, oder so: alle Metaphysik, wie Nerrlich sie versteht, scheint das gewollt zu haben: aber da ist alle Metaphysik gescheitert.

Nun sei die Sonne rot auf den Gebirgen gestanden, sagt Jean Paul, und Karlson habe zufällig die Saiten von Giones Laute berührt; auf Giones Wort hin seien ihm Tränen gekommen, und die Sonne habe diese Tränen vergoldet – am Grabe waren sie damals dunkel geblieben, jetzt vergoldet die Sonne sie.

Sommernacht

Der Himmel heitere sich und uns auf
GEDANKEN 8, 120 (202)

Jetzt sind sie da, der schöne Weg ist gemacht, die Sonne geht unter: *Wir standen gerade vor einem Schlosse, worin, des Abendscheins ungeachtet, alle Fenster sich von Girandolen versilbern und (wenn es dunkler geworden) vergolden ließen. Oben über der italienischen Platteforme desselben hingen zwei Montgolfieren, die eine am westlichen, die andere am östlichen Ende, gefesselt im Äther.*

Eine horizontale Himmelfahrt hatte Jean Paul den Spaziergang genannt: da geben dem Leser die Montgolfieren jetzt sicher zu denken. Das Reden hat unter den am Schloß Angekommenen aufgehört. Die Liebe der Schwestern zueinander, Giones Liebe gegen ihren Mann, Wilhelmis Liebe ihr gegenüber, Karlsons liebende Ergebenheit gegen Gione, Jean Pauls Verliebtheit in Nadine: alle diese Einzellieben scheinen eingegangen in eine stillschweigende Liebe aller untereinander, eine Liebe, die man denn doch eine höhere nennen darf, eine nichts wollende Liebe. In diese Liebe ist Viktor jetzt eingeschlossen; Jean Paul redet ihn mit Teuerster an und mit Geliebter, er schreibt als einer, der sich einem andern offenbart. Jean Paul beschreibt ihm das Bild, das sich denen am Schloß bietet.

O Teuerster, wie schön war die Stelle und die Zeit! Die Pyrenäen ruhten groß, halb in Nächte, halb in Tage gekleidet, um uns und bückten sich nicht, wie der veraltende Mensch, vor der Zeit, sondern erhoben sich ewig; und ich fühlte, warum die großen Alten die Gebirge für Giganten hielten. Die Häupter der Berge trugen Kränze und Ketten von Rosen aus Wolken gemacht; aber sooft sich Sterne aus dem leeren tiefen Äthermeer herausdrängten und aus den blauen Wolken glänzten, so erblichen Rosen an den Bergen und fielen ab. Nur das Mittagshorn schauete wie ein höherer Geist lange der tiefen einsamen Sonne nach und glühte entzückt. Ein tieferes Amphitheater aus blühenden Zitronenbäumen zog uns mit Wohlgerüchen auf die eingehüllte Erde zurück und machte aus ihr ein dunkles Paradies. Und Gione drang voll stillem Entzücken in ihre Lautensaiten, und Nadine sang den gleitenden Tönen leise nach. Und die Nachtigallen wachten in den Rosenhecken am Wasser auf und zogen mit den Tönen ihres kleinen Herzens tief in das große menschliche, und glimmende Johanniswürmchen schweiften um sie von Rose zu Rose, und im spiegelnden Wasser schwebten nur fliegende Goldkörner über gelbe Blumen. – Aber da wir gen Himmel sahen, schimmerten schon alle seine Sterne, und die Gebirge trugen statt der Rosenketten ausgelöschte Regenbogen, und der Riese unter den Pyrenäen war statt der Rosen mit Sternen gekrönt. – –

Der Blick verweilt an den großen Bergen, Stern nach Stern kommt, man sieht die Zeit ruhig gehen. Der Blick senkt sich langsam hinab, Jean Paul sagt sogar, sie, die Sehenden selber würden hinabgezogen auf die dunkle grüne Erde. Man hört die Menschen, man hört und sieht die immer kleineren Tiere, dann sieht man das Wasser, das alles spiegelt. Von ihm geht der Blick wieder nach oben, zu den Bergen und Sternen, und es ist noch nächtlicher geworden, noch tagferner.

O mein Geliebter, mußte dann nicht jeder entzückten Seele sein, als falle von der gedrückten Brust die irdische Last, als gebe uns die Erde aus ihren Mutterarmen reif in die Vaterarme des unendlichen Genius – als sei das leichte Leben verweht? –

Nichts beschränkt die Liebenden mehr, jeder ist von aller Befangenheit an sich selbst frei.

*Wir kamen uns wie Unsterbliche und erhabener vor, wir wähnten, das Sprechen über die Unsterblichkeit habe bei uns, wie bei jenen zwei edeln Menschen, den Anfang der unsrigen bedeutet.**

Aus dem Schloß kommt Musik, die Glücklichen gehen

* mit den zwei Menschen sind, eine Note sagt das dort und hier, Raffael und Hamann gemeint: *Raffael starb, da er die Verklärung vollendet hatte; und der genialische Hamann starb mitten unter dem Drucke einer Abhandlung ›über Verklärung und Entkörperung‹.*

hinein, aber dann durchs Schloß hindurch wieder hinaus, auf die Platteforme hinauf, zu den Montgolfieren: wir konnten, sagt Jean Paul, die große Nacht um uns noch nicht entbehren. Gione blickt nach einer der Montgolfieren hin, sehnsüchtig, heißt es: *Ihr Geist war ebenso kühn als still, sie hatte schon viele Zauberhöhlen der Erde und Zinnen der Alpen besucht: sie wollte mit der Kugel aufsteigen und in dieser herrlichen Nacht mitten im Himmel schweben.* Sie will allein hinauf, Wilhelmi versteht sie.

Sie ging einsam wie eine Himmlische empor unter die Sterne – die Nacht und die Höhe warfen ein Gewölke über die aufziehende Gestalt – ein oberes Wehen wiegte diese blühende Aurora und deckte mit der schwankenden Göttin ein Sternbild ums andere zu – Plötzlich trat ihr fernes erhöhtes Angesicht in einen hellen überirdischen Glanz hinein; es stand leuchtend, wie das eines Engels, im Nachtblau gegen die Sterne erhoben! Wilhelmi und Karlson ergriff ein ungewöhnlicher Schauder, ihnen war, als sähen sie die Geliebte wieder von sich ziehen, vom Flügel des Todesengels getragen. Der Mond hinter der Erde, der seine Strahlen früher hinauf an die Sterne als herunter auf die Erdenblumen warf, hatte sie so himmlisch verklärt.*

Als sie wieder zu uns kam, waren ihre Augen von gestillten Tränen rot – und sie war eben aufgestiegen, um in einer verhüllten Minute näher an den Sternen alte schwere Tränen einsam zu vergießen. O die Himmlische! sie lächelte sonderbar im Schlummer dieses Lebens über höhere Freuden, als die hiesigen sind, wie etwan schlafende Kinder lächeln, weil sie Engel sehen.

* *Aber das Saitenspiel tönt fern aus Gärten; vielleicht, daß dort ein Liebendes spielt ... Jetzt auch kommet ein Wehn und regt die Gipfel des Hains auf, sieh! und das Schattenbild unserer Erde, der Mond, kommet geheim nun auch; die Schwärmerische, die Nacht kommt, voll mit Sternen ...*

Jetzt wurd' es mir unmöglich, meine Sehnsucht nach den Sternen und meine Bitte um das Einschiffen dahin zurückzuhalten, schreibt Jean Paul an Viktor. Nadine, als sie sieht, daß die Schwester heil wiederkommt, fährt mit; Wilhelmi gibt ihnen die andere Montgolfiere.

– Und nun zogen uns die Sonnen empor. Die schwere Erde sank wie eine Vergangenheit zurück – Flügel, wie der Mensch in glücklichen Träumen bewegt, wiegten uns aufwärts – die erhabene Leere und Stille der Meere ruhte vor uns bis an die Sterne hin – wie wir stiegen, verlängerten sich die schwarzen Waldungen zu Gewitterwolken und die beschneieten beglänzten Gebirge zu lichten Schneewolken – die auftreibende Kugel flog mit uns vor die stummen Blitze des Mondes, der wie ein Elysium unten im Himmel stand, und in der blauen Einöde wurden wir von einem gaukelnden Sturm gleichsam in die nähere schimmernde Welt des Mondes geblendet gewiegt ..... und dann wurd' es dem leichtern Herz, das hoch über dem schweren Dunstkreis schlug, als flatter' es im Äther und sei aus der Erde gezogen, ohne die Hülle zurückzuwerfen. –

Plötzlich stockte unser Flug – wir blickten hinunter in das von der Tiefe und der Nacht verschlungne Tal, und nur die Lichter des Schlosses schimmerten zusammenfließend hinauf – eine westliche Wolke hing vor uns in Gestalt einer weißen Nebelbank, und ein schwarzer Adler glitt wie ein Todesengel von Morgen vorüber und durchschnitt die lichte Wolkensäule und suchte seinen Gipfel – und ein kaltes Wehen zog uns spielend gegen die Insel aus Dunst – das Abendrot war schon gegen Mitternacht unter der Erde fortgezogen und wandelte über das geliebte Frankreich als künftige Aurora ..... O wie richtete sich der innere Mensch unter den Sternen auf und wie leicht wurde über der Erde das Herz .....

Auf einmal stiegen unten aus dem schimmernden Schlosse leise Harmonien herauf, und unsere Geliebten riefen uns mit gedämpften

Echos zurück ..... Und da Nadine hinuntersah, brach ihr das einsame Herz vor Sehnen nach den teuern Menschen – und da sie in das lange versilberte Tal hinüberblickte, worüber der Mond hereingewälzet war, und da unter seinen flatternden Folien die zitternden Wasserfälle glommen und die rinnenden Bögen des Stroms und die grünenden Marmor-Torsos und die weißen Steige zwischen Ulmen und Ähren und die ganze zauberische Bahn unsers heutigen Tages: so strömten helle und glänzende Tränen unverhüllt aus ihren sanften Augen, und sie blickte mich gleichsam mit der Bitte um Nachsicht und Verschweigen an und sagte erschütternd: ›Wir sind ja doch so weit von der harten Erde!‹

Und als unsere kleine Kugel zu den schillernden Auen und hellern Tönen zurückgezogen wurde: sah sie mich fragend an, ob ihre Augen noch Spuren der Tränen zeigten. Sie trocknete sie schneller, aber vergeblich. Wir sanken schweigend hinunter. Ich nahm ihre brennende Hand und sah ihre fortweinenden Augen. Aber ich konnte nichts sagen .....

– Und wie könnt' ich denn jetzt noch etwas sagen, du Geliebter! –

BAYREUTHER IDYLL

– am angenehmsten wird der Mensch getragen wagrecht, als Kind oder auf der Bahre
GEDANKEN II, 556 (705)

Mir ist als Autor und fast als Mensch jede neue Erfahrung gleichgültig, weil sie doch im Höchsten zu nichts führt und ich nach meinen der Gegenwart abmodellierten Werken nichts suche als Ruhe
VITA-BUCH 31

BAYREUTH, das man, folgt man einschlägigen Büchern, auf der zweiten Silbe zu betonen hat, hatte zu Anfang des letzten Jahrhunderts ungefähr 11000 Einwohner, verteilt auf gut 2500 Familien; etwas über 2000 Leute waren in Manufakturen tätig. Es hat Jean Paul nicht wenig erbittert, daß auf Betreiben der Fabrikbesitzer immer mehr Feiertage abgeschafft wurden. Bayreuth lag am Knotenpunkt der Straßen von Nürnberg nach Leipzig, Dresden und Berlin und von München nach Würzburg; es hatte dreizehn stark frequentierte Gasthöfe. Im Laufe des 18. Jahrhunderts wurde es von unterschiedlich verschwenderischen Fürsten zur Hauptstadt des gleichnamigen Fürstentums ausgebaut. 1769 ging alles an Ansbach, 1791 an Preußen, womit die fürstliche Verschwendung ein Ende hatte, 1807 an Frankreich, 1810 an Bayern, 1873 an Wagner. Einhundertundein Jahr später war Horst Krüger da und fand, Bayreuth sei nicht Fisch und nicht Fleisch und es sei ihm diese Stadt gottlob an einem diesigen kalten Novemberabend erspart geblieben; außerdem habe er schon beim Einfahren das Zwitterhafte der Stadt gespürt. Als ich hinkam, war der November vorbei, es hatten sich aber nicht mehr Bayreuther als gewöhnlich aufgehängt. Krüger scheint auch durch den Winter gekommen zu sein, denn er schreibt immer noch, und zwar genauso gut.

Das Fürstentum ist in den Kriegswirren anfangs des letzten Jahrhunderts sehr verheert worden. Die wechselnden Besatzungsmächte plünderten das Land förmlich aus, die Geschichte der Stadt Bayreuth von Holle (fortgeführt von seinem Sohn, Bayreuth 1901) liest sich, was diese Kriegsjahre angeht, wie ein Schauerroman und schlimmer; *der Landmann,* schreiben die Holles, *dessen Ställe sonst kräftige Pferde und Rinder füllten, schlich mit düsterem Antlitz über seinen verwilderten Acker.* Über einen gewissen Junot, Herzog von Abrantés, der für Napoleon Bayreuth verwaltete, schreiben sie zornig: *Dabei gab er sich den niedrigsten, verbrecherischsten Ausschweifungen hin. Er wurde später als Gouverneur nach Braunau versetzt, wo er sich in einem Anfall von Raserei die Hirnschale an der Wand zerschmetterte.* Napoleon himself war zweimal in Bayreuth: am 15. Mai 1812 abends bei Regen, und am 3. August frühmorgens, das Wetter ist nicht überliefert.

Nachdem er das Quartier mehrfach gewechselt hatte, fand Jean Paul schließlich in der Friedrichstraße eine Bleibe; eine Etage unter seiner Wohnung wohnt heute jener Doktor Hausser, dem wir ein hübsches Buch über Jean Paul in Bayreuth verdanken. Er hat mich in den Garten gelassen: kleine Statuetten stehen darin, man sieht Kirchturmspitzen, man hört gedämpfte Stadtgeräusche; an der Gartenmauer ist ein steinernes Hundewasch- oder -badebecken. Hier möchte man wohnen. Da zog Jean Paul nun also seine Kinder groß. Varnhagen von Ense schreibt 1808, nach einem Besuch bei Jean Paul, die Kinder seien sehr glücklich, er spricht von zarter Liebe und gesunder Stärke; abends, als die beiden Jüngsten schon im Bett gewesen seien, habe er, Varnhagen, zum Andenken kleine Papierbildchen geschnitten; darüber sei Jean Paul so aus dem Häuschen geraten, daß er die Kinder geholt habe, und diese hätten, zu des Vaters großer Freude ihn, Varnhagen, ein Christkindchen, und auf sein Vorhalten, er sei aber doch schon so groß, ein großes Christkindchen genannt. Aus dem Jahre 1811 wird die Geschichte berichtet, daß ein gewisser Pfarrer Österreicher mit Jean Paul und zweien der Kinder zu Abend aß. Die Kinder seien lebhaft gewesen, Österreicher habe gefunden, sie seien nicht richtig erzogen; eines der Kinder habe sich unterm Streiten etwas von einem Teller genommen, einem andern vermutlich, Österreicher habe den Arm des Kindes unsanft ergriffen und wieder zurückgetan. Jean Paul habe dem Gast zu verstehen gegeben, daß ihm dergleichen mißfalle, worauf dieser gesagt habe, man könne offenbar ganz gut eine Erziehungslehre schreiben und dennoch die eignen Kinder schlecht erziehen. Hierauf habe Jean Paul die Mahlzeit über kaum noch ein Wort gesagt, sondern sich vielmehr in allerkürzester Zeit vollkommen betrunken. Am nächsten Morgen habe er in äußerster Verbitterung gesagt, nun brauche er nicht mehr nach Wien zu reisen, er kenne den Österreicher jetzt*.

* das könnte ich alles ebenso gut mit wörtlichen Zitaten belegen, doch haben Wohlmeinende mir gesagt, nicht so Wohlmeinende möchten am Ende, wenn sie ausgemetert haben, wie entsetzlich viel ich kursiv habe setzen lassen, sich zu der Meinung verführt sehen, das Buch sei gleichsam überhaupt nicht von mir. Wenn nun also die Wohl-

Fast alle Zeugnisse sprechen dafür, daß Jean Paul ein eigenwilliger, aber musterhafter Vater war. Gegen die Österreicher dieser Welt ist aber nichts zu machen. Überhaupt wäre er der beste Ehemann, schreibt er einmal, wenn er die Bücher nicht zu schreiben hätte. Und dann sieht man sie ihn einmal schreiben *(Gedanken 3, 1227): Das Kind sitzt auf dem Schoß des dichtenden Vaters und bittet während dem Nachsinnen, daß er doch schreibe, und er möchte doch gern.* Später schreibt ein Besucher, er habe die älteste Tochter, die damals vierzehn war, die *Flegeljahre* lesend vorgefunden*. Sein Zimmer muß, da sind alle einig, auf Fremde den Eindruck unbeschreiblichster Unordnung gemacht haben. Es sei eigentlich nur ein schmaler Gang in der Mitte freigeblieben, ein kurzer dazu, und da Jean Paul offenbar mit Besuchern

meinenden mir raten, mehr selber zu schreiben, so leuchtet mir das, denn es ist wahrhaftig viel Dummheit in der Welt, schon ein; andererseits seh ich nicht, warum ich selber reden soll, wenn ich zu Wort kommen lassen kann. Schließlich erzählt zum Beispiel auch Nerrlich nur, was er weiß, und wenn man die Dokumente kennt, dann sieht man ihn sehr häufig einfach paraphrasieren; er tut aber so, als sei er's. – Wer jetzt glaubt, ich machte diese Note nur, weil ich insgeheim das Bedenken der nicht Wohlmeinenden teilte, dem ist nicht mehr zu helfen.

* hier will ich eine schöne Stelle aus den *Flegeljahren* anführen, sie steht dort im 43. Stück; ich zitiere ausführlich, weil der Leser aus den *Flegeljahren* ja fast noch nichts kennt. Walt, nachdem ihm im Gasthaus, er ist auf Reisen, der Maskenmensch begegnet ist, der dort das Fenster mit der eier-feindlichen Kraft versehen hat (ich will den Leser neugierig machen), geht im Ort umher und einem schönen blauäugigen Mädchen nach: *Das schöne Mädchen stand im Handel über ein Paar gemslederne Mannshandschuh, stieg im Bieten an einer Kreuzerleiter hinauf und hielt auf jeder Sprosse eine lange Schmährede gegen die gemsledernen Handschuhe. Der bestürzte Notar blieb mit dem Zopfband zwischen den Fingern so lange vor dem Ladentisch, bis alle Reden geendigt, die Leiter erstiegen und die Handschuhe Kaufs-unlustig dem Kaufmann zurückgeworfen*

gern im Gehen sprach, und zwar in solchem Gehen, sagt einer der Besucher, als jagte er Eilboten nach, habe man sich mit ihm wie ein Kreisel dauernd herumdrehen müssen.

Mit wachsendem Alter der Kinder zog Jean Paul sich mehr und mehr von der Familie zurück. Er habe, so heißt es, meistens den Tag bis in den Nachmittag hinein ein Stück vor der Stadt zugebracht, im Wirtshaus der Dorethea Rollwenzel, der sogenannten Rollwenzelei; im ersten Stock hatte er dort ein Stübchen für sich, man kann es heute noch anschauen: ein luftiger, heiterer Raum mit Dielenbrettern und einer reizenden Aussicht. Außen haben sie eine Tafel angebracht mit dem weltenüberdauernden Spruch: Hier dichtete Jean Paul. Nachmittags zu Hause hat er dann Besuch empfangen; danach war er dann gewöhnlich in der

waren. Walt, der sich sogar scheute, sehr und bedeutend in einen Laden zu blicken, bloß um keine vergeblichen Hoffnungen eines großen Absatzes im Vorbeigehen in der feilstehenden Brust auszusäen, schritt erbittert über die Härte der Sanftäugigen aus dem Gewölbe heraus und ließ ihre Reize, wie sie die Handschuhe, stehen. Schönheit und Eigennutz oder Geiz waren ihm entgegengesetzte Pole. Im Einkaufe – nicht im Verkaufe – sind die Weiber weniger großmütig und viel kleinlicher als die Männer, weil sie argwöhnischer, besonnener und furchtsamer sind und mehr an kleine Ausgaben gewöhnt als an große. Das Blau-Auge ging vor ihm her und sah sich nach ihm um; aber er sah sich nach der Briefpost um, deren Horn und Pferd ihm nachlärmte. Am Posthorne wollte seiner Phantasie etwas nicht gefallen, ohne daß er sichs recht zu sagen wußte, bis er endlich herausfühlte, daß ihn das Horn – sonst das Füllhorn oder Fühlhorn seiner Zukunft – jetzt ohne alle Sehnsucht – ausgenommen die nach einer – dastehen lasse und anblase, weil der Klang nichts male und verspreche, als was er eben habe, fremdes Land. Auch mag das oft den Menschen kalt gegen Briefpostreiter unterwegs machen, daß er weiß, sie haben nichts an ihn.

Den gedankenstrichreichen Schluß des vorletzten Satzes und den letzten Satz in ihrer federnden umstandlosen Schnelligkeit halte der Leser einmal gegen den Satz über das *Leichen machen Lernen* aus der *Loge,* ich habe ihn damals auch in einer langen Note zitiert: und er wird merken, was sich da alles verändert hat.

Harmonie, wo es Geselligkeit und Bier gab. Ein warmes Essen nahm die Familie dann wieder gemeinsam ein. Man wird sich nicht vorstellen dürfen, daß er tagtäglich in der Rollwenzelei war; seine Frau schreibt einmal, daß er hingehe, wenn es draußen schön sei. Überlegt man sich das in Ruhe und macht man sich von dem Gedanken frei, Jean Paul sei ein im Übermaß exzentrischer Sonderling gewesen, dann kommt man leicht darauf, daß er für seine Familie weit mehr Zeit hatte und nahm als einer, der irgendwo aufs Amt hätte gehen müssen. Den Satz eben, er habe sich allmählich von seiner Familie zurückgezogen, hab ich probehalber einfach abgeschrieben: er enthält kaum Wahrheit.

Ein Besucher beschreibt übrigens die berühmte Harmonie: *In einem finsteren Raume konnte man sich kaum erkennen, da nur hin und wieder auf den Tischen ein Talglicht stand, dessen Schein den dicken Tabaksdampf nicht zu durchdringen vermochte. Große Biergläser waren der einzige Schmuck dieser Tische, und überall zeigten sich die Spuren des übergeströmten Getränks. Der berühmte Mann schien sich jedoch an diesem Orte, den er fleißig besuchte, recht behaglich zu finden.*

Biergläser als Schmuck der Tische: das hat dieser Besucher schön gesehen. An und für sich und für gute Ehefrauen, zumal wenn Bier im Haus ist, sind und bleiben Kneipen natürlich ein Rätsel; kein Mann kann ordentlich deduzieren, daß er in die Kneipe muß – müssen tut er indes. Da geht es der Frau wie dem Publikum, wenn Jean Paul einmal schreibt *(Gedanken 7, 22): Das Publikum hat keinen Nutzen davon, daß ich einem Menschen, der mir eine Ohrfeige gegeben, eine oder zwei zurückgebe; indeß muß es doch geschehen.* Jean Paul wird jetzt meist als ziemlich dick geschildert, mit einer kahlen Platte auf dem Kopf, oben auf dem Kopf, sollte ich sagen, denn es waren schon Haare da, nicht elegant, aber auch nicht direkt nachlässig gekleidet; ein Zeuge spricht von einer gewissen kleinstädtischen Zierlichkeit. Derselbe Zeuge redet von einer großen Ähnlichkeit mit Beethoven, namentlich im Klavierspiel. Ein sehr ungeschminkt wirkendes Bild aus dem Jahre 1815 zeigt einen Bierkopf mit geschwollenen Augenlidern, mit Tränensäcken unter den Augen und einem aufgedunsenen, bartstoppligen Gesicht; der Mensch wirkt verdrießlich wie einer, der gerade ungern aufgestanden ist. Man meint auch eine gewisse Grantigkeit und Neigung zur Sottise zu spüren.

Fast programmatisch notiert er sich denn auch *(Gedanken II, 94 (105)): Das Gute, was ich von den Weibern gesagt und gedacht nehm' ich jetzo nicht zurück; aber ich denke (setze) seitdem nur mehr Böses dazu.* Zwei Hefte davor notiert er sich: *Man sollte allemal 13 Franzosen zu Tische bitten, damit einer stürbe.* Aus den Bemerkungen über den Menschen will ich einige über die Frauen, namentlich in der Ehe, auf den Fußboden dieser Seite werfen*. Am Ende seines Lebens halten

* – *Eben so gewöhnt sich eine Frau an den leiblichen und geistigen Reichthum eines Mannes und dankt ihm nichts (5, 734)*

Irgend einmal kommt die Zeit, wo auch jede Ehefrau sich für klüger hält als ihren Ehe-Mann, sei er noch so ausgezeichnet (5, 619 (802))

Die Weiber sind gut, aber schwer werden sie besser (unter der nächsten Ziffer)

Schwerlich hat je ein Mann bereuet, irgend eine Braut (Frau) nicht geheirathet zu haben (5, 699 (882))

Unter der Ziffer davor heißt es lapidar: *Keine Frau ist zur Vernunft zu bekehren.*

Das mit dem Fußboden hab ich eines Wortspieles wegen geschrieben, das ich dem Leser zitieren muß. In den *Flegeljahren,* wieder im 43. Stück, ganz am Anfang, will Walt einkehren: *Das erste Abenteuer war sogleich, daß ihm der Wirt ein Zimmerchen abschlug; es sei alles von Frän-*

sich dann, die Ehe betreffend, Bosheit und Einsicht die Waage, und er notiert (*Gedanken 12, 960* – das ist nach 1824): *Man darf nicht wünschen, eine andere Frau geheirathet zu haben, wenn die Kinder der jetzigen gesund und trefflich sind.* Was immer man aber daraus schließen mag: die unverdächtigsten Zeugen sprechen einmütig von einer heiteren und glücklichen Atmosphäre im Richterschen Hause, und Frau und Kinder waren zufrieden mit ihm. Daß er seine Frau auf gelegentliche Reisen nicht mitnahm, können ihm doch wohl nur bigotte Seelen zum Vorwurf machen. Zuzeiten soll er sich freilich mit dem düstern Gedanken getragen haben, sich scheiden zu lassen, aber mein Gott, wer tut das denn nicht, und was heißt das auch schon. Wenn das Sichtragen mit Gedanken eine Tat wäre, kämen wir ohnehin sämtlich in die Hölle*.

Nun aber die Reisen. Im August 1810 fuhr er nach Bamberg, wo er E.T.A.Hoffmann traf. Der dämonengejagte Hoffmann machte offenbar allerhand Unsinn und verdarb es irgendwie mit Jean Paul. Als dieser nämlich, als wieder

zels Truppe besetzt, sagte der Ludwigs-Wirt, der höhere Posten und Stockwerke nur solchen, die auf den höhern des Wagens und der Pferde kamen, aufschloß, hingegen den Fußboden Fußboten anwies. Das ist schlimm gekalauert, ältere Jean-Paul-Liebhaber haben dergleichen immer allenfalls zu verzeihen vermocht. Sie haben von schlechtem Geschmack geredet und nicht den verwegenen und um nichts und niemand sich kümmernden Gebrauch der Freiheit gesehen. Es sei schwerer, kein Wortspiel zu machen als eines, sagt er einmal, und dann, als sei Goethe an allem schuld, Wortspiele hab er erst seit Weimar.

* So hab ich zehn Minuten lang daran gedacht, wie Katzenberger eine Reise zu einem meiner Rezensenten zu machen, nämlich zu Wolfram Schütte nach Frankfurt; in zweiter Auflage milde geworden, belasse ichs beim Gedanken 21, Heft 7: *So gefährlich ists, einen Autor zu beleidigen; denn ehe man sichs versieht, ist man verewigt.*

einmal eine Damenschar auf ihn wartete, darunter Frau von Kalb, durch einen Diener sich entschuldigen ließ und dann unter schlechtem Gewissen litt, malte Hoffmann sich die Szene aus, zeichnete sie dann, wußte sich überhaupt vor Lachen kaum zu halten und soll prustend gefragt haben, ob denn die Szene nicht wirklich göttlich sei; Jean Paul soll ziemlich trocken ›allerdings‹ geantwortet haben. Später ließ er sich die Zeichnung geben, aber bloß, um sie alsbald zu zerreißen; die halbe Nacht, gestand er, habe er wach gelegen und innerlich Abbitte bei den versetzten Damen getan. Als am Abreisemorgen die Rede auf seine Rezensenten kam (der Leser erinnert sich, daß Jean Paul gerade mit dem *Titan,* in dem er sein Bestes gegeben zu haben glaubte, keinen Beifall fand, und auch mit den *Flegeljahren* kaum), soll er ausgerufen haben: *Was wollen die Narren! Sie rezensieren sich selbst in ihrer Dummheit! Ich wäre nicht ich, schriebe ich anders, und was diese meine Schreibweise mir kostet, ahnet das Volk auf seinem Miste nicht!**

Mitte 1811 war er in Erlangen, 1812 in Nürnberg, 1816, nun der gefeierte politische Schriftsteller, in Regensburg beim Fürst-Primas von Dalberg, jenem Manne, der ihm seit 1809 jährlich 1000 Gulden gezahlt hatte, im Jahr zuvor aber gestürzt worden war; die weitere Unterstützung hatte dann der bayerische König übernommen.

* aus dem reichen Arsenal Jean Pauls gegen Rezensenten will ich jungen Dichtern drei Waffen zeigen: *Wenn, wie ich hoffe, mein Rezensent dumm ist – denn ich müßte sonst sein Herz verachten – (Gedanken 3, 844); der Rezensent ist in der Blüte seiner Jahre, was ich schon daraus sehe, daß er noch keine Früchte trägt (11, 82 (429)); schmeichelt mir einer und sagt mir mehr Lob als ich glaube, daß er denken (glauben) kann, daß ich verdiene: so nehm' ich doch das Lob an und setze zu, der Lügner hat Recht, ohne es zu wissen (7, 380 (366)).*

1817, im Juli, begann die schönste und merkwürdigste aller Reisen, die nach Heidelberg. Das meiste von diesem Aufenthalt überliefert Heinrich Voß, der Sohn des alten Voß; Voß junior, sechzehn Jahre jünger als Jean Paul, war Philologieprofessor in Heidelberg, übersetzte Shakespeare und schrieb schöne Briefe. Seine Magd, sagt er, habe ihm einen Studenten gemeldet, der Unterstützung wolle. Der vermeintliche Student sei hereingekommen und habe ihm seine Not geklagt; er, Voß, habe aber bei sich gedacht, dieser Student sei ein bißchen zu alt: *Da fällt mir der Teufelsstudent um den Hals und küßt mich, als wenn er mich ersticken wollte: Jean Paul ist's, der liebe, langersehnte und wahrlich heiß ersehnte Jean Paul ... Von Form und Wuchs ist Jean Paul wie jeder andre ehrliche Philister, aber sein Auge – nein, so ein Auge, das hat Gott nur in der höchsten Begeisterung erschaffen können; und welche Biederkeit, Rechtlichkeit, innige Herzlichkeit ruht auf seinen Zügen, besonders, wenn er bei Anhörung von etwas Schönem und Edlem lächelt! Um dies Lächeln müßten ihn die Engel im Himmel beneiden.*

Mit Jean Paul, sagt Voß einmal, könnte man gar nicht leben ohne den steten Vorsatz, ein besserer Mensch zu werden, so träfen einen seine Worte. Am 12. Juli abends brachten die Burschenschaftler ihm einen großen Fackelzug, Jean Paul war sehr bewegt, ging dann im Kreis, der sich um ihn geschlossen hatte, umher und reichte allen die Hand – jede Hand sei ein Herz, soll er gesagt haben. Einige hätten dann gerufen, man solle in die Hirschgasse gehen, dort sei ein gutes Bier zu haben; ich gehe mit euch, habe Jean Paul seinerseits gerufen und habe sich schon mit unbedecktem Haupt auf den Weg gemacht. Man habe ihn dann aber doch zurückhalten können, und er habe am nächsten Morgen ausrichten lassen, wie wenig er vor Freude in der Nacht geschlafen habe, und daß er in der nächsten Nacht den Fackelzug noch einmal zu träumen hoffe.

Am Abend vorher hatte Voß zu einem Punsch gebeten: *Mein Punschabend ist überaus herrlich ausgefallen; es war ein Friede, eine Freude in der Gesellschaft, die sich besser fühlen als beschreiben läßt. Und lauter auserlesene Männer hatte ich für meinen Jean Paul geladen ... Alle saßen um einen langen Tisch, nur ich allein ging ohne Aufhören umher und sah zu, ob auch die Gläser voll süßen Weins waren. Und wenn jemand mich um sich rief, antwortete ich: ›Gleich, gleich, Herr!‹, denn daß man's so machen muß, weiß ich aus ›Heinrich IV.‹, dessen Küfer und Kellerjungen ich soeben aus dem Englischen ins Deutsche übertrage. Als zehn Flaschen von uns zwanzig geköpft worden waren, dachte ich – mich auf sophokleische Sprüche und die Kernlehren der sieben Weisen besinnend –: nun nichts weiter, wenn noch gepunscht werden soll. Und in wenigen Augenblicken dampfte die erste Bowle in unserer Mitte, nachdem wir die lange Tischreihe in drei Tischpartien getrennt hatten, damit jeder nach Belieben stehen und gehen könnte. Dieser Bowle folgten zween andere, und ich weiß gar nicht, wie es kam, die Zungen wurden immer beredter, die Schädel feuriger, und gesprochen ist unstreitig mehr als zehn dicke Folianten voll. Ein Pfarrer bat Hegeln, er möchte ihm eine Philosophie für junge Mädchen schreiben, die er beim Unterricht gebrauchen könnte. Der entschuldigte sich, seine Gedanken wären nicht faßlich genug, und vollends mit der Sprache, da würd' es hapern. ›Wenn's weiter nichts ist‹, rief der Pfarrer in feurigem Entzücken aus, ›dafür ist gesorgt, das muß unser Jean Paul übernehmen, der weiß Leben zu verbreiten durch Sprache und Darstellung.‹ – ›Also so steht die Sache,‹ rief nun Jean Paul dazwischen, ›unser Hegel soll den Geist hergeben, ich soll einen tüchtigen Leib darum ziehn und ein Schmuckgewand, und dann wollen Sie das Ding zu Markte führen.‹ – Das gab nun Anlaß zu einem Füllhorn von gutmütigen Scherzen; und Hegel ward so ausgelassen, so frohherzig, so populär (was er auf dem Katheder nicht immer ist), daß wenig fehlte, er hätte die Philosophie sogleich begonnen. Als die dritte Bowle aus war, machten ein paar Gäste ein Gesicht, als wenn sie gehn wollten. Geschwind ließ ich die vierte Bowle anrücken, und alles saß wieder. Erst um 12 Uhr trennten wir uns, dann ging jeder zu Hause, einige auf unsicheren Füßen, neben sich selbst. Kurz vor dem Auseinandergehn sagte Hegel, auf Jean Paul deutend: ›Der muß Doktor der Philosophie werden‹, und Schweins und ich stimmten ein, baten aber Hegel um Gottes willen, er solle die Sache doch geheim halten, was wir mit Mühe von ihm erlangten, denn er hatte große Lust, es sogleich auszuschwatzen.*

Der Punschabend war ein Freitag. Es ist ja doch herrlich zu sehen, wie es auf unsern Universitäten, wenn große Männer dabei waren, hat zugehen können. Offenbar haben Hegel und Voß die ganze Institution nicht eigentlich ernstgenommen. Nicht, daß Jean Paul den Doktor nicht verdient hätte; aber wie er ihn bekommt, das macht den Zauber dieser so gründlich vergangnen Tage aus. Hegel war damals der tonangebende Philosoph in Deutschland, tatsächlich soll er vom Katheder herunter grimmen Angesichts unterrichtet haben, zuweilen aber, wenn er mit einem Male zu denken angefangen habe, mitreißend und alle ins Denkfeuer setzend. Auch Hegel muß ein sehr begabter Trinker gewesen sein, und zwar von Jugend auf; im Tübinger Stift soll ihm einer attestiert haben, er werde sich noch sein letzten bißchen Verstand wegsaufen. Jean Pauls Bücher hat er offenbar gut würdigen können, leider paßten sie am Ende nicht richtig in seine ästhetische Theorie, so daß er sie dort schlechter behandeln mußte als ihm wohl lieb war. Solche Opfer bringen große Philosophen.

Am Sonntag gab es eine lange Schiffsreise auf dem Neckar. Jean Paul und Voß fuhren per Pferdewagen nach Neckargemünd und stießen erst dort zur übrigen Reisegesellschaft: *Unsre Vorausfahrt war auch wohltätig für die Schiffsgesellschaft. Denn wie wir ins Schiff stiegen, fanden wir einen großen Teil sichtlich ermüdet von der langen Fahrt, aber Jean Pauls Erscheinung belebte alle mit neuem Feuer, selbst die Feuerlosen. Nachher, als die zweite Ermüdung eintrat und der Hunger obendrein, ward gesteuert durch eine wahre Unermeßlichkeit von Speisen und vortrefflichen Weins. Wir landeten an einer wunderschönen Wiese und fingen behaglich zu schmausen an, während der Neckar lieblich ans Schiff plätscherte und die Vögel aus Wald und Himmel sangen.*

Eine wunderbare Wohlgelauntheit leuchtet über dieser ganzen Reise. Kaum einer käme ja heute noch auf die Idee, daß ausgerechnet der Neckar plätschert und daß man wirklich vortrefflichen Wein auf einer Wiese trinken könnte. Man kommt vielmehr auf die Idee, daß seither irgend etwas gänzlich schiefgelaufen ist. Wahrscheinlich wären Dampfschiffe und Eisenbahnen eine Bereicherung der Welt gewesen, aber dann sind die falschen Leute ans Ruder gekommen und alle sind ein bißchen wahnsinnig geworden. Und als dann alle einverstanden waren mit dem, was kam, haben sie ihre von der Anstrengung und dem Glück des Fortschritts verschweißten Gesichter umgedreht und wie auf ein zurückgebliebenes, aber heiteres Kind auf den Idylliker niedergeschaut und das liebe Wutzelchen und den netten, so unschuldig-vorindustriellen armen Siebenkäs.

Der Montag, schreibt Voß weiter, sei geräuschlos vorübergegangen. Am Dienstag habe es bei Hegel einen Punschsatz und einen Plumpudding mit Arrak gegeben. Donnerstag sei er, Voß, aufgefordert worden, rasch eine Fakultätssitzung einzuberufen: *Es geschah. Nun beschlossen wir, Jean Paul feierlich zum Doktor zu kreieren. Der einzige, welcher stark dagegen war, war Kollege Langsdorf, aus dem doppelten Grunde, erstens, weil es mit Jean Pauls Christentum nicht ganz geheuer stünde, zweitens, weil seine Moralität auch nicht ganz koscher wäre, sintemalen Jean Paul gern ein Glas über den Durst tränke und dadurch – wenn von uns Philosophen geehrt – den Jünglingen ein böses Beispiel zur Völlerei geben könnte. Auf das erste erwiderte Hegel mit der größesten Ernsthaftigkeit, aber mit einem Schalk im Herzen, der ihm bei seiner Trockenheit so herrlich läßt, und bewies nun mit einer Beredsamkeit, die mich an ihm in Erstaunen setzte, daß Jean Paul ein ganz herrlicher Christ sei. Auf das zweite erwiderten wir alle, ernsthaft und komisch durcheinander, bis endlich dem guten Langsdorf die mathematische Rinde vom Herzen fiel und er ganz überzeugt dasaß, Jean Paul sei nicht nur der beste Christ, sondern auch der moralischste Mann … Ich wollte, du hättest angehört, wie gründlich ich dem guten Langsdorf den Unterschied zwischen bacchischer Trunkenheit und bacchanalischer Besoffenheit auseinandersetzte. Ich sagte ihm, auch Schillern habe man die letzte vorgeworfen, da er doch nur die erste verschuldet; so auch dem alten Aristophanes und, was noch mehr sagen wollte, dem alten Äschylos, von dem es geheißen, er habe seine Schauspiele im Bacchusrausche geschrieben, was aber lediglich von dem edlen Rausche des Gemüts zu verstehen sei. Genug, unser Senior war am Ende lebhaft für uns, und ich erhielt, als Dekan, den Auftrag, das Diplom auszufertigen.*

Am nächsten Tag war das Pergament fertig mitsamt einem Saffian-Futteral. Eine Woche nach dem Punschabend ist Jean Paul Doktor. In der Urkunde ist vom unsterblichen Dichter die Rede, einem Licht und einer Zierde des Jahrhunderts, einem Muster der Tugend, Fürsten des Genies, der Wissenschaft und Weisheit, dem feurigsten Verteidiger deutscher Freiheit, dem schärfsten Bekämpfer aller Verderbtheit, Mittelmäßigkeit und Anmaßung, dem lautersten Manne, den je die Erde getragen. Es ist eine Urkunde, die den Verfassern wirklich Ehre macht. Jean Paul war unendlich gerührt, *Alter, Alter,* habe er zu Voß gesagt, *wollt ihr mich denn ganz erdrücken mit Liebe?* Dann habe eine volle Träne in seinem Auge gestanden, er habe nämlich von allem gar keine Ahnung gehabt, und habe jetzt nur noch sagen können: *›Bin ich doch so lange in bayerschen Landen, und keiner hat mich zum Mitglied der Akademie der Wissenschaften gemacht; und da komm' ich nach Heidelberg, bin kaum ein paar Tage da, und man macht mich schon zum Doktor, und so liebe, herzliche Menschen machen mich dazu; nun, auf diesem Doktor wird der Segen des Himmels ruhn, und ich will mich breitmachen damit.‹*

Das ist alles ja wirklich sehr gut zu begreifen. Es wurde ein kräftiger Doktorschmaus abgehalten; ein seliger Abend sei das wieder gewesen, sagt Voß, und man habe den neuen Doktor schrecklich hoch leben lassen. Der Leser ahnt jetzt, was er damit sagen will. Alle seien zufrieden gewesen, außer Langsdorf, der immer noch den Verdacht nicht los sei das Christentum Jean Pauls betreffend; Hegel habe darüber seine königliche Freude gehabt. Der große Hegel genießt einen gelungenen Bubenstreich. Und dann sagt Voß, Jean Paul denke unaufhörlich an Frau und Kinder: *Das merkte ich am Doktorabend, als sich zwischen einigen Theologen ein höchst unersprießlicher und unlogisch geführter Streit erhub über die Begriffe selig und heilig. – Und wenn ich mich totschlagen lassen müßte, ich wüßte nicht zu sagen, was eigentlich sollte ausgemacht werden, und es kam mir drum höchst komisch vor, als der Streit Jean Paul zur Schlichtung vorgelegt ward. Wie half sich der? Ohne sich zu besinnen, sagte er: ›Der Papst ist heilig; ich aber bin selig, weil ich ein so liebes Weib und so liebe Kinder habe. Weil ich selig bin, kann ich nicht heilig werden, aber der heilige Papst kann auch nicht zu meiner Seligkeit gelangen.‹*

Das ist der Unterschied zwischen den Theologen auf der einen und dem Leser und mir und Jean Paul auf der andern Seite: wenn wir über die Seligkeit oder die Unsterblichkeit reden, dann fängt die unsrige damit schon an. Der seiner lieben Frau Lob zollende Witz Jean Pauls ist natürlich lange nicht so schön wie seine Sottisen sonst; der treuherzige Voß fällt aber darauf herein.

Denn im schönen Heidelberg hatte Jean Paul den Kirchenrat Paulus kennengelernt, und besonders dessen Frau und beider Tochter, eine schöne junge Dame mit dem Namen Sophie. Beide Frauen glühen im Nu für den Dichter, und er für sie, und besonders für die Tochter. Voß bemerkt das dann auch, aber nur halb, seine Verehrung für Jean Paul ist zu rein, er sieht den Wolf im Schafspelz nicht mehr, nämlich im redseligen Ehemann den alten Simultanliebhaber. *Ich fange in der Tat an zu glauben,* schreibt Voß, *daß geheime, magnetische Kräfte im Spiel sind, die kein endliches Wesen begreift. Mamsell Paulus ist im eigentlichsten Sinne verliebt in ihn, und ich fürchte, es ist mehr als Schwester- oder Bruderliebe, wofür Jean Paul es nimmt. Sie ist ganz und gar in seiner Gewalt und tut alles, was er haben will; sie trank neulich ein Glas Champagner, das erste in ihrem Leben, bloß weil Jean Paul es wollte.*

Gewagte Reden gehen hin und her. Jean Paul meint, wenn sein Sohn mannbar wäre, sollte er die Sophie nehmen.

Sie, antwortet Voß, würde sicher den mannbaren Vater vorziehen, wenn der nur Witwer wäre. Er warnt Jean Paul, nichts zu tun und zu reden, was das arme Ding ins Unglück stürzen könnte. Sie machen eine Ausfahrt mit Frau Hegel, Voß fragt Sophie, ob sie auch mitwolle, die sagt, schon wieder glühend im Gesicht, ja, ja, sie wolle. Frau Paulus, ganz offenbar eifersüchtig, will nun auch mit, und dann auch ihr Mann. Die Tochter kommt zu Jean Paul in den Wagen, Voß tut das Menschenmögliche: er setzt, damit kein Unglück passiert, noch einen Mann mit in den Wagen als Wächter. Dann folgt ein Picknick, und Voß schreibt, muß schreiben: *Daß Mamsell Paulus sich unaufhörlich an ihren Liebling lehnte, ihm die Backen streichelte, sich dann und wann ein Küßchen rauben ließ, versteht sich von selbst.* Wenn der Leser rechnet, dann wird er finden, daß Jean Paul dreißig Jahre älter war als die Lieblingin, nämlich vierundfünfzig. Ein langer Spaziergang schließt sich an, Mamsell Paulus sei immer am Arm ihres Geliebten gewesen, sagt Voß. Es sei ein selig verlebter Tag gewesen. Im Wagen auf der Heimfahrt ist Jean Paul wieder ganz der furchtbare Alte: man spielt Pfänderspiele mit Küssen. Er habe, wohl um allem mehr Unschuld zu geben, sagt Voß, Frau Hegel erlauben müssen, Jean Paul acht Küsse zu geben und ihm vier. Voß droht scherzend, er habe eine Feder, um einer Ehefrau in Bayreuth manches zu verraten: dann sei für einen Augenblick alles in Ordnung gewesen, aber nur, bis von neuem in aller Unschuld weitergesündigt worden sei. *Und so,* fährt er fort, *leben wir Tag vor Tag in dulci jubilo, bald hie, bald da. Hegel hat bei solchen Gelegenheiten schon zweimal einen Katzenjammer bekommen – denke Dir, ein Philosoph! – Schwarz dreimal – denke Dir, ein Theologe! – Jean Paul nicht ein einziges Mal, selbst den* *einen Morgen nicht, als des vorigen Tages Last fast allzu groß gewesen war .....**

Dann erzählt er noch etwas, das der Leser wörtlich haben soll: *Des Morgens ½ 8 Uhr geht Jean Paul mit seinem Hund und dem Schreibzeuge und einer Flasche Wein auf die Sattler-Müllerei, und vor dem Gartenhäuschen oben auf der Höhe setzt er sich zum Arbeiten hin. Nun sind in allen Häusern, die Fenster dahin haben, Tubus auf ihn gerichtet; und gestern machte ich mir den Spaß, ihn auch ein paar Stunden lang durch unsern Dollondchen zu beobachten. Er saß da ganz nachdenklich und begeistert, schrieb – manchmal mit Hast, dann wieder piano –; dann nahm er ein Schlückchen Wein; dann kappte er die Feder; dann sprach er mit seinem Hunde Alert**, was höchst komisch aussah, da man die Worte bloß sah und nicht hörte; dann spazierte er auf und ab, besah die Gegend und schrieb wieder. Daß er in dieser geistigen Einsamkeit so viel Zeugen hat, ahnet er nicht .....* Habe sich in der Nähe etwas Menschliches gerührt, so habe er ungehalten aufgesehen, außer bei Mädchen, wenn sie ihm womöglich noch Rosen hätten bringen wollen. Bürger, die ihn einfach hätten anstaunen wollen, habe er brummig gegrüßt. Nach wenigen Tagen hießen in der Bekanntschaft Vossens schon fünf Hunde Alert.

* *Ich genieße eigentlich mein Sein nie mehr als an einem Tag voll halber Schwäche nach Abendtrunk ..... (Vita-Buch 98)*

** Alert ist der Hund, den Jean Paul dem tattergreisen Fibel am Schluß wegnimmt. *Die Hunde,* sagt er einmal, *sind die Nachtigallen der Dörfer.* Ein andermal lobt er die Gerechtigkeit der Hunde: *Zieht man den Hund am Schwanz und hält ihn an der Vorderpfote, so beißt er doch nicht in die Hand, die diese hält, aus Liebe zur Gerechtigkeit (Gedanken 12, 794).* Über Alert schreibt er, den möchte er wirklich in der anderen Welt wiedersehen, und das klingt ganz so, als mokiere er sich ziemlich düster über diese Art des Glaubens an die Unsterblichkeit.

Die Küsserei mit Sophie nimmt kein Ende, Sophie ist entsetzlich in ihn verliebt, er tut nichts dagegen, die Sache nimmt allmählich tragische Züge an. Er schreibt an seine Frau, wie herrlich das Küssen sei, sie schreibt recht ungehalten zurück. Hier in Heidelberg soll es gewesen sein, wo er sich mit dem Gedanken an Scheidung trug. Nun, wie immer, er mußte dann, nach diesen schönen Tagen, wieder abreisen, ließ den Wagen, Voß war bei ihm, noch bei Paulus vor der Tür halten, aber die Damen schliefen. Als er ein Jahr später seinen Besuch in zweiter Auflage machte, gab er sich Sophie gegenüber, die das ganze Jahr geglüht hatte*, freundlich, aber ganz erkaltet. Die völlig durcheinander geratne junge Frau heiratete darauf sinnlos überstürzt den berüchtigten August Wilhelm Schlegel, trennte sich aber schon einen Monat später von ihm und blieb allein und unglücklich. Kurz danach hat Schleiermacher Jean Paul getroffen und schreibt in einem Brief: *In Bayreuth brachten wir einige Stunden bei Jean Paul zu, den ich auch ganz unverändert fand ... Jean Paul von A.W.Schlegels Hochzeit und Ehe erzählen zu hören, war höchst komisch.* Ein gewisser Reichlin-Meldegg schildert, nach Nerrlich, Sophie so: *Die schlanke und volle Gestalt, das große dunkelblaue, geistreiche Augenpaar, die schön gewölbte Stirn, die üppige Fülle der braunen Locken, der fein geschnittene Mund, die ausdrucksvollen zarten Gesichtszüge, der Schnee ihrer Haut mit der zarten Rosenblüte ihrer Wangen machten sie zu einem der schönsten Mädchen der Musenstadt ... Mit einem männlichen Charakter verband sie ein tiefes, reiches Gemüt und einen seltenen Kunstsinn und Kunstgeschmack. Sie las Shakespeare im Original und spielte ebenso kunstfertig das Kla-*

* *Solang' ein Weib liebt, liebt es in einem fort – ein Mann hat dazwischen zu tun (Titan 68)*

vier, als sie besonders in ihrem Lieblingsgegenstande, der Pferdezeichnung, stark war.

Das mit den Pferdezeichnungen halte ich für bedenklich. Jean Paul schreibt nach der Hochzeit: *Der Vermählring beider ist Glanzsucht; er in seinem Alter will mit einem schönen Klaviermädchen, sie mit einem durch Europa als Staëlscher Kebsmann berühmten Ehemännlein prunken. Hätte sie viel warmes Gemüt, so würde seine Armut daran sie sehr bestrafen.* Da steht sie nun, die Gute, und kein Gott hilft ihr und kein Dichter.

Die Stelle ist jetzt gut für den Auftritt dreier außerordentlich widerwärtiger Menschen. Zuerst tritt Adam Wilhelm Brahts auf, ein Theologiedozent von der Brüdergemeinde: *Unter gegenseitigen Entschuldigungen, er, daß ich ihn noch so liederlich treffe, da er erst seit ein paar Minuten aus dem Bett sei, ich, daß ich ihm so früh über den Hals komme, aber die Post erlaube es nicht anders* (es ist halb sieben Uhr morgens, und der verfluchte Brahts schreibt, einem Besuch stehe nichts als die Tageszeit im Wege, und dann: *über die ich mich bei einem Jean Paul am ehesten wegsetzen zu dürfen glaubte*), *traten wir in sein Studierzimmer. Und wahrlich, hier sah es, ganz unabhängig von früh oder spät, furchtbar liederlich aus. An den Wänden umher und auch in der Mitte der Stube, zur Seite eines ans Fenster anstoßenden Arbeitssofas, standen Bücherrepositorien, in denen alles wie Kraut und Rüben lag. Auf den zwei kleinen außerdem in der Stube befindlichen Tischen lagen Literaturzeitungen, Birnen, beschmierte Weingläser, eine scheußliche Lampe u. dgl.; unter dem Arbeitstisch stand ein Flaschenkorb mit Weinflaschen und neben demselben am Fenster ein Vogelbauer mit Kanarienvögeln. In dieser Umgebung ging der Mann mit großer Raschheit, die bei seiner Korpulenz um so auffallender ist, auf und nieder, während er den von seiner unansehnlichen Frau gebrachten und von seiner lieblichen vierzehnjährigen Tochter Emma wieder abgeholten Kaffee aus einer häßlichen blechernen Kanne trank. Seine ganze Figur, seine Gesichtszüge und Benehmen überraschten mich aufs äußerste und hätten mich schier aus aller Fassung gebracht. Liebenswürdig in jeder Hinsicht hatte ich ihn mir vorgestellt, von der anziehendsten Mitteilsamkeit und freundschaftlichsten Offenheit, vollends gegen Menschen, die so sehr mit seinen philosophischen Ansichten harmonierten, wie ich es mir von mir selbst bewußt war ... Aus seinem aufgedunsenen Gesicht ... sprach keine seelenvolle Offenheit, wennschon man sein kleines Auge und seine kurz zugespitzte Nase mit dem kleinen Mund keineswegs geistlos finden konnte; der kahle Schädel wollte zu der ganzen Figur nicht passen und schien nicht Wirkung der Natur, sondern krankhafter Beschaffenheit. Der graue Schofelrock, die unter ihm hervorguckende bloße Brust und die klappenden Pantoffel halfen den unangenehmen Eindruck des Ganzen vollenden. Ich konnte mit mir selbst nicht zur Klarheit kommen, was es eigentlich sei, das mir an dem Manne so widerstrebte, da ich doch gar keine Ursache hatte, über Unartigkeit, Ungesprächigkeit oder Trockenheit zu klagen; erst in Ebersdorf ward mir im Gespräch mit Stähelin klar, daß der Flaschenkorb nicht umsonst dagestanden habe, daß es der Habitus eines Trinkers gewesen, den ich so durchaus nicht hatte goutieren können. Und nun war mir freilich das ganze Rätsel gelöst.*

Im September 1817 war diese Christenseele in Bayreuth. Ich wollte sie vergessen, aber jetzt kommt noch einmal Henriette von Knebel, das Weib lebt immer noch, wir schreiben 1818: *Unser Jean Paul hat sich durch die süßen Worte und Schmeicheleien der Heidelberger Gelehrten und Studenten so rühren lassen, daß sein erstes und letztes Wort Heidelberg ist. Nichts hält seinen Herzensdrang auf, diesen oder den andern Monat wieder dahin abzugehen. Ich verdenke es ihm keineswegs, allein sein Schimpfen und*

Schmähen über Bayern, da ihm doch der König großmütigerweise die 1000 fl. Pension gibt, da finde ich es undankbar, und wenn er sich in Heidelberg so grob und unflätig benimmt, wie ersteres noch gegenwärtig und letzteres sonst häufig hier geschah, so könnte der Nimbus der Begeisterung höllisch geschmälert werden … Seine Eigenliebe und hochsteigene göttliche Verehrung hat in so hohem Grad zugenommen, daß er mir sehr lästig wäre, mein guter Jean Paul, wenn ich ihn öfters sehen müßte. Ich lobe mir Gelehrsamkeit mit Bescheidenheit und liebenswürdigem Umgang vereint.

Sie hätte Brahts heiraten sollen. Jetzt kommt Therese Huber, Redakteuse des Cottaschen Morgenblatts in Stuttgart, Juli 1819: *Während des ersten Teils seines Lebens beschränkte ihn bittre Armut auf sich selbst und seine Bücher, dann versetzte ihn die Laune des Schicksals vermittels des robusten Bewunderungsvermögens seiner Landsleute in einen Schwindel, der ihn verführte, seine Konstruktionen, weil man sie anstaunte, vor Erfahrungen zu halten und auf diese immer hinfort zu bauen, ohne die Wahrheit zu erlernen. Daher kommt es denn aber auch, daß er beständig fortkonstruiert, nie teilnimmt. Du, dein Interesse ist gar nicht vorhanden für ihn, nur die Idee, die du in seinem Hirn anregst; diese ist oft geistvoll, oft sieht sie nur so aus, weil sie ganz getrennt von dem, was dich beschäftigt, unpassend oder treffend klingt. Von ihr geht er aus und spricht fort, fort, fort, bis eine andre angeregt wird, auf welche er überspringt. So spricht er endlos, hört selten den anderen zu, ja läßt sie nicht zu Wort kommen, und wo er nicht allein sprechen kann, wo man ihn nicht zum Zentrum macht, sei es der ganzen Gesellschaft, sei es eines Teils, ist er höchst verdrießlich und zu Zeiten auch grob. Darüber äußert er sich aber auch so naiv, daß seine Eitelkeit einen Charakter von Unschuld annimmt. Ein großer Teil seines Gesprächs betrifft seine Werke, und wenn er etwas zitiert, was man nicht gelesen hat, wird er wirsch. Dabei hat er ein unbehülfliches Wesen, dick, gemein bis auf das Gesicht, und ist von früh bis abend vom Trunke gespannt, nicht betrunken. Früh arbeitet er stets bei zwei bis drei Flaschen Burgunder – das sagt er selbst jedem, der es hören mag –, bei Tisch trinkt er mäßig, nach Tisch Bier, bei Tee vier bis fünf Tassen, halb Arrak, und abends, was Gott gibt.*

1824 schreibt diese schöne sanfte Seele: *Der arme Richter ist ordentlich schrumpfelig, fast blind und recht fatal. Ich habe ihn nun freilich nie anziehend gefunden, aber auch das Merkwürdige ist nun dahin. Jetzt flößt er mir aber Mitleid ein, und ich habe ihn herzlich unterhalten. Sein Hieb ist jetzt das Wettermachen – da prophezeit er alle Tage, und wenn man ihm sagt: ›Sie versprachen heute Regen, und die Sonne scheint von Aufgang bis Niedergang‹, so schreit er: ›Ja, so mußte es sein!‹ Da zuckt man die Achseln und läßt ihn stehen.*

Und drei Tage später: *Richter ist herzdrückend herab – ich fand ihn vor fünf Jahren wenig erträglich, jetzt, da er nur Mitleid erregt, ist mir alles an ihm recht – sei er doch bald am Ziel! Er steuert nach Darmstadt. ›Jo, mon mocht schon Voarbereitungen zu moiner Ufnohme‹, sagt der besten deutschen Schriftsteller einer, indem er das a in einen Mittelton oa verwandelt.*

Sie wollen alle einen netten Jean Paul haben: er soll nicht trinken, er soll bescheiden sein und er soll ordentlich sprechen. Er soll ein angenehmer Mensch sein: nicht so dick, er soll jedem Gänschen ordentlich zuhören, er soll sich adrett anziehen und nicht immer das Wetter prophezeien. Vor allem soll er lieb sein, wenn man seine Sachen nicht kennt. Er soll auch nicht krank sein, sondern lieber gleich sterben.

Sie kennen die Bestie alle nicht. Als im Kometen der Kandidat Richter wieder einmal einen sonnigen Tag prophezeit hat, fällt undurchdringlicher Nebel ein, und im Nebel taucht der Ledermensch auf, fleischlos, farblos, langgedehnt, die Haare sehen wie Hörner aus, der Bart ist lang und schwarz, die Augen flammend, todbleich. Er turnt auf Dächern umher und schläft in Kaminen, er ist ein Toller, das Tolle selbst. Auf seiner Stirn sieht man eine liegende, beim Zorn rote Schlange. Gegen Frauen fällt alles Wilde von ihm ab, da ist er ruhig und mild. Der dringt einmal in Marggrafs Hotelzimmer ein, wird wieder toll und des Teufels und redet:

So hab ich euch denn lebendig zwischen vier Wänden vor mir, und ihr müßt mir alle zuhören. Bin ich fertig, so könnt ihr gehen; wer eher geht, fährt ab. Mich tötet keiner, ich aber einen und den andern. Ihr wollt meine Reichskinder, die Affen, nachäffen, ihr Unteraffen; aber ihr versteht es schlecht – ihr seid vom Antichristus abgefallen und macht euch der Hölle unwürdig durch euere feige Frömmigkeit und euer Dummbleiben mitten unter tausendjährigen Erfahrungen …

Schälet einmal euere Haut ab und seht euch aufgedeckt und aufgemacht an: so hängen statt euerer Reize und Menschenmienen Gehirnkugeln und Herzklumpen und Magensäcke und Därme vor euch da und würmeln; darum breitet ihr noch Häute vom Tier auf euere Füße und Hände, und Haare vom Tier auf euere dünne Haare, und prangt mit schwarzen Beinen und Köpfen und mit bunten Überziehleibern eurer kahlen abgerupften Unterziehleiber.

Und nun kommt gar euer ewiges erbärmliches Sterben dazu, daß ihr nicht einmal so lange lebt wie eine Kröte im Marmor, geschweige wie ich aus euerm Paradies. Seid ihr denn nicht sämtlich bloß Luftfarbenleute und nicht einmal hölzerne, nur luftige Marionetten …

So waret ihr von jeher, und die Zeit macht euch nur bleich aus

Angst und schwarz aus Bosheit, und erst hintennach rot aus Scham. Und euere Generationen werden durch nichts reif als durch die Würmer-Kaprifikation unter der Erde, und ihr legt, da keine Zeit euch weiter bringt und treibt, eueren Soldatenleichen Sporen an den Stiefeln an, die eben auf der Bahre liegen. – – Tötet euch nur öfter ..... gehorcht ihnen jedesmal, wenn sie euch in das Schlachtfeld beordern ..... tut etwas noch darüber, sterbt wenigstens, wenn ihr nicht umbringt ..... Was hindert mich jetzt im Reden? Ich spür' etwas, die Augenlider fallen mir nieder – ich mag auch nicht mehr lange sehen auf der dummen, trüben Erde, die Hölle ist heller.

Was er spürt, ist der Magnetismus des Reisemarschalls Worble, der ihn in den Schlaf zu bringen sucht. Kain, so heißt der Ledermensch, sagt noch: *Ich bin gewiß schon sehr lange aus der Ewigkeit heraus und muß durch die dünnen Augenblicke der Zeitlichkeit schwimmen und sterben sehen – – Es ist närrisch auf der Erde – soeben entschlaf' ich.*

Jetzt verkriecht er sich wie nachtwandelnd in den Kamin. Dann heißt es: *Aber alle wurden bestürzt über eine fremde, liebliche, herzliche Stimme, welche jetzo verborgen zu ihnen sprach: ›Ihr teuern, lieben Menschen, vergebt es mir, daß ich geflohen bin, ich ertrage vor euern Augen meine Schuld und euere Güte nicht; ich seh' euch aber alle. O, Dank habe du vor allem, der du mir den schwarzen Äther blau und licht gemacht und mich aus meiner brennenden Wüste auf einige Minuten in das kühle Land des Abendrots geführt. O wie ist mein trübes, flutendes Herz jetzt still und hell und rein! Und ich liebe nun die ganze Welt, als wär' ich ein Kind. Ich will euch mit Freuden alles von mir sagen, lauter Wahrheit.*

In den Nächten ging ich bisher als Nachtwandler mit düstern zugeschloßnen Sinnen ergrimmt umher und irrte über die Dächer hin, aber ich stieg überall ein, um mich zu nähren und zu tränken; und überall tat ich es im Wandelschlaf, um mich zu erhalten. Aber sobald ich erwachte, wußt' ich von meinem Stehlen und Nähren nichts mehr, ich sah mich fort für den unzerstörlichen Kain an und fiel wieder ab, von Menschen und von Gott. Denn ich soll gestraft werden für meine tausend Sünden, lauter Sünden in der Einsamkeit; auf meiner Studierstube war ich alles Böse durch Denken – Mordbrenner – Giftmischer – Gottleugner – ertretender Herrscher über alle Länder und alle Geister – Ehebrecher – innerer Schauspieler von Satansrollen und am meisten von Wahnwitzigen, in welche ich mich hineindachte, oft mit Gefühlen, nicht herauszukönnen. – So werd' ich denn gestraft und fortgestraft durch Gedanken für Gedanken, und ich muß noch viel leiden. – Ach, ihr Glücklichen um mich her, ihr könnt den Unendlichen lieben, aber ich muß ihn lästern, wenn ich erwache; und um drei Uhr, mit dem ersten Anschlage des Kindtaufglöckchens, werd' ich wieder wach und teuflisch; dann hütet euch vor dem Unglücklichen; denn meine Hölle wird heißer stechen und brennen, wenn sie hinter dieser kühlen Himmelwolke wieder hervortritt, die Schlange auf meiner Stirn wird giftiger glühen, und kann ich nach dem Waffenstillstand der bösen Natur morden, so tu' ichs …

Jetzo lieb ich euch Sterbliche alle so herzlich und kindlich und hasse niemand auf der Welt. – Ich habe in meinem Herzen dich, unendlicher Gott der Liebe, wieder, der in alle tausend tiefen Wunden der Menschen wärmend niedersieht und endlich die Wunde nimmt oder den Verwundeten. O Gott der Liebe, lasse dich fortlieben von mir, wenn ich erwache. Die schreckliche Stunde steht schon nahe, trägt mir meine Furienmaske entgegen und deckt sie auf mein Gesicht! – Vater der Menschen, ich bin ja auch dein Sohn und will dir ewig gehorchen; Vater, verlaß mich nicht, wenn das Glöckchen läutet' …..

Eben schlug es drei Uhr, und man hörte nur noch sein Weinen, und jede Seele weinte innerlich mit. Plötzlich erklang das Kindtauf-

glöckchen, und der Unglückliche stürzte aufgewacht herab. Gesicht und Hände waren geschwärzt, die Haarbüschel sträubten sich zornig empor, auf der geschwollnen Stirnhaut ringelte sich die rote Schlange wie zum Sprunge, und er rief freudig: ›Vater Beelzebub, ich bin wieder bei dir; warum hattest du mich verlassen?‹

Alle traten weit von ihm hinweg, nicht aus Furcht, sondern vor Entsetzen.

REISEN UND REISENDE

Mein guter Unendlicher in deinem blauen Morgenhimmel FLEGELJAHRE

– welche beide nun vollends stilltoll waren vor Lust –; denn es fehlte an nichts, weder an Himmel noch Erde KOMET

GUSTAV in der *Unsichtbaren Loge* reist nach Ober- und Unterscheerau und geht nach Auenthal und Lilienbad. Viktor geht öfter zwischen St. Lüne und Flachsenfingen hin und her und dann nach Maienthal und zur seltsamen Insel der Vereinigung: im *Hesperus,* aber das weiß jetzt jeder Leser. Siebenkäs geht von Kuhschnappel nach Bayreuth, eine herrliche Reise aus der Enge heraus in die schönere Welt, und Leibgeber reist schließlich nach Vaduz. Der Vorredner zur *Loge* saß in einer Sänfte, der Verfasser der *Biographischen Belustigungen* fängt im Reisewagen zu schreiben an*. Das *Kampaner Tal* und *Giannozzo* sind nichts

* einmal übermannt den Erzähler der *Belustigungen* eine dieser namenlosen Empfindungen zwischen Freude und Trauer, wie wir sie schon aus der *Selberlebensbeschreibung* kennen. Die Sonne geht unter, es ist davon die Rede, daß es um die Brandstätte der Sonne wie Blut rauche, und von den Rauchsäulen des Dorfs heißt es, *sie legten den Goldrand des Abends ab.* Goldrand des Abends – das neueste große Buch von Arno Schmidt heißt *Abend mit Goldrand.* Der Leser weiß, jetzt auf jeden Fall, daß Arno Schmidt Jean Paul beinahe oder sogar ganz für den Größten hält; wichtiger ist, daß er, und von welchem deutschen Autor könnte man das sonst sagen, Jean Paul wirklich gelesen, studiert, ja eingesogen hat und offenbar von ihm gelebt hat wie einer, der einen gewaltigen Drang nach Freiheit hat, aber nicht weiß, wohin, und dann weiß er es. Ich wollte eigentlich dem Leser ganz am

als Reisen, im *Titan* macht Albano die große Reise nach Italien, und von der unglücklichen Linda heißt es wie von Gione, sie habe die Wunder der Welt reisend fast alle schon selber gesehen, sie kommt sogar aus einem fernen Land, aus Spanien, und Spanien glänzt auf der Weltkarte der Reisesehnsucht seit dem *Kampaner Tal* genau dort, wo vordem Italien glänzte. Die Idylleneinwohner reisen nicht, doch reist Jean Paul in figura meistens zu ihnen. Die Bösen reisen sämtlich: Fälbel mit seinen Primanern ins Fichtelgebirge, Attila Schmelzle nach Flätz*, der wahnsinnige Katzenberger, um einen Rezensenten zu verprügeln, von

Schluß noch einen Anhang über Arno Schmidt liefern; aber das würde nicht langen, man müßte schon einen ziemlich überdurchschnittlichen Essay machen, und zwar über Arno Schmidt, und dann über ihn und Jean Paul gründlicher nachdenken. So lasse ich es für jetzt mit dieser Fußnote sein Bewenden haben, schwöre aber, daß ich jedem, der mich fragt, wo Jean Paul wohne, antworten werde: in Bargfeld in der Heide.

* *Übrigens,* schreibt Schmelzle, *hatt' ich fast auf der ganzen Station leichte Händel mit dem Postillon, weil er nicht von Viertelstunde zu Viertelstunde halten wollte, wenn ich ausstieg, um zu pissen.* Merkwürdig klingt es auch, wenn Schmelzles Frau ihren Bruder, der mit nach Flätz geht, einmal *du wüste Fliege* schimpft. Das schöne Werk um Katzenbergers Badereise zeichnet sich durch erstaunlich lebendige Frauen und deren Briefe aus. In einem Tagebuchbrief Theodas heißt es: *Ich wollt' es gäbe gar keine Männer, sondern die göttlichsten Sachen würden bloß von Weibern geschrieben; warum müssen gerade jene einfältigen Geschöpfe so viel Genie haben, und wir nichts? – Ach, wie könnte man einen Rousseau liebhaben, wenn er eine Frau wäre!* Die Adressatin schreibt zurück: *Und dich wilde Fliege selber beschwör' ich hier ordentlich, gieße im Bade vor so vielen Leuten nicht dein altes Teelöffelchen voll Arrak in deinen Tee; denn du hältst immer den Löffel zu lange über der Tasse und gießest fort, wenn es schon überläuft, und dann überläuft es bei dir auch, wenn du diese Wirtschaft trinkst.* So hat er's also selber offenbar immer gemacht und geredet und geredet dabei; da kann man dann aber schon hintersinnig werden, wenn er sagt: *andere trinken sich beredet; ich rede mich betrunken.*

Pira nach Bad Maulbronn. Dann macht Walt, vom unerkannten Vult begleitet, seine herrliche Reise nach Joditz und ins Rosanatal. Und der *Komet* schließlich ist wieder fast nur eine Reise, ein Reiseleben, das geht so weit, daß Nikolaus Marggraf sich unterwegs eine ganze Stadt aus Holz kauft, die man auf Wagen mitführen kann und dann aufbaut, wo man gerade wohnen will. Von den letzten beiden Reisen will ich berichten.

Im ersten Wirtshaus, in das Walt gerät, trifft er drei kleine Mädchen an, Drillinge, und spielt mit ihnen. Dann heißt es: *Walt wurde der Kleinen später satt als sie seiner. Er war ja dem Drilling – als eigner Zwilling – viel verwandter als alle Gäste in der Stube. Er beschenkte sie geldlich zur höchsten Freude der Mutter.* Später denkt er sich ein Weltkügelchen mit lauter Kindern aus, dort könnten, meint er, himmelsatte Engel Urlaub machen. Dann geht er weiter, denkt vor lauter Landschaftslust an Gott, und es heißt: *Darauf sah er gen Himmel, nannte Gott zweimal du und schwieg lange.* Zu Mittag kehrt er wieder ein: *Man ließ ihn lange in seinem Nachklange des melodischen Vormittags, in jener epischen Stimmung sitzen, worin er das Kommen und Verschwinden der Sterblichen im Wirtshause ansah.* Ein Bettler geht ihn um ein Glas Bier an: *wahrscheinlich ein stiller Anhänger des physiokratischen Systems.* An einem Flußufer stehend sieht er, daß viele Holzscheite, die eigentlich den Fluß hinabsollen, am Ufer hängenbleiben; er nimmt seinen Stock und stößt so viele Scheite zur Mitte, wie er kann: *denn alle Scheite – so wie alle Menschen – zu befördern, steht außer dem Vermögen eines Sterblichen.*

Bald kommt er dann in den Gasthof, wo der Wirt ihm kein Zimmer geben will, der Maskenmann tritt auf, öffnet ein Fenster und wettet, daß keiner ein Ei hindurchwerfen kann, und keiner kann es; dann kommt die Stelle mit dem schönen einkaufenden Mädchen und dem Postreiter, das kennt der Leser. Der Maskenmann, der natürlich immer Vult ist, tritt wieder mit einer Wette auf: er will nämlich, ehe der Theaterleiter eine Zweipfennigsemmel hinunterwürgen kann, eine ganze Flasche Wein mit einem Löffel aus einer Schüssel essen. Er gewinnt wieder. Walt bekommt die sonderbarsten Briefe, in denen er lesen kann, was er gerade tut und morgen tun wird, und da er in seiner knapp noch erträglichen Unschuld nicht weiß, daß sie von Vult sind, nimmt er sie für himmlische Winke, nämlich: *weil er aus Homer und Herodot und ganz Griechenland eine heilige Furcht gelernt', höhern Winken, dem Zeigefinger aus der Wolke mit frecher Willkür zu widerstehen.* Mit Winas Vater will er später Konversation machen, aber es fällt ihm nichts ein, und nun heißt es: *er flehte Gott um einigen Spaß an.*

Ein Nachtspaziergang mit Wina ist der Höhepunkt der Reise*. Vor dem Zubettgehen hört er eine Flöte spielen

* das ist kurz nach dem Gespräch über das Sterben und Jammern der Kinder. Unterwegs heißt es: *›Da die Blumen leben und schlafen,‹ sagte Walt bei diesem Anlaß, ›so träumen sie gewiß auch, so gut wie Kinder und Tiere. Alle Wesen müssen am Ende träumen.‹ – ›Auch die Heiligen und die heiligen Engel?‹ fragte Wina. ›Ich wollte wohl sagen Ja,‹ – sagte Walt – ›insofern alle Wesen steigen und sich also etwas Höheres träumen können.‹ – ›Ein Wesen ist aber auszunehmen‹, sagte Wina. – ›Gewiß! Gott träumet nicht. Aber wenn ich nun die Blumen wieder betrachte, so mag wohl in ihren zarten Hüllen der dunkle Traum von einem lichtern Traume blühen. Ihre duftende Seele ist nachts zugehüllt, nicht durch bloße Blätter, sondern wahrhaft organisch, wie denn unsere auch nicht durch bloße Augenlider zugeschlossen wird. Sobald nun einmal die farbigen Wesen am Tage Licht und Kraft verspüren: so können sie ja auch nachts einen träumerischen Widerschein des Tages genießen. Der Allsehende droben wird den Traum einer Rose und den Traum einer Lilie kennen und scheiden ...*

(das ist wieder Vult), begegnet der verführerischen und doch wohl auch verführbaren Schauspielerin Jakobine, die ihm erklärt, wie sie denke, wie ihr Nachtmusik in Mark und Bein fahre (der schlechte Stil mit den beiden Wies ist nicht meiner, sondern Jean Pauls, ist also keiner) – sie ist nämlich in seinem Zimmer, aus Versehen. Wäre er geschickter, wäre sie ohne Zweifel auch nicht gegangen, aber vielleicht wäre sie auch so nicht gegangen, aber da kommt der Maskenmann wieder dazwischen. Am nächsten Morgen gehen sie zu einem Wasserfall mit Morgensonne und allem, und dem verliebten (in Wina) Walt geht es so: *Er warf sich auf die Knie und den Hut ab und die Hände empor, schauete auf und rief laut: ›O die Herrlichkeit Gottes, Wina!‹* Dann geht es wieder nach Hause: *Alles wurde geendigt. Sie kehrten zurück.*

Sprachlich, und deshalb erzähle und zitiere ich, ist das alles höchst merkwürdig und befremdlich. Die Sterblichen im Wirtshaus und vor den Holzscheiten, die Wortspiele, diese Wendung, eine heilige Furcht aus ganz Griechenland gelernt zu haben, diese Ungeschicklichkeit mit den beiden Wies – das klingt alles so, als habe einer das Schönschreiben endlich satt, setze sich über alle Stilschranken und Bedenken einfach hinweg und schreibe, was er wolle. Irgend etwas Wildes kommt in der Sprache auf, etwas den erwarteten Schriftstelleranstand Durchbrechendes. Und dieses Wilde buhlt nicht mit der Subtilität und der feinen Ironie, sondern viel eher und lieber verbündet es sich mit dem Platten und Banalen oder dem, was dem feinen Geschmack so scheint. Diesem Geschmack kann eine Sache wie die mit ganz Griechenland mehr wie ein Witz von der traurigeren Sorte vorkommen, und wenn es von Walt heißt, er habe

Gott zweimal du genannt, nun ja, sehr nett, werden die Leute mit dem feinen Geschmack sagen: aber was soll's? Jean Paul schreibt jetzt eine Prosa, die sich von dieser scheußlichen Frage schlechthin nicht mehr schrecken läßt*. Diese Fragen stellen heißt ja, einen Begriff erstens von der Prosa überhaupt, und zweitens von ihrem Sinn zu haben, oder noch höher hinaus: vom Sinn der Dichtung und des Dichtens. Man muß nicht gleich annehmen, daß Jean Paul solche Begriffe leugnet; zumindest aber scheint er an das Haben solcher Begriffe nicht zu glauben. Er mißachtet ja nicht etwa die Kunst, er will sie ja nicht abschaffen oder aufheben oder so etwas; aber er verändert sie, und zwar insofern, als ihr Begriff ein anderer werden muß**. Oder ein bißchen vernünftiger und ohne diese tödlichen Insoferns geredet: er besteht darauf, daß im Sinne großen Schreibens das, was er schreibt, richtig ist, und daß die andern künftig

* Der Leser wird es zwar nicht glauben: aber ich will mir wirklich keine Feinde machen. Aber da hat tatsächlich ein feinsinniger Kritiker, nämlich Joachim Kaiser, einen Autor oder seine Bewunderer ins Bockshorn jagen wollen, und der Leser errät schon wen: Arno Schmidt (im *Bargfelder Boten* unter dem Titel: *Des Sengers Phall*).

** sonst käme man nämlich zu der tragischen Einsicht: er will die Kunst abschaffen, aber indem er das will, macht er wieder Kunst, dieser Midas oder wer das war mit der Hand, unter der alles zu Gold wurde, er muß eigentlich aufhören, scheitern, verstummen. Das sind natürlich aberwitzige Reden, Torheiten, Begriffsverwirrungen, die alle von dem simplen Satz ausgehen: ich will keine Kunst denn. Da liegt also eine Theorie zugrunde sowohl über die Kunst als auch über das Leben und wie es sein soll. Wer solche Theorien aber ohne die Kunst macht, hat weder von der Kunst noch von Theorien viel begriffen und schießt sich selber gleichsam wortreich tot. Ich rede ein bißchen kurz, aber im Ernst: was soll man mit Leuten reden, die Kunst nicht wollen? Giannozzo, wenn er ganz zynisch wäre, könnte zu solchen Leuten bloß sagen: wie lebt ihr still im Sturme des Seins.

an dieser Realität von Literatur ihre Begriffe ausrichten, oder sie haben verkehrte. Ich sage: er besteht darauf, ich sage nicht: er weiß; sein Wissen, wenn man unbedingt will, sind die Sätze, die Werke, die er macht, und seine Beweise bestehen darin, daß er denen, die welche wollen, die Werke an den Kopf wirft. Daran liegt es denn auch, daß die richtig Großen so oft mit Mangel an Theorie verblüffen: sie haben nämlich zu tun*. Es gehört natürlich ein fast unbegreifliches Selbstbewußtsein, genauer: Selbstvertrauen dazu; aus dem Jahre 1809 steht in den *Bemerkungen (V, 742)* der große Satz: *Um geistreich zu sprechen, habe man – wenn man es auf irgend eine Art ist – nur den Muth, alles auszusagen. An der Furcht stirbt das Genie.*

Dem Leser ist natürlich nicht entgangen, daß der Ton des Gesprächs über die Träume der Blumen (in der Fußnote) ein anderer ist. Wenn man die Sätze aber genauer ansieht, so unterscheiden sie sich doch sehr von allen den vielen gleichsam lyrisch ausschwingenden Sätzen bis hin zum *Titan*. Sie wirken traumverloren-kindlich, wie aus der Idylle und kaum von Menschenmund gesprochen unvermutet bei uns erschallend. Viel deutlicher wird dieser Ton in Sätzen aus einem sehr irritierenden Stück ziemlich am Anfang der *Flegeljahre*, dem Glück eines schwedischen Pfarrers:

Ist aber das alles nicht: so kann er ja schon von drei Uhr an in der warmen Dämmerung durch den starken Mondschein in der Stube auf und ab waten und etwas Orangenzucker dazu beißen, um das schöne Welschland mit seinen Gärten auf die Zunge und vor alle Sinne zu bekommen. Kann er nicht bei dem Monde denken, daß dieselbe Silberscheibe jetzt in Italien zwischen Lorbeer-Bäu-

* Kunsttheorien stammen immer von den kleineren Geistern, was schön ist: so braucht man sie nicht zu lesen.

men hänge? Kann er nicht erwägen, daß die Äolsharfe und die Lerche und die ganze Musik und die Sterne und die Kinder in heißen und kalten Ländern dieselben sind? ...

– gegen 10 Uhr, wo die Gesellschaft im Pfarrdorfe wieder ankommt, wird der Pfarrer seltsam bewegt und weich gemacht, weil im Dorfe, obgleich die tiefe laue Sonne noch ein müdes Rot um die Häuser und an die Scheiben legt, alles schon still und in tiefem Schlafe liegt, so wie auch die Vögel in den gelb-dämmernden Gipfeln schlummern, bis zuletzt die Sonne selber, wie ein Mond, einsam untergeht in der Stille der Welt. Dem romantisch bekleideten Pfarrer ist, als sei jetzt ein rosenfarbnes Reich aufgetan, worin Feen und Geister herumgehen, und ihn würd' es wenig wundern, wenn in dieser goldnen Geisterstunde auf einmal sein in der Kindheit entlaufner Bruder heranträte, wie vom blühenden Zauber-Himmel gefallen ...

Der glückliche Pfarrer geht einsam in den Beeten auf und ab. Kühle und wenige Sterne kommen. Seine Nachtviolen und Levkoien tun sich auf und duften stark, so hell es auch ist. Im Norden raucht vom ewigen Morgen des Pols eine goldhelle Dämmerung auf. Der Pfarrer denkt an sein fernes Kindheitsdörfchen und an das Leben und Sehnen der Menschen und wird still und voll genug. Da greift die frische Morgen-Sonne wieder in die Welt. Mancher, der sie mit der Abend-Sonne vermengen will, tut die Augen wieder auf; aber die Lerchen erklären alles und wecken die Lauben.

Das ist im Grund dieselbe wilde Sprache, aber vom schlafenden Ledermenschen gesprochen. Das ist, im größten Sinne, naive oder Sonntagsmalerei mit Worten, so hat dann eigentlich nur noch einhundert Jahre später Robert Walser geschrieben*. Natürlich, das Wort naiv ist verkehrt; vom

* Walser hat die *Flegeljahre* gelesen und schreibt: *Herzenstöne findet ja Jean Paul wie kein zweiter. Man kann irgendeines seiner Bücher, vor allem*

letzten großen Traum in den *Flegeljahren* heißt es, er sei künstlich-fügend: das klingt schon besser. Der Unterschied zwischen dieser Sprache und der wilden in der Rosanatal-Reisebeschreibung scheint größer als er ist. Zwei sich abwechselnde Kunst-Stimmen sind das, mit denen ein wunderbar bewußter Artist das Nebeneinander der Welt sprachlich in der Balance hält.

Manchmal durchdringen die beiden Stimmen sich, und dann lassen sich Bilder sehen, die noch keiner gesehen hat, mitten in der Welt:

Aus der Stadt zog er eigentlich kaum, denn er fand die halbe unterwegs; und alle seine Seelen-Winkel wurden voll Sonnenlicht bei dem Gedanken, so mitzugehen unter Leuten, die mitgehen, mitfahren, mitreiten. Rechts und links standen die Wiesen, die wallenden Felder und der Sommer. Aus der Stadt lief das Nachmittags-Geläute der Kirche in die grüne warme Welt heraus, und er dachte sich hinein, wie jetzt die Kirchengänger sich herausdenken und ihn und das freie luftige Leben göttlich finden würden, in den schmalen, kalten, steinernen Kirchen auf langen leeren Bänken einzeln schreiend, mit schönen breiten Sonnenstreifen auf den Schenkeln und

die Flegeljahre, im Tiergarten zu Berlin lesen, man kann dieses reiche Buch nach Japan mitnehmen oder auf eine Schweizerreise. Das Buch liest sich auf der Petersinsel im Bielersee so angenehm wie auf der Estrade eines Omnibusses in London, denn es ist ein Buch voll Welt, voll Leben. Dieses Buch ist die schönste, heiterste Mischung von Weltmännischkeit und dörflichem Idyll, es kleinstädtelt und großstädtelt darin lustig durcheinander … Welch einzig schöne Sätze er schrieb, heißt es am Anfang des kleinen Essays, und dann: *Es scheint, ich wisse, er habe seine Mutter sehr geliebt. Ich las das einmal in einem Gartenlaubeband. Immer wollte ich mich schon über diesen großen Dichter, der sich so unpathetisch gebärdet hat, in einem Konversationslexikon orientieren, damit sich mir sein Lebensbild öffne …* Da ist mir ein Leser zu früh gestorben, scheint mir. Im übrigen hat er aber Besseres geschrieben als dies über Jean Paul.

mit der Hoffnung, nach der Kirche nachzumarschieren so schnell als möglich (aus dem 17. Stück der *Flegeljahre*).

Jetzt kommen wir aber zum *Kometen* und sogleich zu Nikolaus Marggraf. Marggraf ist ein Halbwahnsinniger, die Frucht, meint er wenigstens, einer italienischen Sängerin und eines blatternarbigen Fürsten. Er ist Apotheker und verfolgt zwei Ziele: erstens will er Diamanten machen, zweitens seinen Vater suchen und dann die ihm gebührende Stelle in der großen Welt einnehmen, was er sich beides, das Suchen und das Einnehmen, kraft der gemachten Diamanten leisten können wird. Das Diamantenmachen schafft er, und nun gibt er sich als reisender Graf aus, damit keiner merkt, daß er eigentlich ein Fürst ist. Seine alten Freunde müssen ihn wie einen Fürsten behandeln, da ist bei ihm gar keine Selbstironie im Spiel, er lebt ganz in seinen Träumen. Er träumt zum Beispiel folgendermaßen, und ich will dem Leser, damit er einen gleich kommenden herzzerreißenden Kalauer besser goutieren kann, vorher sagen, daß Elisabeth Gertrud Mara eine Sängerin der Zeit war, deren Stimme (Hanser-Kommentar) bis zum dreigestrichenen C reichte, was immer das heißen mag: also er träumt so: *Vernimmt er eine große Sängerin, die alles übertrifft und rührt: sogleich setzt er sich hin und gibt sich solche Mara-Töne, eine solche Diskanthöhe, unbegreiflich wachsend aus einer solchen Baßtiefe, und dabei so unerhörte Fertigkeiten, daß er die ganze weibliche Zuhörerschaft zu warmem Brei auf den Sesseln zerflossen vor sich sieht, und daß sogar die Männer fallsüchtig durcheinanderzucken und einige vor horchendem saugenden Anhalten des Atems gar ersticken, worauf er selber so ruhig, als hätt' er nichts verrichtet, nach Hause geht, um da von den nachgelaufenen Bekannten mit Bewunderung sich umrungen zu sehen.*

In nichts, sagt der Zuchthausprediger Frühauf Süptitz*, finde er sich leichter als in Marggrafs Tollgewordensein. Nachdem zur Reisetruppe dann noch der wettermachende Kandidat Richter gestoßen ist, geht die richtige Reise am 21. März, dem Frühlingsanfang, los**. Der Kandidat merkt an, wie sehr es zum Reiz dieser Jahreszeit gehöre, daß man

* Süptitz hat ein Weltsystem, wonach der Teufel die Tücke des Objekts dazu benutze, ihn dauernd ins Stolpern zu bringen. So kommt er einmal (im Anhang zum *Kometen*) zu einem Kollegen zu Besuch; er ist von dessen Landhaus noch ein Stückchen entfernt, als ihm der unterste Westenknopf, seiner furchtbaren Dicke wegen (Süptitzens), abzugehen droht. Die Sicht auf ihn vom Haus ist unverstellt; würde er jetzt also zu nähen anfangen – Nadel und Faden hat er, gegen alle Teufelstücke, immer dabei –, so würde man im Hause denken können, er schlage das Wasser ab. Er geht also ins Haus hinein und näht den Knopf unter der Treppe stehend an. Ein Bedienter sieht ihn von oben aber doch unten stehn und raunt einem Mitbedienten, für Süptitz hörbar, und der schreibt das jetzt seiner Frau, zu: *Blitz! drunten steht ja der Dicke und flickt.*

** Jean Paul hat sein Leben lang das größte Aufheben davon gemacht, an diesem Tag geboren worden zu sein. Ganz am Ende seines Lebens notiert er sich *(Vita-Buch 599): So viel ist gewiß, die Tag- und Nachtgleiche, in der ich geboren bin, ist Bild, wenn nicht Grund einer geistigen in mir – Phantasie und Reflexion sind sich ziemlich gleich zugewogen, so vielleicht moralisch Gut und Böse, und zuletzt wol gar Schicksal.* – Hier liegt natürlich, wenn man das denn unbedingt so haben will, die Ursache für die das ganze Werk durchziehenden so gegensätzlichen Freundes- oder gar, in den *Flegeljahren,* Zwillingspaare. In der *Loge,* wie im *Hesperus* noch nicht ganz ausgeprägt, treten Gustav und Ottomar oder Fenk auf, im *Hesperus* Viktor und Julius und Matthieu; dann kommen die großen Unzertrennlichen: Siebenkäs und Leibgeber, Albano und Schoppe (mit Roquairol, dem Pendant zu Matthieu), Walt und Vult – und über fast nichts ist da, wo über Jean Paul geredet worden ist, so viel geredet worden wie über diese Paare. Das Problem ist aber auch gar nicht zu übersehen. Auch in diesem Essay ist es natürlich überall gegenwärtig, wenn auch in etwas anderer Beleuchtung: eine eigentlich überflüssige Bemerkung.

die singenden Vögel auch sehen könne, da das Laub noch fehle. Im großen Hofstil versetzt Worble: *Auch ich erblicke gern die alten Sänger auf den Bäumen.* Süptitz beschwert sich darüber, daß niemals ein Tag ganz und gar vollkommen sei, Richter antwortet, jeder habe doch wenigstens etwas Schönes, und weiter: *Und ebenso möcht' ich schwören, es sei kaum denklich, daß es eine ganz elende, erbärmliche, nichtsnutzige Landschaft gebe.** Als sie einen Artillerieoffizier sehen, wird von Worble gesagt, dieser sei kein Liebhaber des Militärs, dem er (und das klingt nun gewaltig anders als früher, aber wahrlich auch nicht sehr verbunden) *fast Nichtstun und Wenigwissen schuldgab und unzeitige Tapferkeit.* Marggraf sagt ohne Aufhören, dies sei ein echter Frühlingsanfang, als sei es an ihm, dies zu beglaubigen**. Als sie die Juden gewahren, die jene hölzerne transportable Stadt feilbieten, schlägt der Gott des Kalauers wieder zu: *Es ist eine schon bekannte Sache, daß in Moskau, in London, in Philadelphia ganze hölzerne Häuser, d.h. Bretter dazu, unaufgebaut auf dem Markte feilgehalten werden, mit welchen man z.B. in Philadelphia von einer Gasse in die andere ziehen und da ansässig werden kann, was einer oder der*

* er erlaubt dem Prediger, ihn irgendwohin zu blasen, er sagt: in irgendeine sandige platte Mark – auch da wolle er vieles schön finden. Und dann sagt er: *Wollten Sie mich aber noch weiter versprengen, etwa in die Lüneburger Heide* – – – die Gedankenstriche sind jetzt von mir, denn in eben dieser Heide liegt ja eben Bargfeld. *So hängt alles viel enger zusammen als man denkt* (Günter Eich).

** *Ein Fürst würde bald an seinem Geburtstag sterben, wenn er z.B. in jeder Woche einen hätte; aber durch eine besondere Fürsorge des Schicksals hat er bloß in jedem Jahr einen (Gedanken 6, 669 (349) – nach 1809).* Die in doppelte Klammern gesetzte zweite Zahl bei manchen Sentenzen stammt immer vom Herausgeber der Sammlung und korrigiert eine falsche Zählung Jean Pauls.

andere ein Hausieren der Häuser nennen würde. Man gelangt schließlich in Lukas-Stadt an, der nächsten Residenz, und logiert sich dort, weil man mitten in der Stadt sein und gesehen sein möchte und nicht außerhalb in den mobilen Bretterbuden, in den Römischen Hof ein, der so heißt, weil der Wirt Papst heißt: *Es ist angenehm zu erzählen, mit welcher Untertänigkeit und Höflichkeit der freundliche Papst samt seinem ganzen römischen Hof unsern Fürsten samt Gefolge empfing und aufnahm, und wie alles, was Beine hatte, um Hacencoppen lief und stand, scharrte und rannte. Wäre eine dicke, vom langen Regenwetter ausgehungerte Winkelspinne edel genug, so könnt ich des Wirtes Heranstürzen an den eintretenden Grafen mit dem Herausschießen der Spinne auf eine im Gewebe summende Mücke anschaulich machen.* Hacencoppen ist Marggrafs Deckname. Am Orte blühen übrigens die Künste, insonderheit blüht die Malerei: *Für anderthalb Taler kann sich jeder bis aufs Knie gemalt erhalten, und fast in allen Haushaltungen hier hängt jeder an der Wand, ders kaum wert wäre, daß er lebendig am Boden stehe.* Marggraf läßt sich von beiden am Ort vertretenen Malerschulen, der niederländischen oder belgischen und der italienischen, worunter einer ist, der zwischendurch unzüchtige Romane illustriert hatte, je sechzehnmal malen, wobei er besonderen Wert auf die Sichtbarkeit der zwölf Blatternarben auf seiner Nase legt: die will er zum Ausweis seiner Fürstenlendenabkunft machen.

Zwischen beiden Sitzungen will Worble rasch die Wirtstochter (deren Vater schreibt sich jetzt immer Pabst, wenn's kein Druckfehler ist – der Leser weiß jetzt natürlich, wo) Jeannette verführen, und jetzt ein Beispiel für die ungeheuer rasche Prosa: *Schon am ersten Tage, wo er in Geschäften immer vor Jeanetten vorbeiging, schlug er ihr vor, daß er am zweiten ihr abends einen Besuch geben wolle, wenn sie und er keine mehr habe, um ihr so manche, die den Fürsten angingen, zu bereden, da sie, wie er höre, alles in allem bei Herrn Pabst sei, die wahre Papissa Johanna. Sie sagte, sie willige ungern in die Sache, da sie erst ganz spät, um ein Uhr, allein und in ihrem Zimmerchen geschäftlos sei, woll' aber doch seinetwegen bei Licht aufsitzen und auf ihn passen. Ihr Stübchen, setzte sie hinzu, könn' er übrigens leicht finden, es sei, wenn er die Treppe hinaufgehe, gerede das dreizehnte oder vorletzte im Korridor, und er brauche bloß die Türen am Tage zu zählen; ›aber‹, schloß sie mit schöner Jungfräulichkeit, ›kurz fassen müssen Sie sich mit allen und jeden Reden; denn ich stecke nur ein kurzes Lichtstümpfchen auf, und ist dieses abgebrannt, so müssen Sie ohne Gnade fort.‹ Er versprach ihr den kürzesten Vortrag von der Welt.* Im ersten Satz des Zitats muß der Leser überall, wo es ihm dunkel vorkommt, das Wort Besuch oder Besuche ergänzen, dann wird's hell. Das Wirtstöchterlein scheint alles in allem zu allem und jedem bereit. Worble zählt die Türen, aber nachts, und er hat ordentlich Wein geschluckt, zählt er im Dunkeln eine bloß gemalte Türe nicht mit und macht so die vierzehnte auf, wohinter es dunkel ist. Er denkt sich das Lichtstümpfchen abgebrannt, sonst aber alles so, wie unter der Oberfläche der gewechselten Worte abgemacht, geht zum Bett und berührt eine Wange, die sich aber, wie auch die zweite, die ihm beide in der Hand bleiben, als zwei Stück Kalbfleisch entpuppen, die ein nicht mehr so taufrischer weiblicher Gast sich zur Pflege der Haut auf die Wangen gelegt hat. Das Wesen unter dem Kalbfleisch springt auf, verläßt das Zimmer und riegelt von außen ab, geht zu Jeannette ins Nebenzimmer und erzählt das Erlebnis, und zwar, wie es heißt, mit mehr Fassung und Lachen, als zu erwarten war: *Aber die zärtere Wirts-Tochter war wie außer sich: so etwas, sagte sie, sei im römischen Hofe ganz unerhört. ›Hätte der Ehrenräuber sich nicht in den Stuben vergreifen und ebensogut zu mir kommen können? Ach lieber Gott, ich wäre auf der Stelle umgefallen.‹ – ›Wenns bloß ein Ehrenräuber war‹, versetzte die Witwe, ›und kein schlimmerer Dieb; woher kann man aber das wissen?‹*

Jean Paul selber setzte im Juni 1819 einen alten Plan in die Tat um und begab sich über Erlangen, Nürnberg, Ansbach, Feuchtwangen, Dinkelsbühl und Ellwangen nach Stuttgart, wo dann die schreckliche Therese Huber ihn kennenlernte, er sie aber auch, und er sagt von ihr, sie habe in ihrer Jugend wohl kaum schön gewesen sein können, habe aber Geist und Herz. Ein Haufen Adliger gab sich wieder die Ehre, ihn bei sich zu haben, er traf aber auch bedeutende Leute wie Uhland und den Philosophen Schelling. Schelling, zwölf Jahre jünger als Jean Paul, hatte es längst zu der Ehre gebracht, die diesem versagt geblieben war: er war Mitglied der bayerischen Akademie – Jean Paul wurde zwei Jahre später Ehrenmitglied. Die beiden müßten sich eigentlich verstanden haben; denn wenn man Jean Paul, wie ich tue, wenigstens neben Goethe stellt, dann muß man Schelling über Hegel und Fichte stellen und damit dasjenige an ihm betonen, was ihn von Hegel sehr unterscheidet und in die Nähe Jean Pauls rückt. Von Schelling, um nur ein Beispiel zu geben, stammt der Satz, der Staat sei das über die Menschheit verhängte Schicksal, von Jean Paul die Bemerkung, der Staat sei der ewige Bürgerkrieg. Schelling hat sich zwar als Monarchist bekannt, während Jean Pauls Ruhm der eines Republikaners war, auch wenn er einmal sagt, im Herzen sei jeder ein Monarchist; nur ist es so, daß Schelling nicht deshalb für die Monarchie war, weil er etwa die Fürsten geliebt hätte, und der düster-wilde alte Jean Paul hatte gewiß auch nicht die rosigsten Ideen über die mündigen Bürger.

Viel war er auch mit dem netten Dichter Matthison zusammen, der damals Oberbibliothekar in Stuttgart war. Über ihn lernte er die Herzogin Wilhelm kennen; von ihr schien er beeindruckt, und er besuchte sie noch öfter; sie ging dann mit Matthison auf Reisen, nach Italien: hätte Jean Paul nicht vielleicht doch irgendwann einmal ein Amt annehmen sollen? Im ganzen haben ihm weder die Stuttgarter noch Stuttgart selbst so recht gefallen. Er sei oft zum Tee eingeladen gewesen, sagt er, und dann habe man ihn ohne Abendessen weggeschickt, und er habe dann im Gasthof irgend etwas hinunterwürgen müssen, meist scheußliches Dinkelbrot, das wie Kleister schmecke, und ein bißchen Wurst, der Sparsamkeit wegen. Es regne auch dauernd, schreibt er, so daß er das glücklichste Wesen sein könne, wäre er nur eine Krautpflanze. Die Stuttgarterinnen hätten solche Gesichter, daß die Straßen, worin sie lustwandelten, zehnmal schöner seien; sie seien anspruchslos in der Kleidung, hätten aber so ungeheure Hüte auf dem Kopf, daß ein rückwärts gehender Mann sich darunter gut vor dem Regen schützen könne. Noch vor Mitte Juli war er wieder in Bayreuth, ohne, was er eigentlich vorgehabt hatte, in die Schweiz gereist zu sein.

Im selben Herbst ging er, wieder von Fürstens eingeladen, nach Löbichau, einem Rittergut in der Gegend von Gera. Hier residierte die Herzogin Anna Charlotte Dorothea von Kurland, ein armes Ding, das sich, als ihr Gatte bedauerlicherweise der kurländischen Krone entsagen mußte, zu ihrem Leidwesen von ihm trennen zu sollen gut gefunden hatte; drei ihrer reizenden Töchter wohnten auf einem Schlößchen in der Nähe, und sie alle hielten da also Hof und versammelten um sich, was gut und billig war, Künstler, Literaten und gebildete Leute. Für deren Auswahl soll die Gräfin Elisa verantwortlich gezeichnet haben, eine Schwester der Herzogin; über Elisa gibt es eine Menge wenig schmeichelhafter Urteile. Der weit überschätzte Theodor Körner war hier Gast gewesen, auch der Sohn Fichtes, ebenfalls Philosophieprofessor und einer der langweiligsten Denker seiner Zeit; nehmet Holz vom Fichtenstamme, soll Ranke gewitzelt haben, aber trocken laßt es sein. Vormittags konnte jeder hier tun, was ihm beliebte, mittags gab es ein gewaltiges Frühstück, abends soupierte man, und es schlossen sich künstlerische Darbietungen an sowie Tanz und Spiele. Hier hat Jean Paul zum letzten Mal in seinem Leben Blindekuh gespielt mit Anfassen und Küssen. Nebenbei versuchte er, den Sohn des Strafrechtlers Feuerbach durch Magnetisieren, seiner großen Leidenschaft neben dem Wetterprophezeien, vom Mystizismus zu heilen; beide waren damals sehr in Mode. Auf der Rückreise kehrte er noch in Altenburg ein, wo ihm die Schüler einen Fackelzug brachten. Dann fuhr er wieder nach Bayreuth.

Ende Mai des nächsten Jahres fuhr er nach München, auf der Reise soll es wieder sehr geregnet haben. In München studierte seit Oktober sein Sohn Max, und die Trennung von ihm war Jean Paul sehr schwergefallen. Aus vielen Briefen wissen wir, daß Jean Paul alles tut, um dem Sohn ein geregeltes und sorgenfreies Studium zu ermöglichen; in vielen Ermahnungen scheinen seine Liebe und Besorgnis manchmal übergroß. Gleichwohl scheint der Sohn sich jener Mode des Mystizismus oder Spiritualismus hingegeben zu haben, jedenfalls den ersten Münchner Winter über: er muß kaum gegessen haben in dem Vorsatz, die Unabhängigkeit des Geistes zu erweisen. Als Jean Paul das in München erfuhr, traf ihn das sehr, obgleich der Sohn jetzt wieder ganz gesund und geheilt schien von dem Wahnsinn, den Jean Paul in solcher geistig-religiösen Überspannung erkannte. In München begegnete er seiner Jugend wieder in Gestalt der alten Freundin Renata, die von einem Bruder seines Freundes Otto geheiratet worden war. Renata hatte fünf Kinder, der Mann aber kein Geld. Adlige verkehrten wieder in reicher Zahl mit ihm, auch Minister und Professoren. Als er zur Königin Karoline wollte (die Karolinen seines Lebens sind nicht mehr zu zählen, die Wahrscheinlichkeit, daß er eine abbekam, war tatsächlich sehr groß), kippte der Wagen um. Er lernte das Königspaar aber dann doch noch kennen. Einmal war er auch am Starnberger See. Von dort konnte er aus verhältnismäßiger Nähe die Alpen betrachten; den Rhein hatte er schon gesehen, damals, unter den Küssen mit Sophie, und so kannte er nun die wichtigsten deutschen Sachen. Im Juli fuhr er wieder nach Bayreuth zurück, München hatte ihm im ganzen noch weniger gut gefallen als Stuttgart, zumal es auch hier dauernd geregnet hatte. Er war glücklich, wieder zu Hause zu sein, und Karoline war es auch; sie habe, schreibt sie jetzt, für die Zukunft ein ruhiges und sicheres Gefühl.

Im August kehrte auch Max München den Rücken und lebte für einige Monate in Bayreuth. Er hatte sich in München sehr mit dem in Löbichau vom Vater stark magnetisierten jungen Feuerbach befreundet, und im Oktober gingen beide nach Heidelberg. Jean Paul war überglücklich, seinen Sohn bei seinem Freunde Voß gut aufgehoben zu wissen.

Auf einmal, so geht es in den *Flegeljahren* in Walts Traum, den er am Schluß Vult erzählt, *auf einmal quoll am Himmel ein scharf blitzendes Sternchen heraus – es hieß Aurora – wie vor Lust riß sich einen Augenblick mein Meer auf. – Statt der dämmernden Ebene lag ein fester breiter Blitz vor mir. Aber es schlug sich wieder zu, das verdämmernde Land erwachte, und alles wurde verändert; denn die Blumen, die Sterne, die Töne, die Tauben waren nur schlummernde Kinder gewesen. Nun umarmte jedes Kind ein Kind, und die Aurora klang unzählig darein. Die hohe Bildsäule des Donnergottes stand in der Landes-Mitte. Ein Kind um das andere flog auf den Stein-Arm und setzte einen Schmetterling auf den lebendigen Adler, der den Gott umkreiset. Dann flatterte das Kind wie leichtsinnig auf die nächste Wolke und sah herab nach seinem andern, das liebende Arme aufhob. Ach, so wird schon Gott, vor dem wir ja alle Kinder sind, unser Leben nehmen! Darauf spielten die Kinder untereinander ›Liebens‹. ›Sei meine rote Tulpe‹, sagte das eine, und das andere war sie und ließ sich an die Brust stecken. ›Sei mein liebes Sternchen oben‹, und es war es und wurde – an die Brust gesteckt. ›Sei mein Gott‹ – ›und du meiner‹, aber dann verwandelten sich beide nicht, sondern sahen sich beide an voll zu großer Liebe und verschwanden wie sterbend dahin. – ›Bleibe bei mir, mein Kind, wenn du von mir gehst‹, sagte das bleibende; da wurde das scheidende in der Ferne ein kleines Abendrot, dann ein Abendsternchen, dann tiefer ins Land hinein nur ein Mondschimmer ohne Mond, und endlich verlor es sich ferner und ferner in einen Flöten- oder Philomelenton …*

Da fand ich mich plötzlich am alten ersten Ufer wieder, die böse Feindin stand wieder im Wasser; aber sie zitterte wie vor Frost und zeigte ängstlich auf das glatte Meer hinter ihr, mit den Wor-

ten: ›Die Ewigkeit ist vorbei, der Sturm kommt, denn das Meer wird geregt.‹ Ich sah hin, und die Unermeßlichkeit gor zu unzähligen Hügeln auf und zum himmelhohen Sturme; doch tief im Horizont wallete hinter den Zacken ein sanftes Morgenlicht empor. Aber ich erwachte; was sagst du, Bruder, zu diesem künstlich-fügenden Traume?‹

›Du sollst es sogleich hören in dein Bett hinein‹, versetzte Vult, nahm die Flöte und ging, sie blasend, aus dem Zimmer – die Treppe hinab – aus dem Hause davon und dem Posthause zu. Noch aus der Gasse herauf hörte Walt entzückt die entfliehenden Töne reden, denn er merkte nicht, daß mit ihnen sein Bruder entfliehe.

SPAZIERGÄNGE AM ENDE

Je länger ich lebe, desto mehr verlern' ich das Gelernte, nämlich die Systeme und der Himmel, in den ich kommen soll, wird mir immer dunkler und sternloser, je näher
VITA-BUCH 540

Wohnt nicht die Unsterblichkeit schon vor dem Sterben unten bei uns? SELINA

Ein Jahr später war Max, zwei Jahre später war Voß tot. – In Heidelberg dann hatte Max Theologie studieren wollen, Jean Paul hatte das abgelehnt. Der Sohn wollte gern, daß der Vater ihn einmal in Heidelberg besuchte, damit sie reden könnten, aber der Vater mochte nicht. Dann hatte Sand Kotzebue erdolcht, und Max begeisterte sich für die Tat und schrieb, er habe sogar eine Reliquie von Sand. Es ist etwas ganz Aberwitziges daran, wie Sand sich auf Jean Paul beruft und dessen Sohn nun wieder Sand verehrt; aber das sind natürlich alles ganz sinnlose Beziehungen. Dann hören wir noch, Max habe in Heidelberg in den Gottesdiensten laut geschluchzt. Er ist dann nach Hause gekommen, fiebernd und todkrank, und am 25. September abends gestorben. Zeugen sprechen von Nervenfieber, aber wir wissen natürlich nichts. Im *Vita-Buch* notiert Jean Paul jetzt: *Der Tod meines Max macht mich blos wilder gegen die ganze Welt, worin ich nun so wenig noch zu verlieren habe. Jünglinge, besonders von seiner Bekanntschaft erbittern mich blos dadurch daß sie noch leben nach ihm.* Das Jammern der Freunde über seinen Verlust lasse ihn kalt: *denn das Heftigste hör ich in mir selber und muß die innern Herzohren zuhalten – aber ein einziger neuer Zug von Maxens schönem Wesen reisset das ganze wundenvolle Herz weiter auf und es kann sein Blut nur in die Augen treiben.* Und dann: *Es ist seltsam, wenn man spät im fünfzigsten Jahr noch etwas Neues erleben muß – und dieß Neue ist ein Schmerz.* Und: *An manchen Tagen hör' ich in mir mein altes Wort: ›mein Mäxchen‹ unwillkürlich, und dieß thut sehr weh.* Und schließlich: *An nichts denkt man weniger und nichts wird uns schwerer klar zu denken, als die Trauer unserer Geliebten um uns nach unserem Hinscheiden; wie anders würden wir unser Leben bewahren.* Am Schluß steht die erschreckende Einsicht: *Ich kann nun alles Lebendige entbehren, sogar Odilie, seitdem ich das Todte nicht entbehren kann.*

Max war achtzehn; Voß war 43 Jahre alt, als er im Oktober 1822 an der Wassersucht starb. Im April 1821 war Jean Paul nach Bamberg gereist, im Mai 1822 nach Dresden. Dort traf er Tieck und den alten Vielkopf-Wolke. Wir hören von einer Harfenvirtuosin, die ihm eines Morgens um fünf Uhr ein Ständchen gebracht haben soll. Dann gab es auch noch ein Picknick mit Carl Maria von Weber. Man lag ihm zu Füßen und ihm wurde gehuldigt wie immer, aber es scheint, daß ihm das alles keinen Spaß mehr gemacht hat. Man muß wohl sagen, daß ihm mit Max die Welt ganz verlorengegangen war. Jetzt will er nur noch nach Hause, zur Frau, zu den beiden Töchtern, vielleicht noch mehr einfach in sein Zimmer, an den Schreibtisch, in seinen Garten, zum Bier – und das mit dem Bier klingt nur sonderbar, ist es aber überhaupt nicht.

Im August ist er noch einmal nach Erlangen gefahren, wo er sich mit Schelling, der mittlerweile dort lehrte, unterhielt, und dann nach Nürnberg, wo ihm nichts mehr gefiel; Kirchen und Werke der bildenden Kunst interessierten ihn nicht, hatten ihn auch nie sonderlich interessiert. Sein eines Auge, das linke, wurde langsam blind, immer mehr Krankheiten, die er alle selber diagnostizierte*, plagten ihn. Ärzte ließ er nicht an sich heran: diese Abneigung teilte er mit vielen seiner größeren Zeitgenossen, es muß etwas daran gewesen sein; wenn wir heute den Ärzten so vertrauen, so ist das im Grund ja auch nur ein fortwirkender Glaube an den Fortschritt.

Die Arbeit am *Kometen* war mit Max' Tod eigentlich zum Erliegen gekommen. Er machte den dritten Band noch druckfertig (die beiden ersten waren 1820 erschienen), der erschien dann 1822. Seine Arbeit, und er arbeitete unermüdlich, soweit es ging, galt jetzt dem neuen Kampanertal, der Idee der Unsterblichkeit der Seele: als wolle er den Sohn am Leben erhalten, oder ihn vor dem Vergessen bewahren, oder ihm Worte hinterherrufen, oder weiß Gott was. *Untersteh dich und stirb früher als ich: so schlag' ich dich todt,* hatte er 1812 oder 1813 notiert, übermütig beinahe. Was soll man denn aber auch tun, wenn das Kind nun tot ist? Ihm nachschreiben, was denn sonst.

In der *Selina* treten die Figuren aus dem Kampanertal noch einmal auf, nicht alle zwar, aber einige. Gione ist tot, hat dem Baron Wilhelmi aber eine Tochter dagelassen, eben Selina. Karlson hat geheiratet und sich auf einem Gut in Deutschland niedergelassen. Er hat drei Kinder: Nantilde, dann Henrion, der für die griechische Sache kämpfend auf Morea steht, und den Gesandtschaftsrat Alexander, der zum

* *Nur das einzige kann ich sagen, daß ich weit mehr von der Arzneikunde verstehe als einer, der ganz und gar nichts davon versteht (Gedanken 9, 31-1814)*

Spott neigt. Die schöne Nadine tritt nicht auf, wir erfahren nicht, ob der Warzenfresser ganze Arbeit geleistet hat. Selina liebt den abwesenden Henrion. Wilhelmi wohnt in Karlsons Nähe, und beide laden Jean Paul, den sie seit dem Kampanertal nicht mehr gesehen haben, zu sich ein. Karlson, der damals, als er Gione tot glaubte, jene bewegende *Klage ohne Trost* geschrieben hatte, legt seiner Einladung eine kleine Überlegung bei. Es geht darin um den Vernichtglauben: Karlson malt aus, was wäre, wenn es keine Unsterblichkeit gäbe, oder besser wohl, wenn wir nicht an die Unsterblichkeit glaubten. Manches kennen wir schon, so den Gedanken, daß nichts mehr ist als das Dagewesensein, daß Gott einsam ist und nur unter Sterbenden lebt. *Aus dem langen Nichts,* sagt Karlson, *erwachen ein paar Menschen in ihren Sterbebetten und blicken aus ihnen einander mit Augen voll inniger Liebe an und schließen dann die Augen wieder zu sogleich nach einigen Minuten zum ewigen Nichts; – dies ist nun die unvergängliche Liebe der Menschen untereinander, der Eltern, der Kinder, der Gatten, der Freunde.*

Ohne Unsterblichkeit, fährt er fort, *kann niemand sagen: ich liebte; du kannst nur seufzen und sagen: ich wollte lieben. Das Herz steht einsam auf der Erde; bis es endlich in der Sarah-Wüste unter ihr nicht mehr einsam ist, sondern selber nichts. Es kann nicht einmal betrauern und beweinen; denn der Schatten dazu, der einen Augenblick warm und gefärbt dastand, ist nicht kühl und dunkel geworden, sondern unsichtbar in der weiten unsichtbaren Nacht; auch das bißchen Warm und Rot, was du dein liebendes Herz nennst, wird vielleicht im Augenblick, wo es noch beweint, auch zur unsichtbaren unfühlbaren Nacht, nicht ein Teil von ihr, (denn sie hat keinen) sondern eine Nacht selber.*

Die Erde, sagt er, wäre ohne Leben. Dagegen aber solle

man doch nun von solchen Bildern sich lösen und die wirkliche Welt anschauen mit ihrem grünen Leben. Denn wie man selten den wahren Schmerz des Unglaubens an die Unsterblichkeit ermesse, so ermesse man auch selten den Reichtum des Glaubens an sie, und dann, als erinnerte er sich des Augenblicks im Kampanertal, wo Gione ihm gesagt hatte, er verdiene einen schöneren Glauben, und er geantwortet hatte, unter Tränen, sein Herz sei schon ihrer Meinung und sein Kopf werde folgen, sagt er jetzt: *Es ist, als hätten die Menschen gar nicht den Mut, sich recht lebhaft als unsterblich zu denken: sonst genössen sie einen andern Himmel auf Erden als sie haben, nämlich den echten – die Umarmung von lauter Geliebten, die ewig an ihrem Herzen bleiben und wachsen – die leichtere Ertragung der Erdenwunden, die sich wie an Göttern ohne Töten schließen – das frohere Anschauen des Alters und des Todes, als des Abendrotes und des Mondscheins des nächsten Morgenlichts ...*

Nerrlich, dessen Uneinsichtigkeit ich jetzt zum letzten Mal beklage, versteht solche Sätze natürlich wieder nicht. Es geht nicht um Beweise für oder gegen die Unsterblichkeit. Nerrlich sieht die Folgen nicht, die es hätte, wenn es Beweise gäbe. Wir können an Beweisen ja nur interessiert sein, weil wir gern unsterblich sein wollen. Bewiesen wir uns nun, daß es mit der Unsterblichkeit nichts ist, dann müßten wir uns offenbar wider Willen (denn wir wollen ja lieber die Unsterblichkeit) dazu zwingen, sie nicht zu glauben, wir würden also, aber ohne Grund, den Verstand, der beweist, über das Herz stellen, das will. Bewiese der Verstand aber eine Unsterblichkeit, dann wäre das Herz vielleicht beruhigt, aber der Kopf dürfte es nicht sein; denn der bejahende Beweis fällt im Grund ja nicht schwerer ins Gewicht als der verneinende. Macht man sich das klar, dann hat Karlson recht, und es geht nicht um den Beweis, sondern um den Mut. Dieser Mut, sich unsterblich zu denken, ist eben der, der damals die in den Nachthimmel Auffahrenden in den Montgolfieren beseelt hatte. *O Teuerster,* hatte es geheißen, *wie schön war die Stelle und die Zeit!* Und dann: *Wir kamen uns wie Unsterbliche und erhabener vor, wir wähnten, das Sprechen über die Unsterblichkeit habe bei uns, wie bei jenen zwei edeln Menschen, den Anfang der unsrigen bedeutet.* Und jetzt, ein Vierteljahrhundert später, wiederholt Jean Paul dieses Sprechen, dieses sich unterredende Unsterblichwerden; er spricht sich jenen Mut zu, den Karlson meint.

Jean Paul, im Buch, macht sich also auf die Reise; aus einigen untrüglichen Kennzeichen schließt er auf ein Gewitter, und das kommt: *Vom Horizonte herauf lagerte sich ein ebenes schwarzes Meer, in das die gebirgigen Wolken unter heißen Silberblicken zerliefen, und am Himmel hing ein Orkus mit Flammen hinter einer Nacht. – Unter dem Schauen nach ihm war ich unvermerkt in eine seltsam-schöne Gegend gekommen, die mit zahllosen Baumgruppen und Baumgängen, langen Wasserspiegeln und Wasserwindungen und breiten Gängen durch unabsehliche Kornfluren sich bis an ferne Gebirge ausdehnte.* Die letzte große Landschaft Jean Pauls, in einem Satz, und wirklich, eine seltsamschöne Gegend. *Mitten in der grünen Fülle bäumte sich ein einsamer Fels wie ein vom Himmel gefallnes Zauberschloß empor. Auf dem Felsen stand ein von Weinreben umsponnenes Gartenhaus oder vielmehr Gartenturm mit unzähligen Fenstern. Hoch im Freien schwebten, wie es im Gewitterdunkel schien, zwei goldne Sterne über dem Turm ... Jetzo fuhr Gewitterfeuer in einen einsamen Baum; und unter dem Schlage stand eine glühende Kugel über dem Gipfel. Die Goldsterne über dem Gartenhause entbrannten nell und ich erkannte nur unter dem Blitzen die beiden in vergoldete Spitzen auslaufenden Gewitterstangen.*

Oben in dem Haus unter Gewitter und Blitz befindet sich Karlson. Er und die Seinen sehen sich gern Gewitter an, und Jean Paul, Erzähler jetzt, fragt, warum die Menschen sich lieber scheinbar Erhabenes in Parks und Opernhäusern bauen, statt es in der Natur wahrzunehmen als Gewitter, Meer oder Sternhimmel. Das Gewitter geht weiter: *Herrlich schlug der Donner die Regennacht auf zackigen Wolkenschutthaufen entzwei und die weißen Schneekoppen und die schwarzen Feuerberge des Gewölkes deckten sich mit ihren ineinandergekeilten Gipfeln auf und der Himmel hing als ein der Erde zugekehrter Ätna herab.* Dann geht das zu Ende, es ist später Nachmittag, und Jean Paul spricht vom scheidenden Herüberblicken der sanften halbverweinten Sonne.

Als sie bei der Familie sind, meint Alexander, der zum Spotte Neigende, es sei mit der Erhabenheit des Gewitters so weit doch gar nicht her, wenn man sich zum Beispiel nicht unter es, sondern hoch über es denke; man leihe ihm sozusagen etwas von der eignen Größe. Und was die Sterne angehe etwa, so könne man sie sich wie durch ein umgekehrtes Teleskop angeblickt vorstellen, dann schrumpften sie sehr zusammen, und wir könnten sehen, wie sehr wir alles vergrößern. Jean Paul antwortet ihm, daß durch Verkleinern keine Größe verloren gehe, denn unser Gedanke der Größe bleibe, und es gebe auch auf der Erde gar keine Vergrößerungen, sondern immer nur Verkleinerungen. Kein Vergrößerungsglas könne einen Floh zum Beispiel so groß machen, wie er in Wahrheit ist.

Ich bin sicher: so einen schönen und klugen Gedanken wird der Leser nicht alle Tage in Flohgestalt vor sein Auge treten sehen. Der springende Punkt an diesem Floh ist ein doppelter: erstens sieht der Mensch sich richtig, wie er sich sieht, er kann keinen Standpunkt denken, weder im Himmel noch auf Erden, von dem aus er kleiner erschiene und sich sagen müßte, dies sei sein wahres Maß; und zweitens ist jedes Ding ganz das, was es für sich ist, ein Floh ist gleichsam menschengroß. Nur sind wir niemals wirklich in der nächsten Nähe der Dinge, jede Ferne, heißt es, verringert und belügt. Der Stundenschlag, wie er dünn und tot vom Turm herunterfällt, ist in Wahrheit ein gewaltiges Dröhnen, und alle Erhabenheit der Natur ist um so wahrer, als wir ihre eigentliche Größe noch gar nicht fassen. Was uns erhebt, müßte uns noch viel mehr erheben, wenn wir nur uns selber und unsern Empfindungen glaubten und der Größe ihre Unendlichkeit ließen. Wir sind erhabener als wir denken, das ist in beiderlei Hinsicht wahr.

Alexander wendet den Floh ins Scherzhafte und sagt, jetzt, da er, Jean Paul, ihn einmal in sein Ohr gesetzt habe, solle er da ruhig seine Elefantengröße zeigen; Karlson freut sich, wie es heißt, über die gerettete Wahrhaftigkeit der menschlichen Erhebungen. Dann kommt Nantilde und wirft sich Jean Paul an den Hals, wie in den alten abgelebten Zeiten.

Am nächsten Morgen geht es hinüber zu Wilhelmi und Selina, und als diese Jean Paul begrüßt und ganz im Aussehen und in der Stimme Gione ähnlich ist: *so hob sich mir eine dunkel-blühende Vergangenheit wie eine alte Insel aus der Tiefe.* Sie gehen beglückt, heißt es, aber das Leben blüht auch wirklich: *Überall liefen Bäche und Steige und Baumreihen buntgemalten Dörfern zu und aus der Ferne sahen Kirchtürme und Maibäume her – und hinter den dunklen Gipfelketten Wianas bewegten sich die weißen Segel der Fahrzeuge und die fernen Gebirge standen hell im dunklen Blau.* Weiß ein Leser, was es auf sich hat mit den weißen Segeln hinter den dunklen Gipfelketten? Hat es ihn aber gestört? Das sind eben die Geheimnisse solcher Landschaften.

Wilhelmi kommt, und da steht dann der Satz: *Spätes Wiedergesehenwerden nach langen Jahren bekommt nur moralisch-wachsenden Menschen physiognomisch vorteilhaft**. Gione sei gestorben, als Selina fünfzehn war, erfährt Jean Paul, und Selina sei dabeigewesen und sei vertraut mit dem Tod: *Abschied, letzter Laut und Blick und letztes Ausatmen der schweren irdischen Luft, alles Letzte blieb ein Geheimnis der Tochter.* Bald liebten sich dann Selina und Henrion, aber ohne es zu wissen. Als Wilhelmi, ehe Henrion nach Griechenland geht, ein Bild von ihm haben will, gibt es keines, es gibt auch keinen Maler, und Selina muß eines malen, aber nur ein Profil, denn Henrion habe gemeint: gegen eine Selina sei ein genießendes Anschauen ohne den Zweck der Rede zu kühn. Am letzten Morgen seien sie zusammen spazierengewesen, allein, ein Gewitter sei gekommen, und sie waren dann im Turm. Unter niederfahrenden Blitzen hatten sie sich dann ihre gegenseitige Liebe gestanden, er hatte gesagt: *›So bleib ich dein, im Leben und im Tode, wenn ich falle, und wenn ich wiederkehre.‹* Und sie hatte gesagt: *›Ziehe nur froh deinen Weg, mein Henrion, und Gott wird mit uns beiden sein.‹* Da war die Sonne durchgebrochen, ein Regenbogen war entstanden, und Henrion hatte gerufen: *›Siehe, das Tor nach Griechenland ist aufgetan.‹*

* in den *Bemerkungen (V, 653)* steht: *Das Meiste und Gewöhnlichste, was Jugendfreunde nach spätem Wiedersehen an einander bemerken, ist daß sie dicker geworden*

Nun bringt ein Bote oder wer immer einen Brief von Henrion. Einen schönen Brief, und Henrion ruft wieder etwas aus, nämlich: *O wie bleibt die Erde doch mit allen ihren Vergänglichkeiten und Gräbern so lebendig!* Er zieht die Sterne und die Aufguß- oder Infusionstierchen heran, und dann ruft er wieder etwas aus, etwas, das mit den ganzen Beweisführungen wieder bloß über den Mut verbunden ist, nämlich: *Wohnt nicht die Unsterblichkeit schon vor dem Sterben unten bei uns?* Trotz Fragezeichen ruft er das wirklich aus. Die Unsterblichkeit vor dem Sterben hier unten bei uns: wenn dem Leser das einleuchtet, dann kann er kein metaphysisches und kein antimetaphysisches Buch mehr mißverstehen, und er kann seinen Kindern von Gott und von allem erzählen. Denn Gott ist das Wort, mit dem wir Dinge über uns und die Welt haben aussprechen können, die wir sonst vielleicht nicht zu sagen gewußt hätten. In diesem Sinne ist Gott auch nach seinem Tode noch da und ist die Unsterblichkeit wahr. Nun sind die großen Träume der Metaphysik zu Ende geträumt, und wir denken und dichten.

So geht das noch viele schöne Tage mit Unterhaltungen hin und her, über die Seelenwanderung, über das Heimweh nach unbetretnen Ländern, über den Schmerz, über das Alter, über den Tod. Schöne Sentenzen fallen noch an, der Leser schlage ruhig einmal nach. Das Buch hört dann einfach auf, weil Jean Paul nämlich starb. *Mittags am 14. November 1825 verlangte Jean Paul ins Bett gebracht zu werden,* sagt Nerrlich, er konnte nicht wissen, daß Tag war, er war ja blind. Ein paar Stunden später war er tot. Am 17. wurde er neben seinem Sohn begraben, ich war dort, beider Namen stehen auf dem Stein.

Am Schluß des *Kometen,* er war damals 59 Jahre alt, rechnet er dem Leser vor, daß er 59 Bände geschrieben habe, für jedes Jahr einen. So hat er gelebt – er hat Sachen gethan. Und wenn Giannozzo nun fragen wollte: wo lebst du, Lämmchen? dann würde ich antworten: bei uns, mein Lieber, bei uns, und für immer.

ZEITTAFEL

1763	21. März: Johann Paul Friedrich Richter in Wunsiedel (Fichtelgebirge) geboren als erster Sohn des Hilfsgeistlichen und Organisten Johann Christian Christoph Richter und dessen Frau Sophia Rosina, geb. Kuhn.
1765	August: Johann Christian Christoph Richter wird Pfarrer in Joditz a. d. Saale.
1776	Januar: Johann Christian Christoph Richter wird Pfarrer in Schwarzenbach a. d. Saale.
	Rektor Werner, Kaplan Völkel in Schwarzenbach und Pfarrer Vogel aus Rehau Mentoren Jean Pauls.
1778	Anfang der Exzerptenhefte Jean Pauls.
1779	Februar: Jean Paul Gymnasiast in Hof.
	17. April: Tod des Vaters.
	Beginn der Freundschaft mit Johann Bernhard Hermann, Lorenz Adam von Oerthel und Georg Christian Otto.
1780/81	›Übungen im Denken‹.
1781	›Abelard und Heloise‹ (Roman in Briefen).
	Mai: Jean Paul Student der Theologie in Leipzig.
1781/82	›Lob der Dummheit‹.
1783	›*Grönländische Prozesse*‹ (2 Teile) erscheinen anonym bei Chr. Fr. Voß in Berlin.
	Vorübergehendes Verlöbnis mit Sophia Ellrodt in Hof.
1784	›Andachtsbüchlein‹.
	November: Rückkehr zur Mutter nach Hof.
1786	›Mixturen für Menschenkinder aus allen Ständen‹ (Aufsätze Jean Pauls und seiner Freunde) erscheinen anonym in Frankfurt am Main und Leipzig.
	Oktober: Tod des Freundes Loienz Adam von Oerthel.
1787	Januar: Jean Paul Hauslehrer im Hause von Oerthels Vater in Töpen. Freundschaftlicher Verkehr mit der Familie von Spangenberg in Venzka.
1789	›Auswahl aus des *Teufels Papieren*‹ erscheint zur Ostermesse (geschrieben bereits 1786).
	Juni: Rückkehr zur Mutter nach Hof.
1790	Februar: Tod des Freundes Johann Bernhard Hermann.

März: Jean Paul Erzieher in Schwarzenbach.
»Erotische Akademie« in Hof.
15. November: Todesvision.

1790/91 ›Des Amts-Vogts Josuah *Freudel* Klaglibell gegen seinen verfluchten Dämon‹, ›Des Rektor Florian *Fälbels* und seiner Primaner Reise nach dem Fichtelberg‹ und ›Leben des vergnügten Schulmeisterlein Maria *Wutz* in Auenthal‹ entstehen.

1791/92 ›*Die unsichtbare Loge*‹ (erscheint 1793 in 2 Bänden). Darin erscheint auch das ›Schulmeisterlein Wutz‹.

1792 Beginn der Arbeit am ›*Hesperus*‹ (erscheint 1795 in 3 Bänden).
Erste Notizen für den ›Titan‹.

1793 Sommer: Reise nach Bayreuth, Neustadt a. d. Aisch und Erlangen.

1794 Mai: Rückkehr von Schwarzenbach zur Mutter.
Jean Paul Erzieher und Schriftsteller in Hof.
September: Besuch in Bayreuth.
Beginn der Freundschaft mit Emanuel Mandel (Osmund).
Vorübergehendes Verlöbnis mit Karoline Herold.

1794/95 ›Leben des *Quintus Fixlein*‹ (erscheint 1796).
›*Biographische Belustigungen* unter der Gehirnschale einer Riesin‹ (erscheint 1796).

1795/96 ›*Siebenkäs*‹ (erscheint 1796/97 in 3 Bänden).

1796 Februar: Beginn der Bekanntschaft mit Charlotte von Kalb durch ihre briefliche Einladung nach Weimar.
Juni: Besuch in Weimar. Freundschaft mit Herder.
Begegnungen mit Knebel, Einsiedel, Wieland, der Herzogin Amalie, Goethe und (in Jena) mit Schiller.

1797 ›*Geschichte meiner Vorrede* zur zweiten Auflage des Quintus Fixlein‹.
›*Der Jubelsenior*‹.
›*Das Kampaner Tal*‹.
25. Juli: Tod der Mutter.
November: Übersiedlung nach Leipzig. Wechselvolle Beziehungen zu Emilie von Berlepsch, Bekanntschaft mit Friedrich von Oertel und Paul Emil Thieriot.

1798 ›*Palingenesien*‹.
›Hesperus‹ (erweiterte Neuausgabe in 4 Bänden).

Mai: Besuch in Dresden, dort Besichtigung der Antikenabgüsse und der Gemäldegalerie. Begegnung mit Karoline Schlegel.
Juli: Besuch in Halberstadt. Begegnung mit Gleim.
August: zweiter Besuch in Weimar.
Oktober: Übersiedlung nach Weimar.

1799 ›Jean Pauls *Briefe und bevorstehender Lebenslauf*‹.
August: Jean Paul erhält den Titel Legationsrat (vom Herzog von Hildburghausen).
Oktober: Verlobung mit Karoline von Feuchtersleben.

1800 ›*Titan*‹, 1. Band.
›*Komischer Anhang* zum Titan‹, 1. Bändchen.
›*Clavis Fichtiana*‹.
Mai/Juni: Besuch in Berlin, Zusammentreffen mit Henriette von Schlabrendorff. Begegnung mit Rahel Levin. Einladung nach Potsdam durch die Königin Luise.
Oktober: Übersiedlung nach Berlin. Im Kreise um Henriette Herz Begegnungen mit Fichte, Schleiermacher, Tieck, Friedrich Schlegel, Bernhardi. Verlobung mit Karoline Mayer.

1801 ›*Titan*‹, 2. Band.
›*Komischer Anhang* zum Titan‹, 2. Bändchen.
›*Das heimliche Klaglied* der jetzigen Männer‹ und ›*Die wunderbare Gesellschaft* in der Neujahrsnacht‹.
27. Mai: Hochzeit mit Karoline Mayer.
Juni: Besuch in Weimar. Anschließend Übersiedlung nach Meiningen. Freundschaftliche Beziehungen zu Herzog Georg von Meiningen.

1802 ›*Titan*‹, 3. Band.
20. September: Erstes Kind Emma.

1803 ›*Titan*‹, 4. Band.
Juni: Übersiedlung nach Coburg.
9. November: Zweites Kind Max.
18. November: Tod Herders.

1804 ›*Flegeljahre*‹, 1. und 2. Band.
›*Vorschule der Ästhetik*‹.
August: Übersiedlung nach Bayreuth, enger Verkehr mit den Freunden Christian Otto und Emanuel Osmund.
9. November: Drittes Kind Odilie.

1805	›*Flegeljahre*‹, 3. und 4. Band.
	›*Freiheits-Büchlein*‹.
1807	›*Levana* oder Erziehlehre‹.
	›*Ergänzblatt* zur Levana‹.
1808	›*Friedenspredigt* an Deutschland‹.
1809	›Des Feldpredigers *Schmelzle* Reise nach Flätz‹.
	›*Dr. Katzenbergers* Badereise‹.
	›*Dämmerungen* für Deutschland‹.
1810	›*Herbst-Blumine,* oder gesammelte Werkchen aus Zeitschriften‹, 1. Band.
	August: Reise nach Bamberg. Begegnung mit E.T.A. Hoffmann.
1811	Juni: Reise nach Erlangen.
	Erste Notizen zum ›Komet‹.
1812	›Leben *Fibels,* des Verfassers der Bienrodischen Fibel‹ (schon 1806 begonnen).
	Juni: Reise nach Nürnberg. Begegnung mit Friedrich Heinrich Jacobi.
1813	›Vorschule der Ästhetik‹ (erweiterte Neuausgabe).
1814	›*Mars' und Phöbus'* Thronwechsel im Jahre 1814‹.
	›*Museum*‹ (gesammelte Aufsätze).
1815	›*Herbst-Blumine,* oder gesammelte Werkchen aus Zeitschriften‹, Band 2.
1816	August: Reise nach Regensburg. Besuch beim Fürst-Primas von Dalberg.
1817	›Politische *Fastenpredigten* während Deutschlands Marterwoche‹.
	Juli/August: Reise nach Heidelberg, Mannheim und Frankfurt am Main.
	Jean Paul Ehrendoktor der Philosophie (Heidelberg).
	Freundschaft mit Heinrich Voß d.J.
	Beziehungen zu Sophie Paulus.
1818	›Siebenkäs‹ (erweiterte Neuausgabe in 4 Bänden).
	Juni: zweite Reise nach Frankfurt am Main und Heidelberg.
1818/19	Niederschrift der ersten drei Kapitel einer Selbstbiographie.
1819	›Hesperus‹ (erweiterte Neuausgabe in 4 Bänden).
	März: Tod Friedrich Heinrich Jacobis.

Juni/Juli: Reise nach Stuttgart.

September: Reise nach Löbichau auf Einladung der Herzogin Dorothea von Kurland.

1820 ›*Komet*‹, 1. und 2. Band.

›Über die deutschen *Doppelwörter*‹.

›*Herbst-Blumine*, oder gesammelte Werkchen aus Zeitschriften‹, Band 3.

Juni/Juli: Besuch in München beim Sohn Max. Audienz beim König Max Joseph.

Jean Paul Ehrenmitglied der Bayerischen Akademie.

1821 April: Reise nach Bamberg.

September: Tod des Sohnes Max. Danach Beschäftigung mit seinem letzten Werk: ›Selina oder über die Unsterblichkeit der Seele‹.

1822 ›*Komet*‹, 3. Band.

Mai/Juni: Reise nach Dresden.

Oktober: Tod von Heinrich Voß.

1825 ›*Kleine Bücherschau*. Gesammelte Vorreden und Rezensionen nebst einer *kleinen Nachschule* zur ästhetischen Vorschule‹.

September: Kapitel 1 bis 5 der ›Selina‹ beendet.

14. November: Jean Paul in Bayreuth gestorben.